한국 호랑이

까치호랑이 42.5×67.5㎝ 柳惟佑 소장

韓國基層文化의 探究

❶

한국 호랑이

The Korean Tiger

김호근·윤열수 엮음

열화당

檀園 金弘道 作 虎族圖 57×134cm 에밀레박물관 소장

범은 이맛살을 찌푸리고 구역질하며 코를 싸쥐고 머리를 왼편으로 돌리며 "에퀴이 그 선비 구리도다" 한다.
— 朴趾源

여우 · 개 무리가 들끓는 세상에서는 백주에 대갈엄이가 장안 한복판에 한번 나타났으면 하는 생각 간절하다.
— 咸錫憲

한국 호랑이 — 차례

3. 호랑이 雜學

호랑이에 대한 한국인의 생각

책머리를 대신하여

任晳宰

우리나라는 호랑이가 많이 살고 있는 지역으로 널리 알려져 있다.

우리나라 사람은 호랑이를 소재로 하여 만든 이야기를 퍽이나 많이 가지고 있다. 호랑이 이야기가 많기로는 아마도 우리나라를 따를 곳이 없을 것이다. 호랑이를 자료삼아 만들어진 속담도 수수께끼도 민요도 辱도 우리는 많이 가지고 있다. 호랑이를 소재로 하거나 자료로 하여 여러가지 口傳文化를 다양하게 또 많이 이루어 놓은 것은, 우리의 祖上이나 先人들이 수천 년에 걸쳐 호랑이와 接遇하는 기회가 많아 양자 사이에서 일어난 事象이 누적된 탓일 것이다.

우리나라 사람은 호랑이를 범이라고도 한다. 호랑이라는 말과 범이라는 말은 전국적으로 쓰이지마는 호랑이는 경기 이남의 지역에서 더 많이 쓰이고 범이란 말은 경기 이북 지역에서 더 많이 쓰이는 것 같다. 호랑이란 말은 虎狼으로 표기할 수 있으므로 이 말은 漢文化를 받아들인 이후에 생긴 말 같고, 범이라는 말은 漢字化할 수 없는 말이므로 이 말은 호랑이란 말보다는 훨씬 먼저부터 우리 말로서 쓰여온 말이 아닌가 하는 생각이 든다.

우리가 호랑이라고 부르는 동물은 황갈색 바탕에 까만 줄무늬가 머리서부터 꼬리에까지 그어져 있는 동물이다. 목덜미가 頑強하고, 네 다리가 굵고 암팡지고, 덩치가 상당히 커서 보기만 해도 막강한 힘을 쓰는 동물이란 것을 직감하게 한다. 옛이야기에는, 姜邯贊이가 호랑이 꼬리를 잡았는데 호랑이는 도망치려 용을 썼으며 강감찬의 뒤꿈치를 딸삭딸삭 하게 하였다. 후일에 호랑이 힘의 強力을 알아보기 위하여 백명 가까운 壯丁들이 달려들어 강감찬을 끌으니까 그때서야 뒤꿈치를 딸삭거려서 호랑이 힘은 장정 백 명 정도의 힘을 지닌 것으로 알게 됐다고 한다. 호랑이의 발톱은 어느것이나 크고 날카롭고 그의 이빨은 굵고 예리해서, 발로 움켜쥐고 이빨로 물어뜯으면 포착된 동물은 당장에 죽고 말 것이다. 호랑이의 두 눈은 왕방울만큼 크고

炯炯한 눈빛을 강하게 내뿜어서 웬만한 짐승은 그 눈빛만 보고서도 慴伏하게 된다. 그의 눈빛은 밤에는 불빛처럼 번적거려서 꽤 멀리까지 비친다고 한다. 울음 소리는 山川이 흔들릴 만큼 우렁차고 크다. 그의 걸음걸이는 서둘지 않고 성급하지도 않고 여유작작하여 大人의 풍모가 번득인다. 그러나 일단 유사시에는 하룻밤에 천 리를 왔다갔다 할 만한 走力이 있다고 한다. 그래서 빠른 것을 飛虎 같다는 熟語가 생겼다. 황갈색 바탕에 검은 줄무늬의 털색깔은 야하지 않고 품위있어 보인다.

위에서 든 호랑이의 여러 속성은 호랑이로 하여금 다른 동물보다 위엄있고 위풍있고 품위있는 동물로 보이게 한다. 百獸王·山君 등으로 별칭되는 것은 모두 다 이러한 속성을 갖추었기 때문일 것이다.

호랑이와 비슷한 짐승에 豹범과 삵가지라는 것이 있다. 표범은 황갈색 바탕에 검은 반점이 전신에 박혀 있다. 표범에는 검은 바탕에 검은 반점이 있는 흑표범과 황갈색 바탕에 작은 검은 반점이 있는 재규어가 있다. 그런데 이 두 짐승은 우리나라에는 살지 않는다. 표범은 호랑이보다 몸집이 작으나 나무에 올라갈 수 있는 짐승인데 그 생김새는 호랑이의 위풍이나 품위에 비하면 떨어져 보인다. 삵가지는 삵, 삵괭이라고도 불리는데, 괭이같이 생겼으나 그 몸집은 큰 개나 작은 송아지 정도이다. 그 풍모는 前二者에 비하면 훨씬 떨어진다.

호랑이·표범·삵가지를 삼형제로 보는 지방이 있다. 호랑이를 갈범 또는 칡범이라고도 부르는데 삼형제 중의 長兄이 되고, 표범은 中兄, 삵가지는 막내동생으로 스라소니라 하여 못난 동생으로 본다.

호랑이는 人家 근처나 野山에 살지 않고 깊은 산중의 밀림에 살므로 좀처럼 사람의 눈에 띄지 않는다. 白頭山·金剛山·智異山 같은 크고 높은 산중에는 호랑이가 득실거리는 것으로 想念하고 백두산 호랑이 · 금강산 호랑이 · 지리산 호랑이라는 말이 생겼다. 高麗時代에는 지금의 서울에도 호랑이가 많았다는 기록이 있다. 지금의 서울은 森林이 없고 많은 사람이 살고 있지마는 李氏朝鮮朝가 건국되고 여기에 首都를 닦을 때만 해도 깊은 산중이고 삼림도 울창했다고 한다. 仁旺山 호랑이란 말을 지금도 쓰는데 아마도 그때 서울에 호랑이가 많았다는 것을 지칭하는 말이 아닌가 한다. 서울이 首都가 되었어도 서울에는 여전히 호랑이가 많았던 모양이다. 그래서 虎患도 자주 있어서 어느 王이 山神에게 호랑이를 모두 다 鴨緑江 저쪽으로 몰아내라고 命했다. 그래서 서울의 호랑이는 압록강 저쪽으로 쫓겨나게 되었는데, 그때 암호랑이가 새끼를 배어서 먼 길을 갈 수가 없어서 그 암호랑이를 남겨 두었더니 그 호랑이에서 난 새끼가 또 새끼를 쳐서 서울에 호랑이가 근절되지 않게 됐다는 전설이 있다.

우리나라 각지에는 호랑이가 살고 있지마는 濟州島에는 살지 않는다고 한다. 제주도 사람들은 漢拏山과 같이 높은 名山이 있고 숲도 울창하여 호랑이가 살 만한데 호랑이가 없어서 제주도는 王都가 되지 못하고 걸출한 인물도 나지 않고 외딴 孤島로 남아 있게 됐다고 한탄한다.

호랑이가 자연상태에서 유유자적하는 생활 —— 攝食, 배설, 새끼 생산 양육, 휴식, 수면, 다른 동물과 接遇時 나타내는 행동 감정 등등 —— 을 관찰한 사람은 별로 없을 것이다. 우리가 호랑이에 관해서 알고 있는 지식은 생포된 호랑이의 것일 것이다. 생포된 호랑이는 동물원이나 실험장소나 서커스용의 우리 안에 있는 것인데, 그 있는 장소나 환경이 아무리 좋다 해도 호랑이에게는 비정상적인 것이어서 자연상태에서 나타내는 호랑이의 본연의 것은 되지 않을 것이다. 그러한 탓으로 우리가 알고 있는 호랑이에 관한 지식은 제한된 것이고 경우에 따라서는 歪曲, 曲解이고 심해서는 人間性에 관조된 것일 것이다. 이러한 탓으로 우리의 호랑이에 관한 지식은 호랑이의 본연의 지식보다는 인간화된 또는 인간미를 가미한 지식을 훨씬 더 많이 갖게 되었다. 호랑이 같은 장수, 호랑이 같은 용맹, 비호같이 달린다, 범의 눈을 부릅뜨고, 동네호랑이 노릇한다 등등의 말과 표현은 모두 다 호랑이의 풍모와 행동과 性情 등을 人身性에 맞추어서 호랑이에서 얻어진 지식으로써 꾸며진 것들이다. 그리고 더 나아가서는 호랑이가 풍기는 위엄과 勇力과 날카로운 발톱 등을 妖邪와 邪物을 물리치고 근접할 수 없는 呪力이 있는 것으로 삼기도 한다. 집안에나 대문에 호랑이 그림을 붙이는 것(호랑이 그림을 얻을 수 없을 때에는 虎字를 써 붙인다), 新婚의 신부가 親迎길에 그가 타는 가마 위에 호랑이를 그린 담요를 덮고 가는 일, 여자의 노리개에 호랑이 발톱을 차는 일(호랑이 발톱 대신 金이나 銀으로 호랑이 발톱形을 만들어 찬다), 武官이 호랑이 수염을 단 虎鬚冠을 쓰는 것, 또 호랑이 그림을 수놓은 胸背를 붙이는 것, 高官大爵이나 富豪가 호랑이 가죽방석 위에 앉는 일 등등은 모두 호랑이의 強力과 勇力과 위엄을 呪力으로써 이용하는 사례이다. 그런데 우리나라 사람은 호랑이의 呪力을 승화시켜서 崇仰의 경지에까지 올려놓지 않았다. 『三國志』「魏志東夷傳」濊條에 濊에는 호랑이를 神으로 삼아 이를 祭祀한다는 기록이 있는데, 오늘날 濊의 故土인 嶺東地方에는 이러한 풍습을 볼 수 없다. 이천 여년 전에는 濊에 그러한 풍습이 있었는데, 그것이 단절되어 오늘날 볼 수 없게 되었는지 기록자의 착오이거나 상상의 기록에 지나지 않는가 하는 생각이 든다. 오늘날 동해안 지역에서 巫俗祭禮에서 범탈굿이라는 굿거리를 演行하는 곳이 있다. 그런데 범탈굿은 범을 숭상하는 祭儀가 아니고 虎患豫防의 굿에 지나지 않는다. 山神圖에 山神像과 호랑이가 그려져 있는 것으로서 山神의 原型이 호랑이인 것이 人格的 내지 神格的으로 변용된 것이라고 하여 호랑이 숭상을 주장하는 사람이 있는데 이것은 너무나 비약적인 억측일 따름이라 하겠다. 그 주장에는 납득할 만한 證左와 변천과정의 설명 부족이 따르고 있기 때문이다.

호랑이를 山神의 使者라고 하는 想念은 전국적으로 널리 퍼져 있다. 使者라는 것은 主人에 시중들고 잔심부름하는 자이다. 그런데 호랑이가 산신을 위하여 어떠한 일을 하는지에 대해서는 분명하지 않다. 그럼으로써 산신과 호랑이와의 관계는 侍者 또는 護衛者일 뿐이라고 보아야 할 것이다. 구태여 호랑이가 산신의 使者 노릇을 한다는 사례를 든다면 심메마니의 信心에서 볼 수 있을 것이다. 심메마니는 그들이 산신을 敬仰하고 치성드리는 양상에 따라서 산삼을 얻을 수 있는 것이라고 믿고 있는데, 이때에 산신은 호랑이로 하여금 산삼을 감추어 두게 하기도 하고 산삼을 캐는 것을 방해하기도 한다고 한다. 이러한 것 외에는 호랑이가 산신 노릇하는 사례를 볼 수 없다. 산삼을 캐는 심메마니가 산에서 제사를 올리는 것은 산신에게 올리는 것이지 호랑이에게 제사올리는 것은 아니다.

檀君神話에 호랑이가 나온다. 호랑이는 곰과 함께 사람 되기를 신에게 빌었다. 곰은 신의 계율을 잘 지켜서 사람이 됐지마는 호랑이는 그렇지 못했다.(이하 생략)

이 신화를 신화로서가 아니고 우리의 古代社會相의 자료로서 이해하려는 사람이 나타났다. 그는 곰과 호랑이를 실제의 곰과 호랑이로 보지 않고 곰토템씨족과 호랑이토템씨족으로 보고 桓雄族이 그의 國土經營에 있어서 곰토템씨족과 호랑이토템씨족에 교섭하였는데, 곰씨족은 응했으나 호랑이씨족은 불응한 것으로 설명하고 있다.

이러한 견해는 古代社會를 밝히는 데 큰 도움을 주는 卓見으로 보인다. 그런데 이 견해가 설득력을 가지려면 우리의 고대사회에 토테미즘 현상이 있었고, 그것이 오늘날에도 계승되고 있다는 사실(없다면 그 흔적이라도)을 밝혀야 할 것이다. 그런데 그러한 노력 없이 낡은 인류학적인 견해를 단군신화에 적용하여 보았다는 것은 헛수고라고 하겠다. 우리나라의 여러 族譜를 훑어보아도 동물을 조상으로 삼은 姓氏는 없다. 동물을 먹지 않는다든가(잉어나 자라를 먹지 않는 姓氏), 위한다든가(제주도의 한 지역에서 뱀을 위한다는 것)만으로써는 토테미즘의 흔적으로 볼 수 없다. 이러한 점으로 봐서 우리나라에는 토테미즘적 문화가 있었는지의 여부는 알 수 없는 것이고, 이러한 불분명한 文化事象으로써 단군신화의 일면을 해명해 보려는것은 부질없는 일이라 하겠다.

호랑이를 소재로 한 우리나라의 說話에는 호랑이의 生成이며 이 땅에 살게 된 것이며 그의 생활양태를 엮은 說話는 없는 것 같다. 또 호랑이 사냥의 전후를 서술하는 이야기며 호랑이를 사냥할 때에 일어나는 武勇譚도 볼 수 없다. 우리가 흔히 들을 수 있는 이야기는 호랑이가 곤경에 처했을 때 이를 도와주면 明堂을 점지해 준다든가 만병통치의 신비한 鍼針을 준다든가 하는 報恩譚, 侍墓살이 하는 효자에게 꿩 토끼 등을 잡아다 주고 밤에는 경호해 준다는 人情譚 등 사납고 무서운 짐승답지 않은 애정어린 이야기가 있는가 하면, 맹수의 폭악성을 나타내어 사람을 해치고 또 사람으로 둔갑하여 사람을 유인하여 잡아먹는 이야기도 있다. 그런데 많은 분량의 이야기는 호랑이를 戱畫化하여 笑話로 꾸민 것이다. 바보가 강아지 한 마리로 호랑이를 수십 마리 꾀어 잡는 이야기, 호랑이 뱃속에 들어가 내장을 떼어 먹는 이야기, 호랑이를 놀라게 하여 뛰어 달아나게 해 통가죽을 벗기는 이야기, 호랑이가 사람을 잡아먹으려고 뛰다가 나무 그루터기에 박혀 죽는 이야기, 호랑이를 춤추게 하는 이야기 등등 실제에는 있을 수 없는 방법과 양식으로써 호랑이를 잡는 이야기들인데, 이러한 것들은 웃음을 자아내게 하는 이야기들이다. 토끼·수달·여우 등 작은 동물이 호랑이를 잡아 죽이는 이야기도 많은데, 이런 작은 동물들은 꾀가 많고 깜찍하여 호랑이를 궁지에 몰아 넣어 죽게 한다. 이러한 이야기 속에서는 호랑이는 지극히 미련하고 꾀임에 잘 빠지는 바보 노릇을 하고 있다.

〈필자 : 굿학회 회장, 인류학회 회장〉

朝鮮歷史 및 民俗史上의 虎
건국초두 이래 久遠朝鮮의 표상

崔南善

호랑이는 조선의 신성한 동물이다

중국의 용처럼, 인도의 코끼리처럼, 이집트의 사자처럼, 로마의 이리처럼, 조선에서의 신성한 동물은 첫째 호랑이라 할 것이다. 국내에 전승되는 最古의 전설은 「삼국유사」에 보인 단군의 건국설화이니, 호랑이는 이미 이 설화 중에서 중요한 한 가지를 이루었으며, 국외에 인식된 最古의 민속은 「산해경(山海經)」에 보인 '君子國'이라는 서술이니, 호랑이를 여기서도 우리나라 사람의 특징적인 하나로 매우 중요시한 것을 볼 수 있다. 더욱 「산해경」의 글을 예를 들면 "군자국 사람들은 의복·모자 같은 것을 단정하게 걸치고 보검을 차고 있다. 그들은 아름다운 털을 가진 큰 호랑이 두 마리를 길러서 심부름시킨다"라고 한 것이 마치 오늘날 지방 도처에서 崇奉되는 '山神' 또는 '獨聖'을 적은 것인 듯하니, 이로써 보면 호랑이가 조선민족에게 神獸로 높여짐이 얼마나 오랜 내력과 얼마나 넓게 분포되어 있는 것인가를 알 것이다.

용과 호랑이라는 두 신성한 존재

중국인은 王者의 일이면 무엇에든지 용을 붙들어 매는 버릇이 있도록 王은 곧 龍이라는 관념을 가진 민족인데, 용이 한 쪽이 되는 경우에 그 對手가 되는 것은 반드시 호랑이요, 또 그 위력에 대한 관념을 보아도 용과 호랑이는 막상막하 하는 것이다. 호랑이를 이렇듯 무섭게 보면서도 용만은 특히 존숭함, 다시 말하면 용을 그다지 높이면서도 호랑이를 감히 낮추 보지 못함이 무슨 까닭인지 생각하면 매우 흥미있는 일일 것이요, 더욱 그것이 오랜 옛날부터 이제까지 변함이 없음에서 그러하다. 여기에 대하여 우리는 중국인의 이 二元的인 至上動物觀은 본디 근원을 달리하는 두 사상 계통의 결합으로 성립된 것이리라 생각된다. 간단히 말하면, 중국인의 본초적

聖獸는 龍으로써 본의를 삼지만, 동방으로 옮겨 오면서 그 先住民의 호랑이 聖視의 풍습이 거기 결합되어 龍虎가 대립하게 되었다. 그러나 용은 본디부터 자기네의 민속인고로 의연히 독특한 지위를 갖는 동시에, 호랑이를 신성시하는 부족도 만만하지 못하므로 호랑이도 그런대로 높은 대접을 하게 된 것이 아닌가 한다.

조선의 동물 숭배

민간 신앙상에 있어서 호랑이 존숭은 직접 간접으로 조선인의 생활에 끼친 영향이 적을 수 없으니, 호랑이는 실로 조선인의 생활 이상의 중요한 한 표준으로 표현하게까지 되었다. 사랑하는 자식의 이름지음에서처럼 순수한 사랑과 희원을 보이는 것이 없다 할 것인데, 우리 조선인의 이름지음 중에서 '虎'를 많이 써, 초인의 힘과 蓋世의 위엄을 빌었고, 바로 어버이의 간절한 소원을 담기에 합당한 것이 동물에서는 이 이상 없을 것이다. 이름만으로는 흡족하지 못하매, 범의 발톱을 장식하여 주머니 끝에 채우거나, 虎膽, 虎脛骨을 가루로 하여 차력제로 먹인다. 그 범을 표준으로 하는 행운의 바램이 범의 신체 부분에 피티(pity)적인 미신까지도 품게 한 것이다.

한문에서 如龍·如虎·如熊·如魔 등 여러가지 비유가 있지만, 조선어에야 '범 같은' 무엇이라 하는 것이 유일 최고의 武勇的 형용이 되었나니, 저「赤壁歌」를 들어 내려가다가 '河北 명장 천하장사 범 같은 顔良 文醜'란 구절에 이르러서 '범 같은' 석 자에 정신이 번쩍 나고 어깨가 금시에 으쓱할 때에, 조선인의 생활 이상으로인 호랑이의 잠재의식이 어떻게 꿈틀하는가를 보게 되는 것이다.

범 같으려는 生活理想

자기의 생활 이상을 추상적 개념적으로 펴 보이도록 진보한 어휘를 갖지 못한 古初人들은 흔히 그 이상을 비유로써, 구상적인 무엇으로써 표현하는 것이니, 그것이 개인 또는 부족의 이름으로 나오고, 또 부족 전체의 휘장으로도 나타난다. '범 같은' 할 때에 옮기는 이나 듣는 이가 다같이 더할 나위없는 威猛을 느낌은 분명 조선인 특유의 또는 공통의 心機이라. 이렇게 다른 모든것을 다 잊어버리고 범 하나를 무섭고 날쌘 것으로 인식하기까지는 저 단군 신화 중에 나오는 호랑이 이래에도 퍽 많은 심리적 순화작용이 있었음이 틀림없다.

唯虎獨尊의 조선

호랑이는 아무데 있어도 맹수·大獸로 山君·獸王의 자리를 차지하는 것이지만, 사자나 코끼리들이 같이 있다면 반드시 獨尊의 위세를 보이기 어렵기도 할 것이다. 동방, 특히 조선에서야, 산에서는 고사하고 온 천지를 뒤져서도 호랑이 이상의 위력자는 없다고 할 만하니, 호랑이에는 무엇이든지 制勝하고 辟除하는 힘이 있는 줄 앎이 도리어 마땅하다 하겠다. 호랑이가 조선과 중국을 통하여 武勇의 상징이 된 것은 누구든지 다 아는 바이어니와, '武' 자 대신 '虎' 자를 쓰기도 하여, 武班계급을 '虎班'이라 하고, '武'를 '호반무'로 訓讀하게까지 된 것은 과연 武·虎를 동일시한 철저한 예라 할 것이다. 무관의 관복의 흉배가 호랑이인 것은 문관의 龍임에 대한 것이요, 五衛軍에 虎賁衛가 있고, 저 군복의 朱笠에 위풍 돋우는 소용으로 네 귀에 흰 솔을 세우고, 그것이 새나 닭털이어도 부르기를 虎鬚라 함과, 二品 이상의 관인이 호피 방석으로써 威儀를 자랑하는 등은 호랑이의 이름만이나 죽은 껍질의 한조각까지도 위엄 그것임을 보이는 것이다.

호랑이의 조선 설화상의 지위

호랑이가 조선 최대의 동물인 만큼 그것이 조선인의 생활에 끼친 그림자는 자못 큰 것이 있다. 그 중에서 큰 자국으로 머무는 것은 설화상에서이니, 신화·전설·동화를 통하여 호랑이 이야기의 분량은 설화 세계에서 대왕임은 물론이다. 호랑이 및 호랑이 설화에 대한 민족적 숭앙 또는 嗜好는 어느 새인지 다른 모든 이야기들을 밀어내버린 것이다. 그래 朝鮮은 '虎談國'이라 할 만큼 범 이야기의 특수한 인연을 가진 곳이 되었고, 이 때문에 세계로 향하여 설화의 조선색을 강렬히 나타내 보인 것은 다행하다고 할 것이다.

범 이야기 수효 많기로 조선만한 데가 없으려니와, 그것만 듣기 좋아하긴들 조선만한 데가 또 있을 것인가. 인도나 그 외 어떤 나라가 있다 해도 범 이야기 하나만으로 다 조선의 적이 아니다. 범 이야기만을 모아서 「千一夜話」「太平廣記」「데카메론」 등 이런 유의 책을 꾸밀 나라는 세계가 넓다 해도 오직 조선이 있을 뿐이다. 범의 이야기 하나만 가지고 안데르센·그림 형제 노릇이든지 다 할 것이다. 또 언제든지 이것의 실현을 볼 날도 있을 것이다.

〈1926년 1월~2월 「東亞日報」에서 발췌, 다소 현대어로 옮겼음〉

1

호랑이 그림

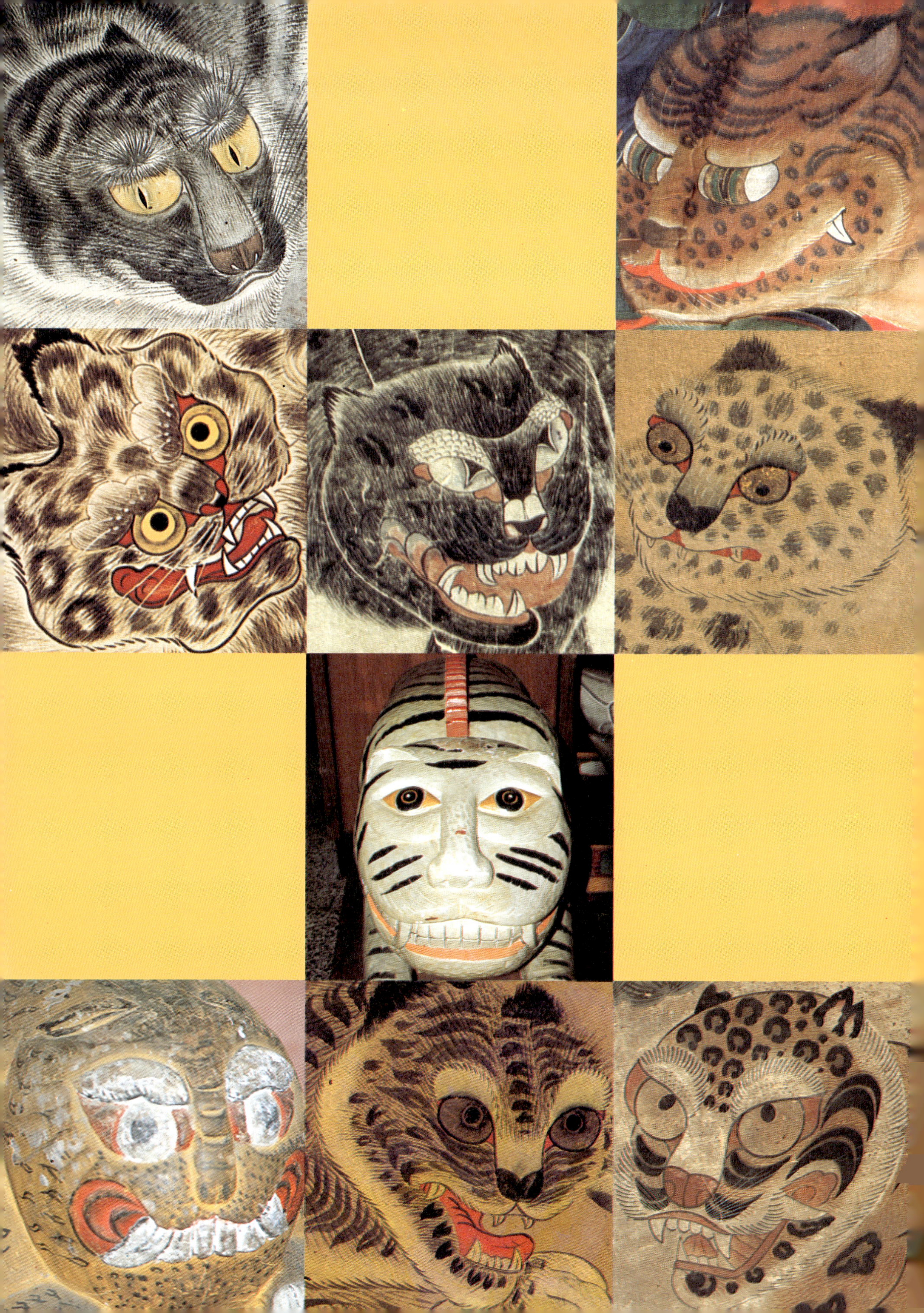

호랑이 그림의 역사

호랑이가 미술의 소재로 쓰여지기 시작한 것은 선사시대부터였다. 경남 울주군(蔚州郡)의 반구대(盤龜臺) 암각화(岩刻畫)에 보이는 호랑이가 현재 알려진 것 중에서는 가장 오랜 것이다. 이 암각화에는 호랑이뿐 아니라 소, 말, 사슴, 물고기 등이 함께 조각되어 있다. 여기에 보이는 동물들은 선사시대부터 인간생활과 밀접한 관계가 있었다고 보아야 할 것이다.

이처럼 호랑이가 선사시대부터 인간과 밀접한 관계를 맺고 있었던 데에서, 호랑이가 단순히 수렵의 대상이었다기보다는 주술적인 의미를 가졌거나 신앙의 대상이었을 가능성도 찾아볼 수 있다.

이러한 가능성은 삼국시대에 오면 더욱 뚜렷해진다. 고구려 고분벽화의 사신도(四神圖)에 청룡(青龍), 주작(朱雀), 현무(玄武)와 함께 '백호(白虎)'가 나온다. 평남 강서군 우현리 중묘 현실의 서쪽 벽에 그려진 백호도는 구름을 타고 날으는 용과 비슷한 모습을 하고 있다. 머리와 발톱, 꼬리의 힘차고 강건한 모습은 청룡도와 그 형상이 너무 흡사하여 언뜻 구별하기가 어렵다. 호랑이가 용의 형상과 구별하기 어려울 정도로 용의 모습을 닮았다는 것은 고구려 사람들이 실재의 호랑이를 그렸다기보다는, 호랑이를 상징화하여 용과 함께 영물(靈物)로서의 모습을 그렸다

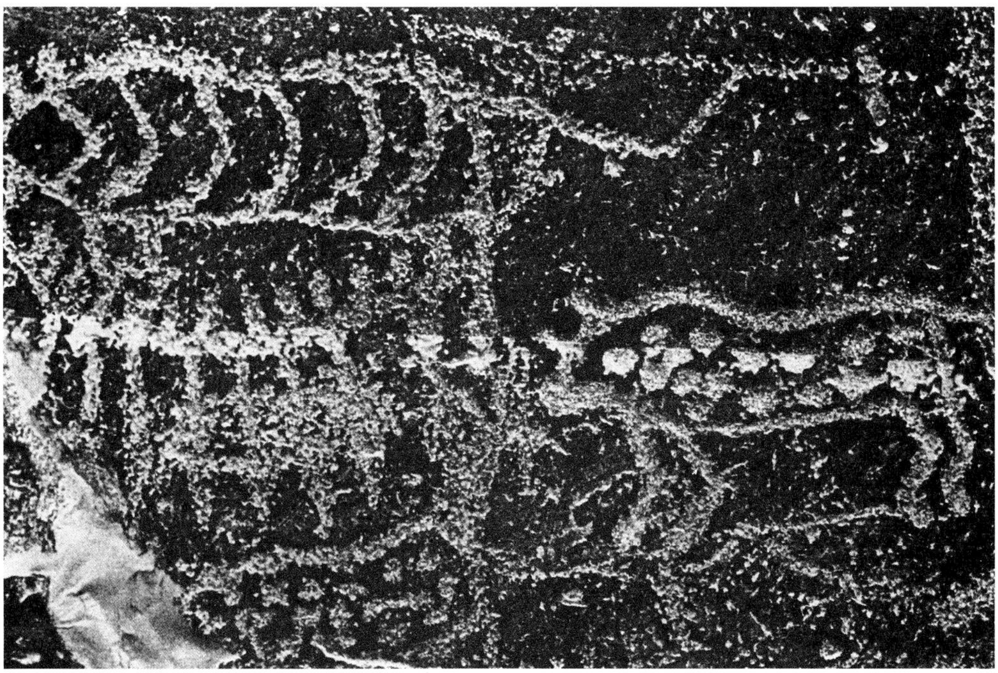

岩刻 群虎圖
先史時代
蔚州 盤龜臺

옆면/ 호랑바위. 이 호랑바위 밑에서 매년 정월, 마을 사람들이 모여 장수와 마을의 평안을 비는 산신제를 올린다.
全南 長城郡 北二面 四街里 (갈재)

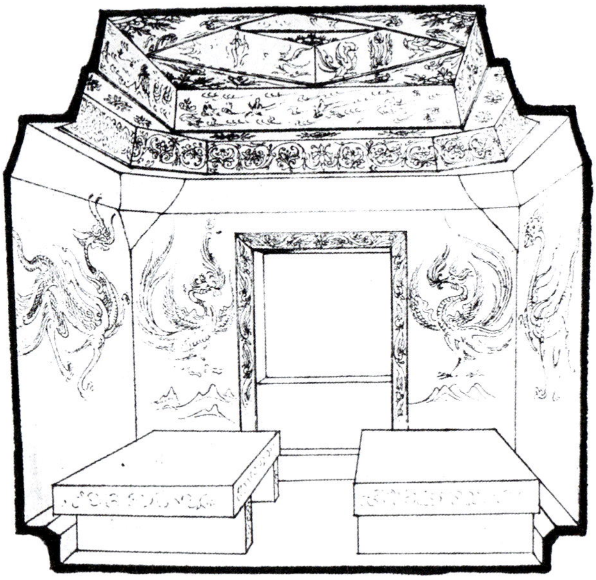

는 것을 말해 준다.

호랑이가 수호신의 역할을 하는 것은 신라 왕릉의 십이지상(十二支像)이나 탑신(塔身)의 십이지상에서 나타난다. 경주의 김유신 묘나 흥덕왕릉(興德王陵)에도 십이지상이 있으며, 나원리 삼층 석탑에도 호랑이가 새겨져 있다. 이처럼 호랑이는 죽은 사람을 위해 불법(佛法)을 수호하는 수호신 역할을 하고 있다.

고려시대의 것으로는 강화의 가릉(嘉陵)에 있는 석호상(石虎像)과 국립박물관 소장의 석관(石棺)에 새겨진 사신상이 있다. 고려의 호랑이상은 고구려의 것에 비해 실존의 호랑이 모습에 보다 가깝다.

고려시대까지는 주로 고분벽화나 석상으로 호랑이가 전해지고 있는 것에 비해 조선시대에는 양이나 소재에 있어 훨씬 다양해진다. 벽화나 석상은 물론 회화나 공예품, 자수에 이르기까지 호랑이는 폭넓게 다루어지고 있다. 조선시대의 호랑

위로부터/
遇賢里大墓 玄室 내부구조 및 壁畫 스케치
遇賢里中墓 玄室西壁 白虎圖 高句麗時代

十二支寅神像
新羅時代
慶州 掛陵

이 상은 실존의 호랑이 모습을 하고 있다는 점이 그 이전 시대와 다른 현상이라고 하겠다. 그러나 실존의 호랑이를 사실적으로 묘사했다기보다는 용도에 따라 호랑이의 모습과 표정이 다양하게 묘사되고 있는 것이 또다른 특징이라고 할 수 있다.

위로부터/
石棺에 새겨진 白虎像
高麗時代 길이 82cm
국립중앙박물관 소장
石虎
高麗時代 높이 52cm
江華 嘉陵

猛虎圖
朝鮮時代
55×96㎝
국립중앙박물관 소장

山神호랑이

단군 할아버지가 구월산에서 산신이 되었다는 옛 기록이 있다. 그래서인지 전국의 명산이라고 이름난 산이나 심지어 마을에까지 산신각(山神閣)이 있고 거기에는 산신이 모셔져 있다. 산이 많은 우리나라에는 옛부터 산악숭배의 오랜 전통이 있었으며, 이러한 현상은 현재까지 전해지고 있다.

또한 산신은 전국의 사찰 곳곳에도 모셔져 있는데, 산신각, 삼성각(三聖閣), 칠성각(七星閣) 등에서 볼 수 있다. 이는 불교가 우리나라에 전래·수용되는 과정에서 절이 토착신앙을 받아들이면서 생긴 현상이다.

위로부터/
山神閣門 白虎圖
智異山 安國寺
山靈閣
蔚珍 佛影寺

옆면/山神圖 60×81.5㎝ 朴載玉 소장

위로부터 /
山神圖
195×85㎝
海印寺 山神閣

山神圖
75×107㎝
扶餘 無量寺

위로부터/
무당이 사용하던 부채 51×17㎝ 노정수 소장
山神圖 75×104㎝ 朱錫道 소장
여자산신상 높이 72㎝ 鷄龍山 東鶴寺

山神圖
158×108㎝

영수(靈獸), 또는 신수(神獸)로도 불리는 호랑이는 산신령의 사자(使者)로 상징되나, 호랑이 자체를 산신, 산군으로 불러 신성시해 왔다.

산신도에는 반드시 호랑이가 등장하는데, 호랑이 미술에서 빼놓을 수 없을 만큼 양이 많고 호랑이 모습 또한 다양하다. 소나무 밑에서 부드럽고 인자한 모습으로 호랑이를 쓰다듬으며 미소를 짓고 있는 평화스러운 백발노인의 산신령 모습이 아마도 홍익인간의 웃는 모습이 아닌가 싶다. 이러한 산신도는 형태와 종류에 따라 여러가지로 나눠어진다. 사찰에서 볼 수 있는 산신 탱화에는 멀리 삼신산(三神山)의 세 봉우리가 보이고 폭포수가 보이는 소나무 아래 산신 할아버지가 호랑이에게 기대고 있거나, 조는 듯이 쪼그리고 있는 호랑이 옆에 앉아 있는 형태가 가장 많다. 산신령의 사자답게 위엄이 있는 호랑이도 있는데, 평온한 사람의 얼굴처럼 보이는 것이 산신 탱화에 나오는 호랑이 모습의 특징이라고 할 수 있다. 때에 따라 산신령의 동자가 호랑이에게 감로수 먹이는 장면이나 좌우에 쌍호랑이가 있기도 한다. 특이한 것은 계룡산, 속리산 부근에서 나온 그림으로 여자 산신이나 부부 산신이 모셔진 경우도 있다.

무당 산신도에서는 산신령이 호랑이를 타고 있거나 호랑이만을 그려 산신령으로 모시는 경우가 많다. 마치 호랑이가 소나 말처럼 산신령을 태우고 다니는 동물로 보이며, 나무조각으로 된 산지당(山址堂) 호랑이도 마치 말의 형상같이 보인다.

요즈음 그려지는 산신도의 호랑이는 이러한 맥(脈)과는 관련없이 동물원에서나 볼 수 있는 사나운 호랑이 모습만을 하고 있어, 친근감이 간다거나 신성스럽게 느껴지기보다는 맹수로서의 호랑이를 느끼게 하는 점이 무척 아쉽다.

위 왼쪽부터/
萬峰 作 山神圖 110×196cm 奉元寺 三聖閣
山神圖 80×210cm 雪岳山 中壹庵
山神圖 173×90cm 에밀레박물관 소장

위로부터/
山神圖 145×78㎝
山神圖(부분) 85×150㎝
옆면/
山神圖 72×145㎝

靑龍白虎圖 144×80㎝ 安伯淳 소장

龍虎圖

호랑이를 숭배하거나 친근하게 생각하는 현상은 우리의 생활 곳곳에서 찾아볼 수 있다. 사람이 죽어 묘를 쓸 때 좌청룡(左青龍) 우백호(右白虎)가 둘러진 곳을 명당이라 하여, 영원한 잠자리로 삼는 데서 호랑이의 상징적 의미를 찾을 수 있다. 집을 지을 때도 집의 가장 핵심부인 상량에 '龍·虎·龜' 등의 글자를 적어둠으로 해서 복을 받고 자손이 번창하여 액운이 찾아들지 못하도록 빌었다. 또 벽장문이나 중문 혹은 출입문 위에 삼재소멸(三災消滅) 호랑이 부적을 붙이거나, 대문에 용·호 그림이나 글씨를 붙여 복을 빌고 액을 막고자 하였다. 그런가 하면 호랑이 부적을 몸에 지니고 다니기도 하였다.「동국세시기(東國歲時記)」에 보면, 정월에 벽사용(辟邪用) 세화(歲畫)로 용호도를 그려 대문에 붙였다는 기록이 있다.

이처럼 호랑이는 우리의 생활과 직결되어 있다. 따라서 호랑이 그림이 언제 어떤 곳에 어떠한 뜻으로 사용되었는가를 살펴보면 호랑이 그림에 대한 이해가 빠를 것이다.

용호도는 대문에다 걸었던 문지기 그림으로 실용적 상징화라고 할 수 있다. 중국에서는 관운장 같은 신장도(神將圖)를 흔히 사용하면서 그것을 문신(門神)이라 불렀는 데 비해, 우리나라에서는 호랑이, 수탉, 해태, 개 그림이나 용호도 한 쌍을 즐겨 사용했으며, 그런 그림을 문배화(門排畫)라고 불렀다. (조자용「한국호랑이民畫大展」)

牙山郡 松岳面 外岩里
민속마을 대문.
용호도 대신 대문에
글씨를 써 辟邪用으로
사용하였다.

옆면 위로부터/
龍虎圖
56×93cm
에밀레박물관 소장

青龍白虎圖
「巫經」挿畫
35×28cm
金宗學 소장

벽사화에 속하는 용호도는 일반적으로 문배 그림이 많다. 용호도의 호랑이는 주로 백호이지만 고구려 고분벽화에서 시작된 사신도의 백호는 실존의 동물이라기보다는 상징적인 동물이다. 백호는 산신각의 문, 사찰의 벽, 산신도 등에서도 볼 수 있는데, 이로써 여타의 다른 호랑이 그림보다 백호는 신성시되었던 것임을 알 수 있다.

현재 우리가 볼 수 있는 용호도는 거의가 조선 후기의 작품들이다. 원래 호랑이는 맹수라서 무섭게 그려져야 할텐데도 실제 그림에 나타나는 모습은 인자한 얼굴, 부드러운 얼굴, 바보 같은 얼굴, 웃는 얼굴, 시골 할아버지 표정 같은 얼굴 등으로 친근감이 가는 표정이 많다. 그런가 하면 골탕을 먹고 약이 오른 표정이나, 까치와 이야기를 주고 받는 것 같은 호랑이도 있다. 또 때로는 산중의 왕자다운 늠름한 표정이 있는가 하면 동양의 군자다운 위엄을 보이는 호랑이, 박지원(朴趾源)의 「호질(虎叱)」에서와 같이 인간을 나무라는 엄격한 아버지 같은 느낌을 주는 호랑이 모습도 있다.

다른 호랑이 그림에서도 그렇지만 특히 백호도에는 반드시 귀치(鬼齒)가 그려지는데 송곳니가 둘 있는 경우가 대부분이나, 더러는 네 개의 귀치가 그려진 경우도 있다. 이 경우는 아마도 위엄을 돋보이게 하려고 한 것인지도 모르겠다.

용호도는 민화에서도 다루어지며, 사대부들이

엽면 왼쪽부터/
龍虎圖 48×80cm 朴周煥 소장
龍虎圖 76×130cm 에밀레박물관 소장

즐기던 정통화(正統畫)에서도 화제(畫題)로 '백액호축사(白額虎逐邪), 용호오복(龍虎五福), 호축삼재(虎逐三災)' 등이 보인다. 따라서 용호도는 일반 민가와 사대부 집안에서 두루 사용되었으며, 뿐만 아니라 궁에서도 즐겨 사용하였다. 궁에서 사용한 그림 중의 대표적인 것이 청룡백호도이다.

위로부터/
螺鈿龍虎紋 베갯모
이화여자대학교박물관 소장

透刻龍虎紋 가마.
신부가 타던 가마에도 잡귀가
침범하지 못하도록 용과
호랑이를 새겼다.
130×110×160㎝
金俊榮 소장

龍虎圖 八曲屛風 (부분)
30×100㎝
安伯淳 소장

까치 호랑이

까치호랑이는 호랑이 그림을 대표할 만큼 그 숫자가 많다. 용호도, 산신도, 호랑이 부적, 판화, 탱화 등에서 호랑이와 까치가 함께 등장하는데, 17~19세기에 가장 유행했던 것으로 보인다.

민화에는 보통 낙관이나 연대가 나타나 있지 않으나 가끔 문인화, 목판화, 사찰 벽화, 산신 탱화, 효자각의 벽화 등에서 명문이 남아 있어 정확한 연대를 알 수 있는 경우도 있다.

민화나 문인화를 통해서도 우리 민족은 어떠한 형태이건 호랑이를 숭배했으며, 액운을 막는 상징으로 즐겨 그렸음을 알 수 있다. 종교적인 측면에서도 호랑이는 도교, 유교, 무교, 불교 등과 화합이 잘되어 호랑이 그림은 더욱 발달되었던 것 같다.

까치호랑이는 민화에서 가장 많이 다루어지며 해학적이고, 풍자적이며, 추상적인 표현과 다양한 채색으로 조선 후기 민중의 심성을 잘 표현한 그림으로 설명된다.

조자용 씨는 소나무와 같이 등장하는 까치는 좋은 소식을 전해 주는 길조(吉鳥)인 동시에 국조(國鳥)로 나라를 상징하는 새라고 보고 있으며, 설화에서는 대개의 경우 말쑥한 까치한테 골탕을 먹는 바보 같은 호랑이가 나오곤 하는데, 이 설화가 까치호랑이 그림의 바탕이라고 설명하고 있다.

한편 김호연 씨에 의하면, 길흉화복(吉凶禍福)을 좌우하는 서낭신은 '까치호랑이'를 그의 신탁(神託)을 시행하는 사자로 설정하여, 집집마다 돌보아 주어야 하는 사자의 기능과 역할을 까치로 하여금 하게 하였다고 풀이하고 있다.

민화에서 호랑이는 까치뿐만 아니라 토끼, 거북이, 담비, 학, 꽃 등 일상생활 속에서 찾아볼 수 있는 소재와 함께 나온다. 이같은 소재는 생활용품인 공예품 속에서도 찾아볼 수 있는데, 특히 백자 주병(酒甁)이나 항아리에 그려진 까치호랑이는 더욱 한국적인 정감이 가는 작품으로 많은 사람들에게 인기가 있다.

大虎圖屛風 460×150㎝ 에밀레박물관 소장
옆면/ 靑華白磁 까치호랑이무늬 항아리 높이 42㎝ 國立慶州博物館 소장

까치호랑이
69×132㎝
申起漢 소장

朴基駿 作 松虎圖 雙 36×58㎝ 윤학찬 소장

위로부터/
까치호랑이 54×12㎝ 鄭興齊 소장
까치호랑이 판화 16.5×23.5㎝ 金鍾春 소장
까치호랑이 82×117㎝ 湖岩美術舘 소장

檀園·豹庵 作 松虎圖
44×91㎝
湖岩美術館 소장

까치호랑이
53×87㎝
湖岩美術舘 소장

까치호랑이
55×90㎝
에밀레박물관 소장

蔡石芝 作 松虎圖
49×90㎝
安伯淳 소장

羅漢圖(부분) 23×32㎝ 三省出版博物舘 소장

석호 210×110cm 과천 삼성산

호랑이 부적

호랑이 부적

세조 때 경복궁을 짓는 일이 잘 진행되지 않자, 그 이유인즉 관악산의 호랑이 기운이 여기에 미쳐서 그렇다 하여, 관악산에 석조 호랑이 상과 호압사(虎壓寺)라는 절을 세웠다. 이렇게 해서 세워진 호랑이 상이 바로 부적인 셈이다. 건물의 지붕 제일 위쪽에도 호랑이 상을 부조한 기와를 이었고, 또 망와(望瓦)의 하나로 호랑이 모습을 지붕 위에 얹었다. 이런 것들과 함께 많은 호랑이 그림을 모두 부적으로 생각할 수도 있을 것이다. 그림, 조각뿐 아니라, 실재 호랑이의 수염, 발톱, 이빨도 장식을 달아 각각 부적으로 지녔다.

호랑이 그림을 소재로 하여 직접 그리거나 판화로 붉게 찍은 여러가지 목적의 부적을 볼 수 있다. 이들 부적을 오늘날처럼 문 위에 붙이거나 지니거나 때로는 태워서 먹기도 했는데, 붉은 색을 내는 흙의 일종인 주사(朱砂)는 한약재로서도 쓰이니 태워 먹었을 때 약효도 있었을 것이다.

삼재부(三災符)

삼재는 바람·물·불 등 세 가지로 인한 재난을 말한다. 인간의 내적인 것으로 말하면 심화(心火)·풍병(風病)·수종(水腫) 등 세 가지를 일컫는다. 이것으로 인해 나쁜 운이 드는 해에는 부적을 만들어 이를 막이로 썼다. 삼재의 운은 누구에게나 구 년에 한번씩은 든다고 한다.

호랑이발톱 노리개
8×7㎝
安伯淳 소장

위 왼쪽부터 /
三災符籍
16×23㎝
金鍾春 소장
三災八難符籍
10×15㎝
尹秀珍 소장
호랑이부적
54×40㎝
에밀레박물관
소장

액막이호랑이 부적 판화
16×23㎝
金鍾春 소장

왼쪽부터/
望瓦에 새겨진 호랑이
慶南 咸安郡 郡北面 院北里
사람 몸에 액귀가 침범하지
못하도록 지니고 다녔던
장식용 호랑이 이빨
개인소장
호랑이 이빨 개인소장
禁亂符 판화 47×25cm
三省出版博物館 소장

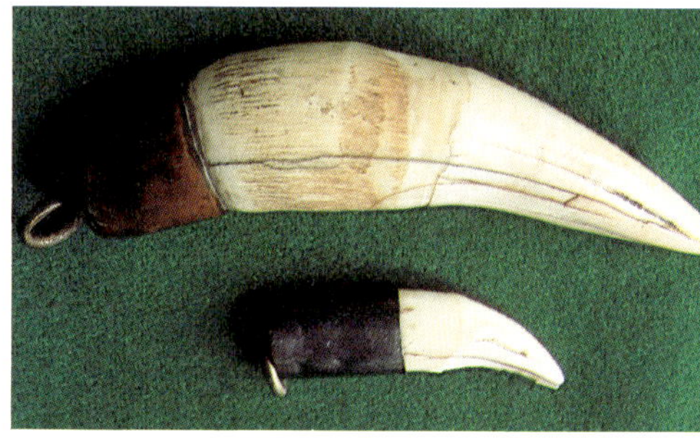

萬虎圖
86×126㎝
李元基 소장

2

호랑이 이야기

옛 책에서 보는 범의 설화

단군왕검의 탄생 이야기로부터 범이 등장하고, 중국의 옛 문헌에도 범에 대한 한국인의 풍습이 보인다. 이는 범과 연관된 오랜 역사를 보여준다. 단군설화에서처럼 건국설화에는 흔히 범이 등장하는 것을 볼 수 있다. 「삼국유사」에 나오는 범의 설화와 개국시조에 얽힌 범 이야기, 중국의 옛 기록 등을 옮겨 본다.

山神圖 65×105㎝ 慶北 金陵郡 直指寺

단군고기(檀君古記)에는 말하기를, 옛날에 환인(桓因)의 서자 환웅(桓雄)이 있었는데, 자주 천하를 넘보아 사람의 세상을 탐내고 있었다. 이때 그 아버지가 아들의 뜻을 알아보고 삼위태백(三危太伯)을 내려다보니 널리 사람들을 유익하게(弘益人間)해 줄 만했다. 이에 환웅에게 천부인(天符印) 세 개를 주어 가서 세상을 다스리게 했다. 환웅은 삼천명의 무리를 거느리고 태백산 마루에 있는 신단수(神壇樹) 밑으로 내려가 이곳을 신시(神市)라 하였으니, 그가 환웅천왕(桓雄天王)이다. 그는 바람과 비와 구름을 맡은 신을 거느리고, 곡식과 인간의 수명, 질병, 형벌, 선악에 대한 일을 맡아 다스리고, 모든 사람들의 삼백육십여 가지 일들을 주관하여 온 세상을 다스렸다. 이때 곰 하나와 범 하나가 같은 굴속에 살며 늘 환웅에게 사람으로 태어나게 해 달라고 빌었다. 그러자 환웅은 쑥 한 줌과 마늘 스무쪽을 주면서 "너희가 이것을 먹고 백일 동안 햇빛을 보지 않으면 소원대로 사람의 모양으로 변할 것이다"고 했다. 곰과 범은 이것을 받아 먹고 조심하여 이십일일만에 곰은 여자의 몸으로 변했으나, 범은 조심을 하지 못해서 사람으로 변할 수 없었다. 곰은 여인으로 변하긴 했으나 혼인할 사람이 없으므로 날마다 신단수 밑에서 기원을 드렸다. 마침내 그 정성으로 환웅이 거짓 몸을 해서 그와 혼인해 아들을 낳으니, 이가 곧 단군왕검이다.

단군은 … 뒤에 아사달에 돌아와서 숨어 산신이 되었는데, 나이는 1908세였다고 한다.

—「三國遺事」古朝鮮

君子國之像
「三才圖會」

옛 중국 사람이 쓴 책에서는 아래와 같은 기록을 볼 수 있다.

예(濊)는 남쪽으로 진한과 경계하였고 북쪽으로 고구려와 옥저와 맞닿았으며 동쪽으로는 바다가 있어, 오늘날 조선 땅의 동편에 해당한다. 여기 사람들은 항상 시월 명절이면 하늘에 제사지내는데, 이때 밤낮으로 술 마시고 노래를 불렀고, 이 날을 무천(舞天)이라고 이름했다. 또 범을 신으로 모셔 제사지냈다.

常用十月節祭天 晝夜飮酒歌舞
名之爲舞天 又祭虎以爲神

—陳壽「三國志」魏志東夷

군자국(君子國) 사람들은 참으로 흥미롭다. 그들은 의복, 모자 같은 것을 단정하게 걸치고 허리에는 보검을 차고 있다. 그들은 아름다운 털을 가진 큰 호랑이 두 마리를 길러서 심부름시킨다. 모두 겸양하고 예절 바르고 조금도 싸우지 않는다. 호랑이를 고양이 기르듯이 길들이고 있다. 군자국의 거리에 나가 보면 호랑이들이 제멋대로 왕래하고 있는데, 좀처럼 떠들지 않는다.

—「山海經」遠國異章

「삼국유사」에서 범이 언급된 것을 다시 찾아보면, 아도기라(阿道基羅) 편에, "도(燾)가 담시(曇始)를 목 베라 명하였으나 몸이 상하지 않아, 자신이 해보았으나 역시 몸이 상치 않아, 북원(北園)에 기르고 있는 범에게 주었는데 범도 감히 접근하지 않았다"고 씌어 있다. 이런 감화로 나라 안에 불교가 크게 전파되었다. —— 범이 신성한 동물임을 시사한다.

원광서학(圓光西學) 편에는, "신라 황룡사(皇隆寺)의 원광대사는 처음 불도(佛道)를 듣고 나서 중이 되자, '호산(虎山)'에 들어가 염정(念定)을 계속하고 각관(覺觀)을 잊지 않으니, 많은 사람이 구름같이 임천(林泉)에 모였다"고 했다. 이는 불교가 우리나라에 처음 들어올 때에 토착신앙의 상징으로서의 범(虎山)과 조화를 취한 것으로 보인다.

"신라의 풍속에 매년 이월이 되면 초파일부터 열닷새까지 서울의 남녀가 다투어 흥륜사(興輪寺) 전탑(殿塔)을 도는 복회(福會)를 열었다. 원성왕(元聖王) 때에 김현(金現)이라는 낭군이 깊은 밤 혼자 쉬지 않고 탑을 돌고 있었다. 그때 한 처녀가 역시 염불을 하면서 따라 돌다가 서로 알게 되어 눈짓을 하게 되고, 돌기를 마치자 으슥한 곳으로 가서 관계를 맺었다. 처녀가 돌아가려 하자 김현도 그를 따라가니…" 그곳은 호랑이 굴이었고, 그 처녀는 사람으로 변신한 호랑이였다. 그때 하늘에서 소리가 나 "너희들이 너무 생명을 해치는구나. 너희 중 하나를 죽여 악함을 징계하리라" 하니 그 여자가 나서서 그 징계를 받기로 하고 일을 꾸민다. 성 안에 범이 들어가 사람들을 놀라게 하면, 임금이 반드시 이를 널리 잡게 할 것이니 김현이 나서서 범인 자기를 죽이라는 것이다. 차마 그 일을 못 하겠다는 김현에게 "저를 위하여 절을 세우고 불경을 펴 좋은 응보(應報)를 얻는 데 도움이 된다면…"하며 일렀다. 다음날 범이 성 안에 들어와 모두를 놀라게 하자 왕은 범을 잡는 자에게 이급 벼슬을 주겠다고 선포했다. 약속대로 김현이 나서서 범을 좇아 숲속으로 따라가니, 여자로 변신한 범이 "오늘 상처를 입은 사람은 흥륜사의 간장을 상처에 바르고 그 절의 나팔소리를 들으면 나을 것이라"고 하며 김현의 칼을 뺏어 스스로를 찔러 죽었다. 그후 김현은 그 길로 벼슬에 오르자 곧 서천(西川) 옆에 절을 지어 호원사(虎願寺)라 이름하고, 범망경(梵網經)을 강(講)하매, 범의 저승길을 축복하고, 제 몸을 죽여 자기를 성공시킨 은혜에 보답했다. 김현이 죽을 때 지난 일의 기이했던 것에 감동하여 이 사실을 적어 전했으므로 세상에서 비로소 알게 되었다. 그래서 논호림(論虎林)이라고 했는데, 지금까지도 일컬어 온다고 했다. "김현의 범은 사람을 부득이 상하게는 했지만 좋은 약방문을 가르쳐 주어 사람을 구하게 했으니 이 짐승의 어질기가 그와 같다."

—「三國遺事」金現感虎

"처음에 견훤(甄萱)이 아직 포대기 속에 싸여 있을 때이다. 그 아버지는 들에서 밭을 갈고 어머니는 아버지에게 밥을 갖다 주려고 어린아이를 나무 밑에 놓아두었더니, 범이 와서 젖을 먹이는지라, 마을 사람들이 이 말을 듣고 이상히 여겼다. 장성하자 모양이 웅장하고 기이하며 뜻이 커서 남에게 얽매이지 않아 보통 사람과 달랐다." (「三國遺事」紀異)

여기서 범은 의지와 기상이 특출한 사람을 알아보는 지혜와 모성애를 보여준다.

범과 건국 시조와의 연관은 고려와 조선의 선조 설화에서도 찾을 수 있다.

"호경(虎景) 성골장군(聖骨將軍)이 평나산(平那山) 마을 사람 아홉과 더불어 매사냥을 나갔다가 날이 저물어 바위굴에서 자게 되었는데, 한밤

山神符籍 판화
15×18㎝
鄭道和 소장

중에 호랑이가 나타나 장군의 모자를 잡아당겨 장군이 나아가 싸우는데 굴이 무너져 모두 죽었다. 이후 아홉 사람이 모두 이 산에 묻혔다 해서 구룡산(九龍山)이라고 하게 되었다.…"

—「高麗史」高麗世系

또는 호랑이가 나타나자 옷가지를 던져 호랑이가 집은 옷을 가려 그 앞에 나가기로 했는데, 결국 호경이 나가게 되었고, 그러자 굴은 무너지고 범은 사라졌다고 했다. 또는 굴이 무너지자 범은 여자로 변신하고 인연을 맺어 호경이 강충(康忠)을 낳게 되었고, 그가 고려 왕건의 조상이라고 한다.

—李承休「帝王韻記」

"이태조의 고조부인 목조(穆祖)가 어렸을 때 아이들과 함께 남천(南川, 지금의 전주 한벽당 앞임)가 큰 바위 아래에서 노는데 큰 범이 나타났다. 아이들이 옷을 하나씩 던지자 목조의 옷을 물었는데, 목조가 나서자 바위가 갑자기 붕괴되고 범은 사라졌다."

白虎와 사람들 「巫經」 揷畫(부분) 35×18 ㎝ 金宗學 소장

호랑이 옛이야기

재미있는 일화와 유머를 많이 남긴 정수동(鄭壽銅 1808－58)이 옛날얘기 해 주는 조건으로 남의 노자로 금강산을 다녀오는데, 동소문에서 출발하여 그곳으로 돌아오기까지 수십일 동안을 줄곧 호랑이 이야기 한 가지만으로 시종하였다는 말이 있다. 호랑이 이야기가 많기도 하고 듣기도 좋아해, '조선은 호담국(虎談國)'이라는 말과 함께, 범 이야기 하나만으로 「아라비안 나이트」 「태평광기」(太平廣記), 「데카메론」 같은 책을 꾸밀 나라는 우리나라밖에 없으리라고 최남선(崔南善)은 썼다. 호랑이 이야기는 실재 호랑이의 무서운 모습을 비롯하여, 효(孝)를 알아보는 범, 뛰어난 사람을 알아보고, 은혜를 갚고 조화를 부리고, 때로는 춤도 추는 등 여러가지가 있다. 작은 동물에게 웃음거리가 되거나 꼼짝 못하는 호랑이의 모습도 있다. 어떤 것은 동화적이고 어떤 것은 우화, 때론 음담도 되는, 여러가지 이야기들을 여기서는 그 줄거리만 옮겨 모았다. 비슷한 내용일 경우는 그 대표가 될 만한 한 가지만을 골랐다.

김응서와 호랑이

사람이 되기 위해 한 여인을 잡아먹으려던 호랑이가 죽었다. 이유인즉 여인의 배에 든 아이가 보통 아이가 아니어서 겹겹이 군사들이 보호하고 있는지라 도저히 당할 수가 없어 그만 자살해 버리고 만 것이었다. 이 아이는 커서 훌륭한 장사 김응서(金應瑞)가 되었다.

큰 호랑이를 구한 한명회

한명회(韓明澮)가 글방에 다닐 때 거리가 상당히 멀어 밤이 어두워야 집에 도착하곤 했다. 어느날부터 큰 호랑이가 나타나 한해 겨울 동안 그를 등에 태워다 주곤 했다. 그러던 어느날 호랑이가 나타나지 않아 찾고 있던 중, 산중에 사람이 모여 있어 가 보니 그 호랑이가 함정에 빠져 있었다. 호랑이를 잡은 주인에게 돈을 주고 구해 주니, 그 호랑이는 한명회의 품에 안겨 눈물을 지었다고 한다.

범과 동거한 최시형

천도교 이대 교주인 최시형(崔時亨)이 동학란 때 관군에 쫓기던 중 치악산중에서 급박하게 높은 석벽에 부딪쳤다. 석벽 밑에는 굴 하나가 있는데 호랑이 굴인 것이 분명했다. 주저할 사이도 없이 그곳으로 들어갔다. 호랑이는 의외에도 자리를 비켜주고 굴 밖으로 나갔다. 추격해 오던 관군은 난데없는 호랑이에 그만 흩어졌고, 최교주 일행은 관군이 수색을 포기할 때까지 이십여일을 범과 함께 동거생활을 했다고 한다. 일부 사람들은 최교주가 신통한 호신술로, 범으로 화해 피신했다고 믿으나, 범은 상대방이 자기를 해칠 뜻이 없다고 판단되면 해치지 않는다는 예일 것이다.

게으른 여인

게으르기 짝이 없는 여인이 있었다. 변소에 가는 것도 귀찮은 그녀는 아궁이에서 용변을 보는데 산만한 호랑이가 나타나 "너는 쓸모없으니 잡아먹겠다"고 호통쳤다. 앞으로는 깨끗하고 부지런해지겠다는 약속을 하고 살아난 그녀는 동네에서 가장 훌륭한 여인이 되었다.

장쇠를 응징하다

배좌수는 딸 둘을 낳고 아내 장씨를 잃었다. 그후 허씨를 후실로 삼아 아들 삼형제를 봤다. 아들들이 모두 바보라, 전실의 소생인 장화와 홍련의 똑똑함과 빼어난 용모를 시기하던 차 그 자매를 죽일 음모를 꾸몄다. 어느날 밤 허씨는 장화를 외가에 보낸다 속여, 장쇠로 하여금 산중 깊은 곳으로 데리고 가서는 못 속에 빠뜨려 죽인다. 그러자 갑자기 찬바람이 일고 일광이 번쩍이더니 산속에서 큰 호랑이가 달려나왔다. "네 어미가 무도하여 애매한 자식을 모해하여 죽이니 어찌 천도 무심하시랴" 하며 달려들어 장쇠놈의 두 귀와 한 팔, 한 다리를 떼어 먹고 사라졌다.

—「장화홍련전」에서

호랑이가 산삼을 물어다 주다

돌이는 한살 때부터 계모 밑에서 배다른 동생 둘과 살았다. 아버지마저 세상을 떠나자 동생들은 공부를 시켰지만 돌이는 이 집의 머슴꾼이 되다시피 했다. 그 날도 매를 맞고 나무를 하러 산으로 가는데 동생이 몰래 쫓아왔다가 그만 호랑이에게 물려갔다. 돌이는 매일 울며 다니고 계모는 병들어 누웠다. 쌀도 돈도 떨어지고 약을 해드릴 수 없게 되자, 돌이는 자기의 허벅지살을 잘라 끓여 드렸다. 나무를 해다가 동네에서 쌀과 바꾸어 근근이 생활해 나갔다. 그러던 중 동생을 물어간 호랑이가 나타나 꿩과 노루를 잡아다 집에 놓고 갔다. 어느날 그 호랑이는 산삼 세 뿌리를 가져다 주었다. 동네 이진사가 논 삼십 마지기와 기와집 한 채를 주고 그 산삼을 사갔다. 그후 돌이는 동생과 호랑이를 생각하며 계모와 함께 잘 살았다.

의를 아는 호랑이

한 나무꾼이 중을 만나 다음과 같은 이야기를 들었다. 즉, 한 동네 김서방댁 외아들이 호랑이에게 물려가게 된다, 그리고 그 사실이 알려지면 외아들 대신 그가 화를 당하게 된다는 것이었다. 그 사실을 알게 된 그는 괴로운 나날을 보내고 있었다. 그러다가 마지막날 그 사실을 김서방에게 알린다. 외아들 대신 죽게 된 나무꾼에게 호랑이는 "사람이 될 기회를 놓치게 한 너는 나의 원수이지만, 드물게 보는 참 인간인지라…" 하는 말을 남기고는 바람처럼 사라졌다.

호랑이 새끼와 세 처녀

나물을 캐던 세 처녀는 고양이를 보고 귀여워 어루만져 주며 놀고 있었다. 그런데 갑자기 비가 오는 듯해 고개를 드니 큰 호랑이가 나타났다. 모두 내던지고 혼비백산 뛰어 집으로 돌아왔다. 다음날 호랑이는 팽개치고 왔던 각자의 물건들을 집집마다 제대로 갖다놓아 주었다. 호랑이가 처녀들이 자기 새끼를 귀여워 해 주는 것을 보고 기분이 좋아 침을 흘린 것을, 마치 비가 오는 듯 느꼈던 것이다.

호랑이 젖을 먹은 아기

한 농부가 어린아이를 풀밭에 뉘이고 밭을 매는데 호랑이가 와서 아기에게 젖을 먹이고 갔다. 그 아이는 자라면서 힘도 세고 똑똑했다. 어느날 호랑이가 동네 처녀를 물어갔다. 그 소년이 호랑이를 잡고 처녀를 구해서 데리고 왔다. 그랬더니 수백마리의 호랑이들이 쫓아왔다. 소년은 고목이 울창한 숲을 요리 뛰고 조리 뛰고 하니, 호랑이들은 모두 고목 가지에 목이 꿰여 버렸다. 호랑이는 곧게만 가는 성질이 있기 때문이었다. 호랑이들은 모두 항복하고 말았다. 꿴 목을 풀어준 소년은 호랑이 등을 타고 마을로 내려왔다. 수백 마리의 호랑이가 뒤를 따랐다. 때마침 마을에는 만주 오랑캐가 쳐들어왔다. 소년의 명령에 따라 호랑이들은 오랑캐들을 무찔렀다. 소년은 그가 구해 준 처녀와 혼인하고, 그 고을의 사또가 되었다.

벗이 되어 준 범

남극년이 숙종 십이년 때 친상을 당하여 시묘를 하던 중이었는데, 묘막 앞에 큰 범이 나타나 입을 딱 벌리고 있었다. 범이 움직이는 기색이 없자, 그는 범과 싸우려고 벌린 입에 주먹을 넣었다가 부지중에 목에 걸렸던 비녀를 빼내 주었다. 남공이 범을 보고 인명을 해쳤음을 꾸짖고 물러가라 호통하니, 범은 달아났다가 이튿날 다시 나타나 무언가 이야기하려는 듯 꼬리를 흔들고는 묘막 앞에 누워 일어나지 않았다. 그 범은 매일 밤 나타나 남공의 벗이 되어 주었다.

호랑이의 중매

깊은 산중에 노모를 모신 노총각이 살고 있었다. 어느날 산에 나무를 하러 갔다가 호랑이 새끼들을 만나 친하게 지내게 되었다. 그후 삼년이 지난 후에도 그는 여전히 장가를 들지 못했다. 어느날 산에 올라가니 호랑이가 한 여인을 그 앞에 업어다 놓고 사라졌다. 그녀는 열네살에 산적에게 붙들려 가 살아오다가 우물 가에서 호랑이에게 물려 왔던 것이다. 노모는 산신령이 중매했다며 즐거워 했고, 그들은 행복하게 살았다.

유씨 후손과 호랑이

목에 걸린 은비녀를 호랑이 입에서 뽑아준 유씨(문화유씨 선조)가 죽은 지도 오래된 어느날, 호

山神圖

랑이 네 마리가 그 마을 주막에 나타났다. 유씨 성을 가진 선비 하나가 종이를 꺼내어 붓으로 자기 이름 석자를 써서 밖으로 던졌다. 그리고 "너희들은 어찌하여 나를 알아보지 못하고 괴이하게 구는고"하고 호통을 쳤다. 그러자 그 중 한 호랑이가 유씨 앞에 나와 세번 절하고는 모두 사라졌다.

무당의 정성

한 무당이 아들에게 무당의 대를 물려받게 할 수 없어, 백일기도를 하러 갔는데, 그곳 스님은, 기도하는 동안 뒤를 봐도 안 되고 말을 해도 안 되고 부정을 타면 허사라 일러 주었다. 마지막 백일 되는 날 뒤에서 어흥 소리가 나 돌아 보니 호랑이가 앉아 있다가 사라졌다. 그리하여 다시 백일기도를 올려야 했다.

효부 이야기

젊은 과부가 늙고 병든 눈먼 시어머니를 잘 봉양

松虎圖
11×19㎝
윤학찬 소장

하며 살고 있는데, 친정에서는 개가시킬 것을 꾀하고 있었다. 하루는 아버님이 편찮다고 하여 딸을 친정으로 불렀고, 그날로 혼례를 치르려 하였다. 과부는 뒷문으로 도망쳐 시어머니에게로 돌아오는 도중 범을 만났다. 시어머니를 위하는 그녀의 사정을 알게 된 범은 그를 잡아먹지 않고 살려 보냈다. 어느날 범이 함정 속에 빠진 꿈을 꾸고 그곳을 찾아가, 사냥꾼에게 사정하여 범을 구해 주었다. 이후 친가에서는 개가를 꾀하지 못했다.

딸기장사와 호랑이

홀로 딸기장사를 하며 사는 사람이 산 속에서 그만 잠이 들었다. 깨어 보니 새끼 호랑이 네 마리가 앞에 웅크리고 있었다. 놀랍기도 했지만, 무릎 위로 팔로 기어올라오는 새끼들이 귀여워 딸기를 먹여 주었다. 그런데 갑자기 큰 호랑이가 나타나, 딸기장사는 굴속으로 끌려갔다. 정신을 잃었다가 한참만에 눈을 뜨니 새끼 네 마리가 근심스럽게 바라보고 있으며, 어미 호랑이는 그를 보살펴 주고 애비 호랑이는 먹을 것을 날라왔다. 새끼들을 귀여워해 준 보답으로 그를 초대하려던 게 그만 놀라게 했던 것이다.

금비녀가 걸린 호랑이

동네 사람을 날마다 잡아먹어 오던 호랑이를 잡기 위하여 산중을 헤매던 포수는 입을 벌리고 있는 호랑이를 발견하고 총을 쏘려고 하는데, 무언가 호소하는 빛이어서 가까이 가 보니 목에 비녀가 걸려 있었다. 포수는 이놈을 살려 놓으면 자기를 해치지 않을까 망설이다가 용기를 내어 목에 걸려 있는 비녀를 꺼내 줬다. 그러자 호랑이는 포수를 등에 태워 집까지 바래다 주었다. 이후 호랑이는 사람을 해치지 않았으며, 포수가 죽자 아들에게 명당자리를 가르쳐 주어 무덤을 쓰게 했다.

범 턱

옛날 한 가난한 사람이 호랑이를 만나 목에 걸린 은비녀를 빼 주었다. 은혜를 입은 호랑이는 고마움의 표시로 어느 자리를 가르쳐 주었다. 몇달 뒤 그의 아버지가 세상을 떠나자 그곳에 묻었는데, 그후부터 무엇이든 일이 잘 되어, 드디어는 그 산을 사들여, 호랑이를 기념하여 범턱이라 이름했다. 인천에서 남쪽으로 가면 남촌이라는 곳이 있는데, 그 부근에 범턱이라는 산이 있다.

나무꾼의 아들과 호랑이 새끼

아들과 단 둘이 사는 나무꾼이 있었다. 어느날 호랑이가 아들을 물어가 버렸다. 아들을 찾아 산으로 갔을 때 호랑이 새끼들이 아들의 시체를 먹고 있었다. 화가 난 그는 새끼들을 죽이고 나무 위로 몸을 피했다. 새끼가 죽은 것을 본 호랑이는 다른 호랑이 둘을 데리고 와 나무꾼을 잡으려다 나뭇가지에 턱이 걸렸다. 나무꾼은 "남의 자식은 갈기갈기 찢어먹고, 네 자식 죽은 건 원통하냐"며 나무라고, 나뭇가지에 걸린 턱을 풀어 주니, 그 호랑이는 내려가 다른 두 호랑이를 물어 죽였다. 내려오라고 하는 듯한 시늉을 하여 내려가니, 등에 태워 집으로 데려다 주었다. 얼마 후엔 한 여인을 물어다 주고, 또 산짐승 고기도 물어다 주었다.

호랑이 수염

호랑이가 용맹한 근원을 알아보기 위해 여자 여럿이 호랑이를 만났다. 여자들의 꼬임에 빠진 호랑이는, 그의 용맹이 수염에서 나오는 것임을 일러 주었다. 여자들은 호랑이의 비위를 맞추어 주고는 수염을 얻어내었다. 이를 턱에 붙이고 돌아와 아이를 안고 비비니 곰보도 되고 째보도 되었다. 그래서 이 수염을 남자들에게 주니, 그 이후 남자는 용기와 활력을 갖게 되었고, 수염은 권위와 위엄의 상징이 되었다.

범의 눈썹 1

영악스런 아내에게 쫓겨난 가난한 농부가 죽어버리려고 범바위에 올라갔는데, 한 중이 이를 잡고 있었다. 자초지종을 들은 중은 자기 눈썹을 떼어 주며 "이 세상에는 개나 돼지가 많으니 집에 들어가 이 눈썹으로 아내를 보고, 사람이 아니거든, 어느 곳으로 가서 어진 아낙을 맞아 잘 살라." 이르고는 큰 범이 되어 사라졌다. 과연 그 눈썹으로 보니 아내는 돼지였다. 범이 가르쳐준 곳으로 찾아가 어진 여인을 만나 행복하게 살았다.

범의 눈썹 2

범 눈썹을 가진 노인이 서울구경을 하는데, 그 눈썹을 꺼내어 붙여 보니 모든 사람이 개나 돼지 여우 등과 같은 짐승으로 보였다. 그런데 한 사람만이 사람으로 보였다. 그 사람에게 사정을 알려 하룻밤 신세를 지게 되었다. 그러나 그 사람이 안고 있는 아들은 강아지로 보였다. 이 사실을 알려주고 범바위로 가 제사를 지내게 하여, 아무 탈 없이 잘 살게 되었다. 아버지가 죽은 후 일년이 되는 제삿날 아이는 호랑이에게 잡혀갔다.

맹호바위의 유래

충북 단양군 대강면 기촌리라는 곳에 '맹호바위'가 있다. 때는 조선 초기 무렵, 첩첩산중의 텃마을에 부자(父子)가 살았다. 정성스레 아버지의 병 간호를 하는 아들의 꿈에 산신령이 나타나, 소백산 꼭대기에 산삼 있는 곳을 일러줬다. 그곳을 찾아 산삼을 캐는데 갑자기 큰 범이 나타났다. 그

왼쪽부터 /
호랑이얼굴
山神圖 (부분)
68×112cm
에밀레박물관 소장
호랑이 얼굴
山神圖 (부분)
75.5×104cm
朱錫道 소장

호랑바위
禮山 修德寺

는 소나무 꼭대기로 피해 올라갔다. 범은 바로 옆 소나무에 독수리가 그의 새끼 범을 채 가지고 있어 그쪽을 향해 으르렁대고 있는 것이었다. 소년은 활로 독수리를 죽이고 새끼 범을 살렸다. 산삼을 캐고 산을 내려오는데 늑대 수십 마리가 쫓아왔다. 소년은 기절했다. 얼마 후 깨어 보니 늑대의 시체가 널브러져 있고, 범이 나타나 자기를 태우고 집에 데려다 주었다. 산삼으로 아버지의 병은 낳았고, 그후 맹호바위엔 범이 멧돼지며 노루를 물어다 놓고 갔다. 이를 안 태조는 그 부자를 불러, 아버지에겐 무관 벼슬을 주고 아들은 공부를 시켰다. 지금도 기촌리 사람들은 그 효행을 찬양하고, 맹호바위에서 은혜를 갚은 범을 위해 산신제를 지낸다고 한다.

주천석

양예수라는 훌륭한 의원이 중국으로 가는 사신과 함께하게 되었다. 밤에 노숙하다가 호랑이에게 업혀가, 호랑이 새끼의 다리가 부러져 있는 것을 고쳐 주게 되었다. 호랑이가 고마움의 표시로 조그마한 돌 하나를 주었다. 양예수는 다시 업혀와 일행과 같이 여행을 계속하였다. 한 읍내를 지나면서 그 돌이 궁금해 무엇인가를 알아보았다. 놀랍게도, 그 돌은 물에 담그면 향기높은 좋은 술로 변하는, 주천석(酒泉石)이라는 고귀한 것이었다. 그는 이것을 잘 간직하였고, 그것으로 만든 술을 칭찬하지 않는 이가 없었다.

부여 범바위(호암면)

고려가 망하자 임윤덕(林允德)이 망국의 한을 달래며 여기에서 은둔해 살았다. 어느날 이 바위 아래서 범이 멧돼지를 뜯고 있는 것을 보고 호령하여 다리 하나를 떼어 왔다. 그 이후, 호랑이는 늘 그와 함께 고기를 나누어 먹었다고 한다.

호랑이 무덤

나무꾼이 산속의 함정에 빠진 호랑이를 구해 주었더니, 배가 고픈 호랑이는 그를 잡아먹으려 했다. 화가 난 나무꾼은 "살려준 은혜를 금방 잊었느냐" 하고 호통을 쳤다. 호랑이가 그 말을 알아듣고 나무꾼을 따라가자, 도중에 닭을 사서 호랑이에게 먹였다. 그 이후 산속을 다닐 때마다 나무꾼을 태워다 주곤 했다. 그러던 겨울, 호랑이가 금괴를 가져와서 함께 살았다. 호랑이가 늙어 죽으니 무덤을 만들고 비석을 세워 '호총(虎塚)'이라 명명했다.

호랑이와 박서방

솟아난 죽순을 누군가 못쓰게 해서 화가 난 박서방이 대숲을 헤쳐 들어갔다. 새끼 호랑이가 아무것도 모른 채 순진한 얼굴로 쳐다보았다. 차마 죽이지 못하고 죽창을 버리고 돌아왔다. 어미가 돌아와 보니 죽창이 옆에 있었다. 영물인지라 이를 짐작하고 멧돼지 한마리를 잡아 박서방네에게 갖다놓았다. 그런데 다음날 어미가 돌아와 보니 새끼들이 그 멧돼지를 먹고 있었다. 그후 다른 것을 가져오고 다시 이를 양보하며 몇번을 왔다 갔다 했다. 할 수 없이 박서방은 선물을 받기로 했다. 그 뒤로 그 고을엔 짐승들의 해가 없었다고 한다.

곽재우와 호랑이

선조 삼십일년, 산에서 무술을 익히던 중 곽재우는 호랑이를 만났다. 서로 싸우고 피하고 뛰면서 산을 여러개 넘어 깊은 숲속에 이르자, 지친 호랑이는 굴속으로 들어가 버렸다. 하는 수 없이 돌아오는 길에, 산중에 처녀 홀로 사는 집에서 하룻밤 신세를 지게 되었다. 홀로 산중에 사는 이유인즉 부모가 호랑이에게 잡혀갔다는 것이다. 다음날 그 굴속을 가 보니 호랑이는 간 곳 없고 그 부모는 다치지 않고 있어 모시고 돌아왔다. 이 처녀의 할아버지는 정승을 지냈고, 지금은 모략으로 일시 피신해 있었던 것이다. 호랑이가 중요한 사람을 피신시켜 보호한 것이었다. 곽재우는 그녀와 백년가약을 맺었다.

「釋氏如來成道應化事蹟記」 판화(부분) 18.5×27.5㎝

오뉘탑

목에 뼈가 걸린 호랑이를 보살펴 준 댓가로 호랑이는 호호대사(好虎大師)에게 여인을 물어다 주었다. 대사는 이 여인을 부모에게 돌려보내 주기 위해 며칠을 걸어서 그녀의 집에 당도했다. 그녀의 집에서는 그동안 같이 지내 무슨 일이 있을 것이라며 막무가내로 결혼을 시켰다. 대사는 하는 수 없이 여인을 데리고 동굴로 돌아와, 의남매를 맺고 여인도 머리를 깎았다. 출가하여 도를 닦는 중이 부부로 지낼 수는 없었다. 그렇게 살다 팔십이 지난 뒤에 죽었다. 사람들은 이들을 추모하여 탑을 세워 오뉘탑이라 불렀다. 계룡산 동학사 근처에 있다.

홍시와 어머니

옛적 어떤 사람이 병든 어머니를 위해 철이른 홍시를 구하려고 개나리 봇짐을 하고 길을 떠났다. 멀리 산속으로 들어가는 길에서 범을 만났다. 호랑이의 입안에 박힌 가시를 빼어 주자, 그를 등에

山神圖 (부분)
213×113㎝
에밀레박물관 소장

태워 어느 큰 집 앞에 내려 놓았다. 그 집안에는 감이 주렁주렁 열려 있었다. 그 집 여인은 자초지종을 듣고, 대바구니에 하나 가득 홍시를 담아 주었다. 그는 다시 호랑이의 등에 업혀서 집으로 돌아왔다. 어머니는 홍시를 들고는 눈을 감았다. 호랑이와 아들은 함께 어머님의 죽음을 슬퍼했다.

효자리

한성판윤 박창선(朴昌先)의 선조대에 효성이 지극한 분이 있었다. 선친을 잃은 후부터 박씨는 하루도 빠짐 없이 선친의 묘소를 참배하였다. 그날도 선친의 묘소로 가는 길이었다. 서울의 영천서 홍제동으로 가는 고개에서 놀랍게도 호랑이를 만났다. 호랑이는 등허리를 대고 타라는 시늉을 하였다. 그가 올라타자 순식간에 묘소까지 태워다 주는 것이었다. 그후 매일 호랑이의 등을 타고 왕래를 하던 몇해 후 박씨가 죽자 지금의 고양군 신도면에 장사지냈다. 뒷날 그 호랑이가 박씨 무덤 옆에서 죽어 있어, 그 집안 사람들은 박씨 무덤 옆에 묻어 주었다. 이를 들은 왕은 효자문을 세우고 그 마을을 효자리(孝子里)라 했다.

효성에 감동한 호랑이

효성이 지극한 아들에게 딸기가 먹고 싶다고 병든 어머니는 말했다. 때는 겨울철이라 온 산을 헤매고 빈손으로 돌아오는 길이었다. 산중턱에 이르니 온갖 꽃들이 만발한 그곳에 딸기가 있어 따다 올렸다. 그후 어머님은 병에 걸렸는데, 산 호랑

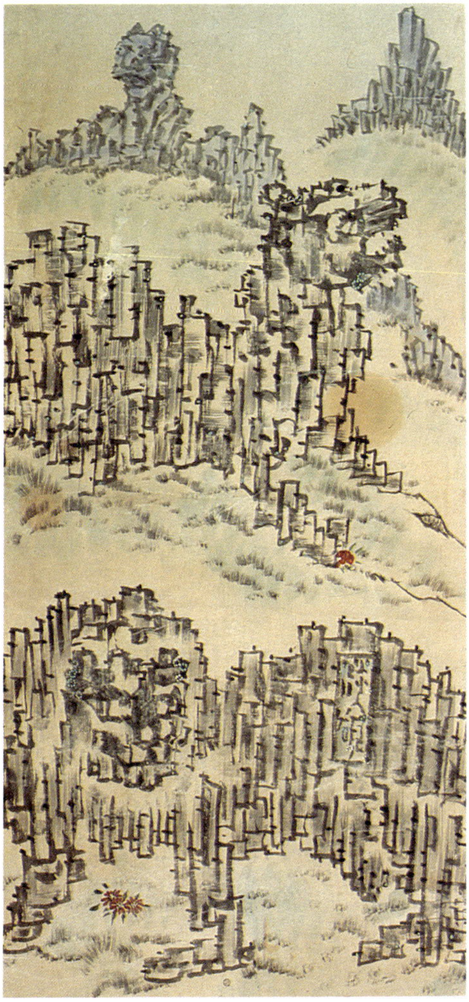

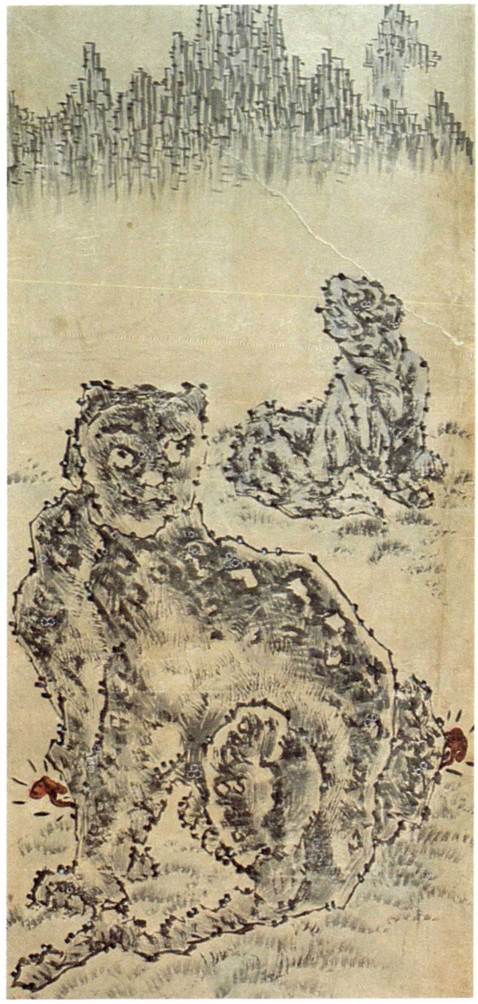

怪石虎圖八曲屛風
(부분)
45×156㎝
鄭興齊 소장

이의 눈썹이라야 약이 된다고 했다. 산 호랑이 눈썹을 구하러 다니다가 호랑이를 만났다. 잡아먹을 듯이 덤벼드는 호랑이에게 빌며 저간의 사정을 이야기하자, 감동되었던지 그를 등에 태워 집으로 데려다 주었다. 기다리던 어머니는 아들이 호랑이에게 붙들려 오는 줄 알고 기절하여 그만 세상을 떠났다. 삼년상을 마치고 호랑이와 함께 살게 되었는데, 어느날 호랑이는 신부차림의 한 여자를 업어 왔다. 그들은 삼형제나 낳고 잘 살았다. 그러던 어느날 범은 몇 백리나 되는 여자의 친정으로 두 사람을 업고 깜짝할 새에 달려갔다. 죽은 줄 알았던 딸과 사위를 본 부모들은 기뻐 어쩔 줄 몰라 했다. 그는 부인으로부터 열심히 글을 배워 나중에 이조판서가 됐고, 날마다 호랑이를 타고 다니며 구십까지 살았다.

옥산 범바위와 사자바위

산 높고 골이 깊은 한 고을, 월성의 안강 옥산마을 안쪽에는 범바위가 있어, 마치 큰 호랑이가 웅크리고 있는 형상을 하고 있다. 이 동네는 예로부터 호랑이 극성 때문에 가난하게 살아왔다. 회재 이언적(李彦迪)은 이 마을의 호랑이로 인한 피해를 막기 위해, 호랑이 바위 건너편에 있는 큰 바위를 사자바위라 이름지었다. 그후 호랑이의 극성이 약해졌다고 한다.

호환을 물리침

호랑이에게 물려 죽게 되어 있는 친구의 아들을 박엽(朴曄)은 어느 절터로 보내면서 다음과 같이

傳 檀園 金弘道 畫
「五輪行實圖」(부분)

일러 주었다. 즉 대웅전이 있던 터로 들어가면 호랑이 가죽이 있을 터이니 그걸 뒤집어 쓰고 있어야 하는데, 중이 와서 가죽을 달라 해도 절대 주지 말아야 한다는 것이었다. 과연 중이 나타났고, 그의 말대로 가죽을 주지 않았다. 새벽이 왔다. 중은 일이 틀렸다며 호랑이가 되어 사라져 버렸다. 이렇게 해서 그 아들은 호랑이에게 물려죽는 팔자를 면했다.

호랑이 밥

어떤 이가 고개를 넘다 호랑이를 만났는데, 호랑이가 이상히도 눈을 길 위로만 돌리다가 천천히 뒤를 따라왔다. 집으로 무사히 오게 되자, 그의 어머니는 얼른 밖으로 나가 개 한 마리를 던져 주었다. 이때부터 개는 호랑이 밥이라고 일컬어지게 되었다.

아버지 원수를 갚은 최루백

한림학사 최루백(崔婁伯)은 15세 때 사냥하다가 아버지가 호랑이에게 물려 죽자, 곧 도끼를 메고 호랑이굴을 찾아가 꾸짖기를 "네가 우리 아버지를 잡아먹었으니 이번에는 내가 너를 잡아먹어야겠다" 하며, 호랑이를 죽이고 배를 갈라 아버지의 뼈와 살을 꺼내고, 호랑이 고기는 독에 넣어 냇물 속에 넣었다. 이후 아버지를 홍법산(弘法山) 서쪽에 장사하고 복(復)을 마치고는 호랑이의 고기를 꺼내다 먹었다.

범바위와 구남골

호랑이와 비슷하게 생긴 바위가 있었고 그 맞은편에는 개의 모습을 한 바위가 있었다. 개바위 밑에는 아들 딸 아홉을 낳아 행복하게 살아가는 집이 있었다. 한번은 이 집 앞을 지나던 스님이 집과 개바위와 범바위를 번갈아 보고는, 집주인을 불러 올해 안에 호랑이의 해를 당하겠으니 이사하라고 일러 주었다. 집주인은 스님의 말을 따르지 않았다. 그후 커다란 범이 집을 덮쳐 아홉 남매를 몽땅 물어갔다. 이를 사람들은 범바위의 호랑이가 개바위의 개를 잡아먹은 것으로 해석했고, 그후 이 집이 있던 동네를 구남골이라 불렀다. 단양군 가곡면 이천리에 전해지는 이야기다.

쉬네미 고개

경기도 김포 가리산에는 길고 높은 쉬네미고개가 있다. 옛날에는 길이 험해서 호랑이가 동네를 이루고 살았다. 그 아래 주막집에는 장정 쉰명쯤 모여서 함께 꽹가리를 울리며 넘어야 했다. 그리하여 붙여진 고개 이름이다. 한 떠꺼머리 총각이 혼자 나서서 이 고개를 넘다가 호랑이를 만났다. 그는 얼결에 꼬리를 잡았다. 호랑이가 아무리 고개를 돌리려 해도 꼬리 끝까진 닿지 않고, 호랑이에게 산으로 끌려 올라갔다 끌려 내려왔다 하는 가

孝子圖八曲屛風
(부분) 35×64㎝
沈都植 소장

운데 사람들이 올라와 합세하여 그 호랑이를 잡았다. 그 호랑이는 마침 그들 중 왕이어서, 그후 호랑이들은 딴 곳으로 옮겨가고, 길손에게 별일 없는 길이 되었다 한다.

호랑이 굿

호랑이에게 물려가 반쯤 뜯어 먹히다 남은 계집아이를 동네 청년들이 묻어 주었다. 그 다음날 온 동네에 모래와 돌이 날아오고, 가축은 모조리 죽어 갔다. 호랑이는 영물이어서 자기가 먹던 것을 빼앗기면 보복을 할 것이라며, 노인들은 굿을 하자고 했다. 팥죽을 쑤고 말꼬리를 달아 놓고 굿을 했다. 말꼬리는 계집아이의 머리요, 팥죽은 몸을 대신한 것이다. 호랑이가 팥죽을 모두 먹으면 그 동네는 다시 평안해진다는 것이다.

판서의 호난

이원조(李源朝)가 태어나기 전의 일이다. 손이 없어 백일 기도를 올리던 마지막 날 제단 앞에서 이원조의 아버지는 잠이 들었다. 꿈에 노인 둘이 제단의 음식을 먹으며 "이 음식을 먹었으니 자손을 점지해 주세. 그런데 열다섯살 때 호랑이에게 물려갈 팔자로군"하며 물러갔다. 이후 아기가 있어 낳으니, 이 사람이 바로 철종때의 이원조다. 총명한 그는 열다섯 나던 해 벌써 과거 응시를 위해 길을 떠나게 되니 아버지는 차라리 보지 않는 곳에서 호난을 당하는 게 났다고 생각하며 보내고, 또다시 백일 기도를 드렸다. 꿈속에 궁궐이 나

문지방 위에 붙였던
호랑이 부적
개인소장

타났고 전에 본 그 노인 둘이 있었다. "너희 중 누가 이원조를 잡아먹는가." "예, 접니다." "너는 가서 개를 대신 잡아 먹어라." "안 됩니다." "왜 말을 안 듣는가." "이미 일을 만들어 놓았기 때문에 안 됩니다."고 하는 말들이 오갔다. 제단을 거두어 집으로 오니, 아들은 장원급제를 하고 무사히 집으로 돌아와 있었다. "아버님, 과거 보기 전날 집채만한 호랑이가 내게로 다가오는 걸 웬 포수가 갑자기 나타나 잡았읍니다"하고 아들은 아버지에게 말했다.

호랑이 뱃속에서 살아 나온 사람

옛날, 포수 삼형제가 사냥을 하러 깊은 산중으로 들어갔다. 형 혼자 바위 위에 앉아 있는데 호랑이 수십 마리가 몰려 왔다. 형은 겁에 질려 꼼짝도 못했다. 몰려온 호랑이는 회의를 한다. "너희들은 앞으로 고기를 많이 먹을 테니까 저기 저놈은 내가 먹겠다" 하고는 한입에 형을 삼켜버렸다. 뱃속에 들어간 형은 잽싸게 간을 베어 소금에 찍어 먹었다. 뱃속이 아픈 호랑이는 "내가 못 먹을 것을 너희들이 날 먹였다" 하면서 다른 호랑이를 모두 물어 죽였다. 형은 칼로 열심히 배를 갈라 나왔다. 그들은 호랑이 가죽을 다 벗겨 서울로 가서 팔아 잘 살았다.

아기와 주주

우는 아기를 달래는데, 도무지 그치질 않았다. 호랑이가 온다 해도 여전히 우는데, 주주가 왔다 하니 아기는 울음을 뚝 그쳤다. 이를 엿듣던 호랑이는 자기보다 더 위력있어 보이는 '주주'라는 것에 놀랐다. 그래서 빨리 송아지나 잡아먹고 돌아가려는데, 마침 그곳에서 송아지를 돌보던 주인을 보자 주주인 줄 알고 그만 놀라 도망가게 되었다. 주인은 송아지가 도망가는 줄 알고 호랑이 등에 냉큼 올라탔다. 그렇게 하여 달리고 달리다 새벽이 되었다. 밝은 빛에 보니 얼룩이 칡범이 아닌가. 놀라 나무가지를 잡고 위로 올라가니, 시원해진 호랑이가 어떤 게 주준가 하고 돌아보았다. 사람인 것을 그제야 알고 친구들에게 도움을 청하니, 수많은 호랑이가 몰려 왔다. 힘센 호랑이가 맨밑에 엎드리고, 그 위에 또 엎드리고 하여, 나무 꼭대기에 다다르게 되었다. 죽기로 체념을 한 그는 나뭇가지를 꺾어 눈을 딱 감고 자기가 좋아했던 피리나 한번 불기로 했다. 피리를 불자 맨 밑의 호랑이가 그만 덩실덩실 춤을 추는 것이었다. 방금 무당을 잡아먹었기 때문이다. 위에 있는 호랑이들이 기우뚱 하다 와르르 무너져 대갈통이 깨지고 하여 모두 죽고 말았다. 그는 호랑이 껍질을 모두 벗겨와 부자가 되어 잘 살았다.

강감찬

고려 현종은 지금의 서울에 별관을 짓고 가끔 와서 지방행정을 잘 다스리려 힘썼다. 서울 산골엔 범이 많았다. 배우개(백고개, 지금의 종로4가)는 백명이 모여 함께 징을 두드리며 떠들면서야 넘을 수 있었다 해서 붙여진 이름이다. 강감찬(姜邯贊)에게 범 퇴치의 진정이 전해졌다. 서울로 부임한 그는 사람을 시켜 인왕산 늙은 중에게 어떤 부적을 보냈다. 그 중이 호랑이로 변해 나타나자, 강감찬은 며칠 안으로 일족을 거느리고 이땅을 떠나라고 명령했다. 이때 호랑이의 일족이 떠나 한반도에는 호랑이가 많이 없어졌다. 이때 임신한 호랑이만은 힘이 들 것이니 그냥 있어도 좋다고 허락하였다. 그때 임신한 호랑이만이 남아 퍼져 호랑이가 있게 되었다고 한다.

범첨지의 범사냥

호주머니 속에 작은 칼과 여자의 머리칼을 엮은 동발을 가지고 범의 소굴로 간 영감을, 산처럼 큰 호랑이가 그대로 꿀꺽 삼켜 버린다. 뱃속에 들어간 그가 칼을 꺼내어 범의 엉덩이에 구멍을 뚫어 동발로 묶고, 뱃속 여기저기를 긁으며 한 손으로 동발을 꼭 잡고 있으면, 아픔에 못이긴 호랑이가 그만 토해내 버린다. 그러면 항문을 맨 끈으로 하여 호랑이는 저절로 홀랑 뒤집어진다. 이 영감은 이렇게 범을 잡느라고 뜨거운 뱃속을 수없이 들어갔다 나왔다 하였다. 그래서 머리카락 하나 없는 대머리 영감이 되었고, 사람들은 그를 '범첨지' 라고 불렀다.

群虎圖
60×90㎝
에밀레박물관 소장

담뱃대로 호랑이를 잡다

옛날 옛적 어떤 사람이 술에 취해 길에서 잠이 들었다. 축축한 느낌에 눈을 뜨니, 호랑이가 술이 깨라고 꼬리에 물을 축여 얼굴에 뿌리는 것이었다. 정신을 바짝 차리고, 옆에 떨어진 담뱃대를 살며시 잡고 있다가, 술이 깼나 보느라 범이 코를 자기의 얼굴에 대고 냄새를 맡을 때, 담뱃대로 호랑이의 코를 콱 찔렀다. 긴 담뱃대가 코에 찔려 있으니, 무엇이든 먹을 수가 없게 된 호랑이는 그만 굶어 죽었다. 그후 그 사람은 나무하러 갔다가 죽은 호랑이의 가죽을 벗겨 팔아 가지고, 부자가 되었다.

불로 호랑이를 잡다

나무를 하다 호랑이를 만난 나무꾼이 나무 꼭대기로 피해 올라갔다. 호랑이는 올라가려고 나뭇잎을 긁어 모았다. 나무꾼이 저고리를 던지자 그것도 깔고 앉았다. 솜에 불을 붙여 던졌더니 그것도 깔고 앉았다. 드디어 몸에 불이 붙어 범은 그만 타 죽었다.

호랑이 잡은 숯장수 아내

남편은 숯장사로 길을 떠났고, 그녀 혼자 아기를 낳았다. 그때 마침 집의 개도 새끼를 낳았다. 양식거리라곤 아무것도 없어 화롯불에 죽을 쑤고 있는데, 호랑이가 나타났다. 개에게 사정하여 강아지 한 마리를 던져 주었다. 다 먹어버리자 또 주고 하여, 마지막 한 마리가 남았다. 하나 남은 강아지를 줄 수는 없었다. 그래서 솜에 뜨거운 돌을 싸서 던져 주었다. 씹지도 않고 덥썩 삼킨 호랑이는 뜨거워 날뛰다가 죽었다. 남편이 돌아와 관가에 알리니, 쌀과 미역을 주고 호랑이 가죽을 벗겨 갔다.

뒤만 보는 장사

하루 세 섬씩 밥을 먹어대는 사람이 있었다. 한 노파가 그에게 호랑이를 잡아 달라고 했다. 호랑이가 할아버지를 잡아간 것이었다. 한 섬 밥을 먹은 그는 호랑이를 잡겠다 장담하고 집을 나섰다. 그러나 호랑이는 안 잡고 뒤만 보았다. 그 다음날도 또 그 다음날도 뒤만 보는데, 갑자기 호랑이가 달려들어 장사는 똥을 뒤집어썼다. 호랑이도 그 많은 똥에 미끄러져 구르다 그만 뾰족한 데 찔려 죽었다.

정직한 포수

낮잠을 자다 호랑이에게 물려간 포수는 호랑이의 뱃속으로 통째 들어가게 되었다. 뱃속에서 정신을 차린 그는 칼로 여기저기 찌르니, 놀란 범은 옆에 같이 있던 범들을 모두 물어 죽였다. 드디어 배를 가르고 나온 포수는 죽은 호랑이를 모두 차지하여 부자가 되었다. 이 이야기를 들은 게으른 포수가 그와 같이 흉내냈다가, 호랑이들이 토막토막쳐 살 한점 남기지 않고 먹어 버렸다.

금강산 큰 호랑이

아버지의 원수인 호랑이를 잡으러 금강산으로 들어가는 도중에 누룽지를 꺼내 먹고 있었다. 중이 나타나 조금 나누어 달라고 하여, 주려고 보니 중의 이빨이 호랑이의 이빨이라, 총으로 쏘았다. 과연 호랑이였다. 또다시 길을 가는데 노파가 감자밭에서 일하고 있었다. 그런데 그녀의 손이 호랑이 발이라, 총으로 쐈더니 과연 호랑이였다. 물을 긷는 처녀가 호랑이로 보여서 또 쏘고는 계속해서 올라갔다. 이제 너무나도 크고 허연, 천년도 더 돼 보이는 호랑이가 있어 총을 쏘았다. 그러나 총알은 이빨에 튕기고, 그는 호랑이에게 통째로 잡아먹혔다. 정신을 차려 보니 그 뱃속에 아버지의 해골이 총과 함께 있었고, 한 처녀가 아직 살아 있었다.함께 칼로 배를 갈라 호랑이를 죽이고 나와, 그 소년은 그 처녀와 결혼했다.

백일기도

어머니를 잡아간 호랑이를 아들이 쫓아갔다. 그러나 도저히 찾을 수 없게 되자, 큰 구덩이를 파고는 백일기도를 드리기 시작했다. 호랑이가 함정에 와 빠지게 해 달라는 것이었다. 백일째 되는 날, 호랑이가 등 뒤에 와서 꼬리를 웅크린 채 울고 있었다. 그 다음날도 기도하는데, 그 구덩이에 어제 왔던 호랑이가 빠져 있었다. 사람들은 팔라고 했으나 팔지 않았다. 그는 어머니를 생각하며 간을 씹어 먹으며, 어머니가 한을 풀도록 기원했다.

아내의 도리

호랑이에게 잡혀간 남편의 시체를 찾고, 나타난 수펌을 죽이고, 원수를 갚으러 온 암펌도 죽이고, 집에 불을 질러 죽은 남편을 따라 그 아내도 함께 죽었다.

謙齋 鄭敾 作 猛虎圖 25×38cm 孔昌鎬 소장

怪石虎圖八曲屛風
(부분)
47×106㎝
李相出 소장

할머니와 호랑이

할머니가 베를 짜고 있는데 밖에서 소리가 나 밖을 내다보니, 호랑이가 베짜는 소리를 꼭같이 내고 있었다. 놀란 할머니는 문을 꼭 잠그고 다락으로 올라갔다. 문이 잠겼으므로 호랑이는 아궁이로 들어가 구들장을 뚫고 들어왔다. 아무도 방에 없자, 화가 난 호랑이는 아무거나 발로 차고 집어던지고 하다 촛불이 넘어져 솜에 불이 붙었다. 호랑이 털에도 불이 붙어, 몇 발짝 나가다 죽고 말았다.

힘센 지서방

힘센 지서방이 밭일을 하다 뒤가 마려웠다. 볼일을 보는데, 개 한 마리가 다가왔다. 조금씩 앞으로 나가면 또 가까이 오고 하여, 약이 바짝 오른 지서방은 바지를 끌어 올리고 그놈을 쫓아갔다. 산이든 어디든 쫓아가 박살을 내 주려 뛰는데, 가만히 보니 그것은 개가 아니라 호랑이가 아닌가. 버럭 겁이 났지만 도중에 그만둘 수도 없었던 차에 호랑이는 굴속으로 들어가 버렸다. 돌아오는 길에 주막을 찾으니 거기는 강원도 창젓골이고, 자기는 충청도에서 예까지 뛰어온 셈이었다. 그런데 주인여자는 그 호랑이가 원수라며 잡아 달라고 애원하였다. 마음 약한 장사는 그만 약속을 하였다. 다음날 굴을 찾아가 며칠을 호랑이와 싸우는데, 지서방이 위험에 빠지자 여인이 소리를 질렀고, 호랑이가 쳐다보는 순간 장사는 힘껏 칼을 찌를 수 있었다. 지서방은 여인과 호랑이가 함께 생겨 그럭저럭 살았다.

숯굽는 노총각

삼길은 어렸을 때부터 기운이 장사였다. 겨드랑이에 송아지를 끼고 높은 담을 몇씩이나 뛰어넘었으며, 줄을 높이 매고 그 위로 달음질을 치는 것이 마치 말달리는 것 같다며 우암 송시열(宋時烈) 선생도 글 중에 썼다. 이 노총각이 숯 구울 나무를 하러 산을 오르니 웬 처녀의 앞가슴을 간지럽히며 웃기고 있는 큰 백호가 있었다. 호랑이는 사람을 웃기다가 잡아먹는다고 하는 옛말이 있었다. 다가간 삼길은 뒤에서 백호의 목을 졸라 죽이고 그 처녀를 살려내었다. 은혜를 입은 처녀는 바로 홍판서의 무남독녀였다. 그 용기와 힘을 높이 사 혼인을 하게 됐다. 밤이면 부인이 글을 가르쳐 주었고, 우암 송시열의 제자가 되었다. 늦게 나이 사십에 장원급제하여 벼슬까지 하게 되었다.

미끼가 된 소금장수

산길을 가던 소금장수가 날이 어두워지자, 외딴 집에 들어 곧바로 잠이 들었다. 문득 오줌이 마려워 눈을 뜨니 갑갑한 망태 속에 갇혀 있는 것이었다. 이때 주인남자가 떡과 망태 속에 든 소금장수를 둘러메더니 못 위로 뻗은 나뭇가지에 매달아 놓고 가 버렸다. 호랑이 떼들이 몰려와 펄쩍 뛰었지만 먹이에는 닿지 못하고 못에 빠져 모두 죽었다. 미끼가 돼 달라고 하면 허락하지 않을 것 같아서 그렇게 한 것이라며, 주인은 사과했다. 그렇지만 둘은 호랑이 가죽을 나누어 한몫을 보게 되었다.

술 취한 좌수

돈 주머니를 목에 두르고 잠을 자다가 호랑이에게 물려가게 됐는데, 뒤에 다른 호랑이가 또 따라왔다. 정신을 차리고 호랑이 배를 칼로 찌르자 냅다 좌수를 차 버렸고, 이에 놀란 호랑이는 겁결에 뒤에 오는 호랑이를 그만 물어 죽였다. 좌수는 두 호랑이를 얻어 가지고 집으로 돌아왔다.

세살짜리 사냥꾼

어버이는 제사를 지내러 큰집에 가고 삼형제가 집을 보며 잠이 들었다. 세살짜리만이 엄마를 기다리는데, 호랑이가 나타나 창문을 빡빡 뜯었다. 아이는 관솔불을 뜯어진 창문으로 내밀곤 했다. 이것을 계속 받아 먹다 호랑이는 관솔불에 수염이 홀랑 타 죽어 버렸다.

제 말하면 호랑이 온다

벌목을 하다 김서방은 동네사람들을 놀래 주려고 굴속에서 호랑이의 울음소리를 내었다. 동네사람들은 혼비백산해 도망쳤다. 그런데 재미있어 하는 김서방 앞에 진짜 호랑이가 서 있었다. 너무나 놀란 김서방은 겨우 도망쳐 와서 입에 거품을 물고 기절해 버렸다.

해와 달이 된 오누이

고개길에서 떡장사 아주머니를 잡아먹은 호랑이가 그의 집에까지 찾아갔다. 아이들에게 엄마라고 속이고 들어가, 동생을 잡아먹고 나머지 누이를 잡아먹으려 했다. 마당의 나무 위로 쫓겨올라간 오누이는 하늘에 빌었다. 그러자 밧줄이 내려와서 아이들은 하늘로 올라갔다. 바짝 쫓아온 호랑이에게는 썩은 밧줄이 내려왔다. 호랑이는 올라가다 줄이 끊어져 수수밭에 떨어져 죽었다. 수숫대에는 호랑이의 피가 묻어 붉어졌다고 한다.

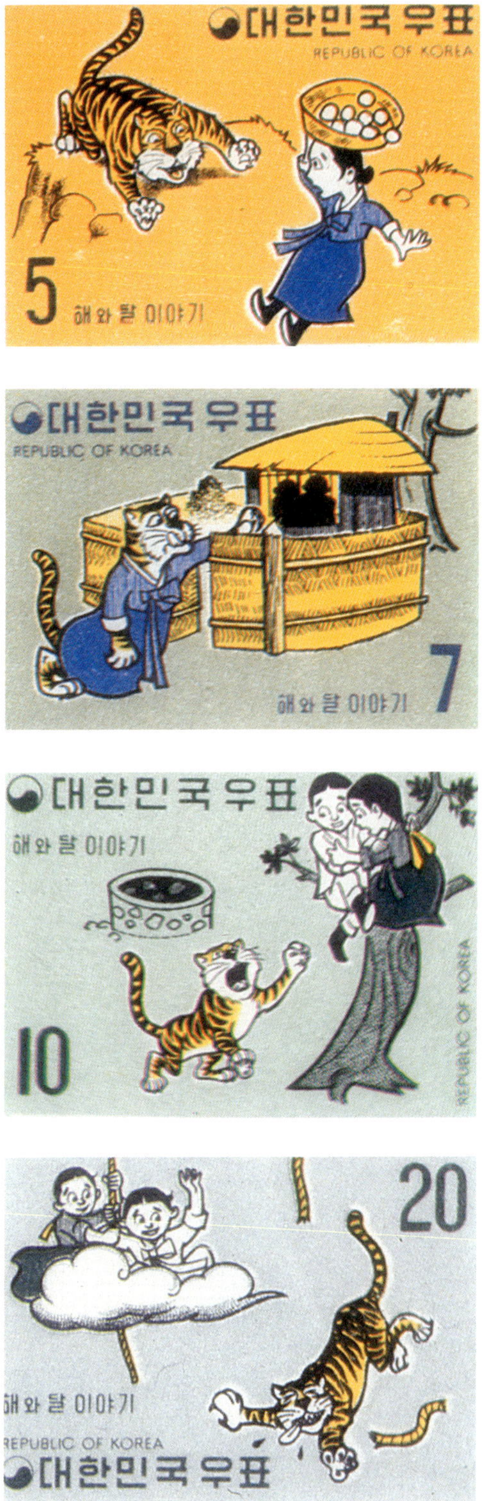

해와 달 이야기를 주제로 한 우표 시리즈

白虎圖
320×98㎝
海南 大興寺 羅漢殿

그 오누이는 하늘로 올라가 해와 달이 되었다.

대머리 장사

힘이 장사인 어떤 사람이 아들을 물어간 호랑이와 맞붙어 싸우게 되었다. 그가 호랑이의 불알을 잡아 쥐자 호랑이는 놀라 도망가고, 그는 정신을 잃었다. 동네사람들이 몰려와 보니 장사의 이마에선 김이 무럭무럭 나고 있었다. 너무나 놀란 호랑이가 이마에다 생똥을 싼 것이었다. 무사히 아들을 찾아 돌아왔지만, 그는 뜨거운 열로 머리카락이 모조리 빠져 반들반들하였다. 그래서 그를 대머리 장사라 불렀다.

까치와 배은망덕한 호랑이

함정에 빠진 호랑이를 나그네가 구해 주었더니 도리어 잡아먹으려 했다. 나그네는 죽기 전에, 한번 재판을 받아 보자고 사정했다. 배은망덕한 호랑이와 나그네는 함께 소나무한테 갔다. "잡아 먹어. 사람놈들은 우리가 채 자라기도 전에 도끼로 찍는걸." 우쭐해진 호랑이와 실망한 나그네는 다시 황소한테로 갔다. "어서 잡아먹어요. 사람들은 우리를 실컷 부려먹고도 잡아먹는걸." 마지막으로 까치한테 갔다. 까치는 이제까지의 일이 어떻게 된 영문인지 맨처음부터 다시 해 보라고 하였다. 의기양양한 호랑이가 당초의 함정으로 뛰어 들어가 "이렇게 있었는데…" 하자, 까치는 "이제 재판은 끝났군요" 하였다.

고슴도치에 놀란 호랑이

배고픈 호랑이가 고슴도치를 한입에 삼켜 버렸다. 입을 다물자마자, 수백개의 바늘에 찔려 펄쩍펄쩍 뛰었다. 고슴도치를 겨우 배알아낸 호랑이가 강위로 밤송이 하나가 둥둥 떠내려 오는 것을 보자, 크게 절을 하며 "하이고 나리, 어디를 행차하십니까" 하며 인사를 올렸다고 한다.

할머니에게 혼난 호랑이

옛날 어느 곳에 할머니 한 분이 살고 있었다. 콩밭에서 일을 하고 있는데, 호랑이가 할머니를 잡아먹으려고 덤벼들었다. 할머니는 "잡아먹으려거든 이따가 우리집에서 팥죽이나 먹고 잡아먹지 그래" 하고 말했다. 호랑이는 "그럼 그렇게 하지" 하고는 돌아갔다. 할머니는 곧바로 집으로 가서 불이 꺼져 가는 화로를 뒷곁에 놓고, 물동이에는 고추가루를 뿌린 다음, 행주에 바늘을 꽂아 놓고 기다렸다. 호랑이가 오자 뒷곁의 화로를 갖다 불이 지피도록 불라고 했다. 재가 눈에 들어갔다. 물동이 물로 눈을 씻으라고 했다. 그러자 범은 눈이 아파 길길이 뛰고 야단이었다. 이번에는 행주에 눈을 닦게 하니, 아픔을 더 참을 수 없어 밖으로 뛰어나가다가 부엌에 세워 둔 방앗공이에 걸려 넘어지고, 뜰에 펴 놓은 멍석 위에 나동그라졌다. 할머니는 얼른 돌돌 말아 벼랑에 끌고 가 내던져 버렸다.

할머니의 꾀에 속아넘어간 호랑이

한 할머니가 콩밭에서 일을 하고 있노라니까, 범 한 마리가 와서 잡아먹으려 했다. 할머니는 "이렇게 말라빠진 것을 먹는대야 신신치 못하리니, 내가 콩을 따다가 죽을 쑤어 먹어 살이 좀 통통해진 다음에 먹겠으면 먹어라" 하여 범도 그러자고 하였다. 그래 할머니가 집으로 와서 죽을 쑤면서 엉엉 운즉, 곁에 있던 맷돌이란 놈이 우는 곡절을 듣고 "걱정 마. 나에게 죽 한그릇만 주면 일을 펴이게 하지" 하였다. 이렇게 달걀·멍석·지게·자라·개똥·동아줄·호미·송곳들이 차례차례 죽을 한 그릇씩 얻어먹고는, 제각기 나는 여기 너는 어디 하면서 지키고, 할머니는 몸을 피하여 어디로 숨었다. 범이 나타났고 장난 겸 아궁이의 불을 헤친즉, 달걀이 툭 튀어나와서 눈을 때리고, "에쿠!" 하고 뒤로 물러앉은즉, 송곳이 밑구멍을 찌르고, "아야!" 하고 일어서다가 개똥에 미끄러져서 넘어지고, "엄마야!" 하고 개숫물 그릇에 발을 넣고 씻으려 한즉, 자라가 손가락을 물고, "애, 아서라!" 하고 허둥거리는 중에 시렁에서 맷돌이 떨어져서 골통을 깨뜨리고, 그러자마자 멍석은 와서 둘둘 말고, 동아줄은 덤벼서 칭칭 동이고, 지게는 달려들어 그 시체를 짊어지고 나가매, 호미가 따라 나가서 땅을 파고 묻었다.

"영차 영차!"

소년이 줄다리기를 하다가 집으로 가는 도중 비를 만났다. 비를 피해 고개마루 산신각으로 들어가 있는데, 마침 호랑이가 무심코 산신각 문틈으로 꼬리를 집어넣게 되었다. 소년은 호랑이 꼬리를 잡고 "영차 영차!" 하면서 줄다리기하듯 잡아 당겼다. 놀란 호랑이는 혼이 나서 도망갔다. 얼마후 마을에 호랑이가 나타나 마을 사람들이 모두 놀라자 소년이 나서서 "영차 영차!"를 소리높이 외쳤다. 호랑이는 그만 전에 혼난 것이 기억나 멀리 도망가 버렸다.

디딜방아를 찧은 호랑이

아이들만이 있는 집에 호랑이가 나타났다. 호랑이는 집으로 들어올 틈이 없자 지붕을 뚫고 들어오려다 발만 빠지게 되었다. 디딜방아를 찧고 있던 아이들은 빠져나온 호랑이의 발목에 줄을 잡아 매어 디딜방아를 찧게 했다. 나중에 아이들의 아버지가 돌아와 그 발묶인 호랑이를 잡았다.

호랑이와 나팔

한 떠꺼머리 총각이 헌 나팔 하나를 사서는 심심하면 불곤 했다. 어느날 산너머엘 갔다가 술에 취해 고개에서 잠이 들었다. 범이 나타나 꼬리에 물을 묻혀 얼굴에 뿌렸다. 정신이 든 그는, 호랑이가 꼬리로 얼굴에 물을 뿌리려고 하는 찰나에 나팔을 힘껏 불었다. 그러자 호랑이는 정신없이 달아났다. 또는 호랑이 꽁무니에 나팔을 힘껏 끼워박자, 놀란 호랑이가 뛸 때마다 계속해서 '빵빵' 소리가 나, 한없이 뛰어 달아났다고도 한다.

호랑이와 돼지

돼지들이 모여 살다 무리를 이끌고 어디론가 가고 있었다. 호랑이와 만난 돼지무리의 왕은, 위신도 있고 해서 한바탕 싸워 보자며 조상 때부터의 갑옷을 입고 나오겠다고 했다. 그러면서 돼지의 왕은 사람들의 뒷간에 가 똥통 속에 빠졌다가 나와 호랑이 앞으로 나갔다. 온통 똥으로 갑옷을 입은 돼지를 본 호랑이는 바라볼 수도 같이 있을 수도 없어 그만 길을 비켜나고 말았다는 것이다.

우연히 범을 잡게 된 이야기

가난한 양반이 있었다. 어느날 범을 만나 정신을 잃었다. 한참만에 정신을 차리니, 그 범은 급히

花鳥虎圖 八曲屛風(부분) 35×110㎝ 鄭興齊 소장

뛰다가 두 나무 사이에 끼어 움직이지 못하고 있었다. 그는 끈을 꺼내서 불알을 매고 싹뚝 잘랐다. 그때 무섭게 생긴 총각이 헐레벌떡 뛰어와 범을 찾기에, 자기가 저렇게 사로잡아 놓았노라고 으스대며 가져 가라고 하자, 놀라 절을 하고 갔다. 동네사람들이 이 이야기를 듣고 돈을 모아 그에게 주었고, 그는 한수 거짓말을 덧붙여, 금은 보석을 끌어내 졸부가 되었다.

징쟁이 영감

징치는 영감이 술에 취해 길에서 잠이 들었다. 한참 자다 깨게 되었는데, 집채만한 호랑이가 꼬리에 물을 축여 와서는 자기 얼굴을 적시고 있었다. 꽹과리를 냅다 치자 놀란 범은 홍똥을 내지르고 뛰어 달아났다. 홍똥을 뒤집어쓴 징쟁이의 이마와 머리는 벗겨지고 머리카락이 빠져 대머리가 되었다.

토끼와 호랑이

호랑이가 토끼를 잡아먹으려 하자 토끼는 "맛있는 돌떡을 먼저 드시고 저를 드세요" 하며 달랬다. 화롯불에 뜨겁게 달군 돌을 돌떡이라 하여 먹게 한 것이다. 몇달 후 호랑이는 가시덩쿨이 우거진 곳에서 다시 토끼를 만났다. 복수할 마음과 함께 배가 고파 덮치려 했다. 토끼는 다시 꾀를 내었다. 이곳엔 참새가 많아 자기가 몰아올테니 그저 입만 벌리고 있으라고 했다. 토끼만 잡아먹으면 양에 차지 않을 것 같아 입을 크게 벌리고 있을 때 주위에 불이 나서 타들어 왔다. 그후 추운 겨울날 개울에서 또 토끼를 만났다. "아저씨의 그 긴 꼬리를 물에 담그고 있으면 물고기가 몰려올 거예요. 여기 꼬리를 넣고 제가 빼라고 할 때 빼세요." 하였다. 호랑이는 꼬리를 개울물에 넣었다. 차츰 꼬리가 무거워지는 걸 느낀 호랑이는, 역시 물고기가 많이 물렸나 보다 하며 좋아했다. 새벽녘이 되자 꼬리는 꽁꽁 얼어 꼼짝할 수 없게 되어, 부지런한 동네 청년들의 손에 잡히고 말았다.

서화담과 호랑이

화담 서경덕은 중으로 둔갑한 호랑이를 불러 호통을 쳐, 그가 어느 잔치집으로 간다는 것을 알아냈다. 제자를 시켜 그 집에 가 모두 한 방에 색시를 감싸고 앉아서 있게 하고, 제자에게는 첫닭이 울 때까지「중용」(中庸)을 큰 소리로 외도록 했다. 화담이 시키는 대로 하고 있는데, 갑자기 호랑이가 나타나 왔다갔다 하며 난리를 부렸다. 그래도 아랑곳없이 중용을 큰 소리로 외웠다. 첫닭이 울자 호랑이는 물러났다. 다음날 선생을 만난 중은 "어제 그 잔치집의 색시는 호랑이 산으로 갈 팔자였기에 데리러 갔었는데, 가시철망이 있어 들어갈 수가 없었읍니다. 다만 한군데 빈틈이 있어 그곳으로 들어가려 애쓰다가 새벽닭이 울어 목적을 이루지 못했읍니다"고 고백했다. 돌아온 제자에게 화담은「중용」을 외워 보라 하니 몇자 틀리게 외었다. 그것이 빈틈이었던 것이다. (「중용」의 서문을 외면 호랑이를 피할 수 있다는 말이 전해진다)

토끼 호랑이
62×110㎝
에밀레박물관 소장

호랑이의 웃음

어떤 산골에 호랑이란 놈이 먹을 것을 구하러 나갈 궁리를 하고 있었다. 때마침 어느 농부가 산 아래에 와 담배밭을 매었다. "옳지, 저 놈을 잡아먹으리라." 때마침 일하던 농부는 더웠던지 웃통을 훌떡 벗어 던졌다. 보니 통통히 살쪘고, 이제 옷 찢을 수고도 덜게 되어, 어찌나 좋았던지 한번 실컷 웃고 싶었다. 그런데 이놈이 듣고 도망치면 헛일이라, 어슬렁 어슬렁 산등성이를 넘어가 실컷 웃고는 다시 넘어와 보니, 농부는 벌써 집에 가고 없었다.

소금장수와 중

등금장수(소금장수)가 대관령에서 호랑이를 만났다. 놀란 그가 꼬리를 잡게 되었다. 그때 마침 중이 올라오기에, 뒤를 잠깐 보고 올테니 꼬리 좀 잡고 있으라고 하고는 도망쳤다. 서울로 올라온 지 삼년만에 대관령을 지나게 되었다. 그런데 이게 웬일인가. 아직도 중은 범의 꼬리를 잡고 있었다. "아니, 어떻게 된 일이요." 물으니 "당신이 뒤를 보고 온다고 하고 오지 않아 이렇게 붙잡고 팔도강산을 세번이나 돌고 이 자리에 오늘 온거요" 하고 중이 대답했다. 호랑이를 잡아 두 사람은 함께 나눠 가졌다.

곶감과 호랑이

우는 아이를 달래던 어머니가 "호랑이가 온다" 해도 역시 울음을 멈추지 않았다. "곶감 여기 있다" 하자 아이는 울음을 뚝 그쳤다. 밖에서 이를 엿듣고 있던 호랑이는 "곶감이 얼마나 무서운 것이기에 울던 애가 울음을 그칠까? 여기 있다간 곶감한테 큰일나겠다" 하면서 슬슬 물러가 버렸다. 숲에서 이 광경을 보고 있던 여우는 곶감탈을 만들어 쓰고 호랑이를 하나씩 잡게 되었다. 싸움 한번 못해 보고 떨며 당하기만 하던 호랑이들이 드디어 어느날 싸우게 되었는데, 그 곶감이란 게 실은 여우인 것을 알게 되었다. 그후부터 곶감을 무서워하지 않았다.

원님하고 호랑이하고

옛 운봉(雲峰) 원님은 사납기로 유명했다. 그는 지리산에 기우제를 지내러 갔다가 그만 호랑이를 만나게 되었다. 모든 일행은 흩어지고 원님만이 어느 굴에 피신하였다. "너희들만 가면 나는 어쩌란 말이냐." "사람 싸남(사나움)과 짐승 싸남 한번 겨루어 보시지라우." "저 호랑이가 원님 알아본다던?" "이 고장 호랑인데 설마드라 원님을 모를라구요?" 하는 말들이 사람들과 혼자 떨어져 있는 원님과의 사이에 오고갔다. 호랑이처럼 무서웠던 원님 이야기이다.

왕방울과 호랑이

옛날 옛적 한 소금장수가 날이 저물어 이상한 집에 들어가 할머니와 잠을 자게 되었다. 할머니는 호랑이의 변신이었다. 이야기하는 동안 할머니는 소금장수에게 이 세상에서 무엇이 무서우냐고 물었다. 호랑이가 제일 무섭다고 대답했다. 할머니는 무엇이 무서우냐고 묻자, '왕방울' 이라고 대답했다. 호랑이인 할머니가 잠이 들었을 때, 소금장수는 호랑이 불알에 왕방울을 매달아 놓고 달아났다. 호랑이가 일어나 쫓아가려는데 덜렁덜렁 왕방울 소리가 울려대는 것이 아닌가. 오도가도, 그리고 끌르지도 못하자 호랑이는 식음을 전폐하고 자리에 눕게 되었다. 마침 그곳을 지나던 여우가 보고 "내가 끌러 줄테니" 하면서 산속으로 데리고 가 풀밭에 뉘었다. 여우는 "내가 참새떼를 몰고 와서 끌르게 할테니, 눈을 꼭 감고 있어"라고 했다. "참새떼가 몰려올 때 후다닥 소리가 나더라도 절대로 눈을 뜨지 말라" 하고는 호랑이를 불에 태워 죽이고 여우는 그 고기를 맛있게 먹었다.

평양감사의 첩

옛날 어느 마을에 모녀가 살고 있었다. 어머니는 부처님께 자기 딸이 평양감사의 첩이 되게 해 달라 매일 빌었다. 욕심이 생긴 이 절의 중이 부처를 가장하고 앉았다가 "평양감사의 첩은 그만두고 이 절의 중에게 주어라"고 하였다. 중에게 부처님의 말씀대로 딸을 드린다고 하자, 중은 궤짝에 딸을 숨겨 절로 메고 갔다. 가는 도중에 마침 평양감사의 행렬을 만났다. 놀란 중은 궤짝을 숲에 내려놓고 숨어 버렸다. 이상한 궤짝을 발견한 감사 일행은 그 속에서 천하일색인 처녀가 들어 있는 것을 찾아냈다. 자초지종을 들은 감사는 처녀를 첩으로 삼았다. 그리고 그 궤짝 안에는 호랑이 새끼를 넣어 두었다. 일행이 지나가자 중은 다시 궤짝을 메고 절로 와 자기 방에 두었다. 밤이 되어 궤짝을 열자 그 안에서 범이 나와 그 중을 물어 죽였다. 그날밤 상좌의 꿈에 부처님이 나타나 "그 중놈은 나를 가장하여 사람을 속인 죄로 범에게 물려 죽었고, 색시는 평양감사의 첩으로 갔으니, 그녀의 어머니에게 이 사실을 기별해 주라"고 하였다. 그 어머니는 소식을 전해 듣고 기뻐 어쩔 줄을 몰라 했으며, 더욱 열심히 부처님을 섬겼다.

동부인의 유래

남자들도 겁이 나서 엉거주춤하는 험한 산길을 한 여인이 나서서 갔다. 그러자 남자들이 그 뒤를 따랐다. 이 여인 앞에 범이 나타나자 치마를 위로 젖히고 뒤로 걸어가는 것이었다. 자기 입보다 크고 괴상하게 생긴 여인의 물건을 본 범은 그만 슬금슬금 피하는 것이었다. 그후 남자들은 여자를 동반하는 풍습이 생겼다고 한다.

벌거벗은 신부와 호랑이

한 신혼부부가 오대산을 넘어 친척집으로 가고 있는데, 호랑이를 만났다. "여자가 벌거벗고 호랑이에게 가면 호랑이가 무서워서 도망친다"는

刺繡 松虎圖(부분)
41×126㎝
개인소장

담배 피우는 호랑이
320×115cm
水原 八達禪院 벽화

말대로, 급히 옷을 벗고 하늘을 향해 누운 자세를 하고 팔과 다리로 걸어 저만치 있는 호랑이쪽으로 올라갔다. 호랑이가 보니, 앞다리는 자기보다 더 큰 놈이, 입은 이상히도 위아래로 찢어졌고, 피묻은 입 언저리에 수염이 무섭게 났는데, 꼬리는 빗자루같이 치렁치렁 하지 않은가. "옳지, 이놈이 아까 그 여자도 잡아먹고, 벌벌 떠는 남자는 그냥 두고 피를 묻힌 채로 나를 먹으러 올라오는구나"하며 뒷걸음질을 하다가 그만 낭떠러지로 떨어져 죽었다.

호랑이의 얼룩무늬

옛날 한 할아버지는 일을 하고 쉴 때에는 으레 담배를 한대 피웠다. 이것을 보아 온 호랑이는 할아버지가 어디로 간 사이에 담배를 집어 쭉 빨았다. 머리가 어지럽고 재채기가 나왔다. "흠, 담배는 이런 맛에 피우는가 보구나"하며 잔디밭에 누워 계속 피우다가 그만 잠이 들었다. 한참 자다가 눈을 뜨니, 온통 불바다가 되고 호랑이 몸에까지 불이 붙어 있었다. 호랑이는 기겁을 하여 연못으로 뛰어들어갔다. 이때부터 불에 누른 곳은 누렇게 되고 탄 곳은 새까맣게, 조금 탄 곳은 붉게 되었다고 한다.

기름 강아지

기름을 몽땅 먹어 버린 강아지를 호랑이 밥이나 되라고 호랑이굴 앞의 나무에 동아줄로 묶어 놓았다. 호랑이들이 몰려와 강아지를 삼켰다. 그런데 강아지는 미끄러워 항문으로 빠져나와, 모두 강아지를 매어 놓은 끈에 꿰어지고 말았다. 다음날 주인이 강아지가 궁금하여 올라왔다가 많은 호랑이를 잡을 수 있었다.

호랑이와 여우

관가의 돈 천냥을 잃어버린 이방은 다음날이면 목을 베이게 되었다. 그런데 마침 그날 어느 도령이 천냥을 갚아주며 딸에게 청혼을 해 왔다. 혼례를 치르고 딸은 도령을 따라 시집엘 가고 있었다. 갑자기 신령이 나타나자 도령은 없어졌다. 혼자가 된 여인에게 그 신령은 다가와 "난 백년 된 호랑이이다. 그 도령은 오래 묵은 여우로, 수많은 여자를 이런 식으로 잡아 먹었으니 나를 쫓아오라"고 말했다. 호랑이와 함께 지내던 어느날, 여인이 혼자 있는 틈을 타 도령이 나타나 손을 잡아끌 때, 마침 호랑이가 돌아와 날쌔게 물었다. 도령은 꼬리 아홉 달린 여우로 변해 죽었다. 호랑이는 그제야 이 여인을 집으로 데려다 주었다.

왼쪽부터/
까치호랑이
57×97 cm
湖岩美術館 소장
까치호랑이
57×97cm
에밀레박물관 소장

범이 된 젊은이

효성이 지극한 젊은이가 있었다. 한 스님이 말하기를, 아버지의 병을 고치려면 개 백마리를 고아 드리라고 했다. 밤마다 호랑이가 되면 그 일을 할 수 있다면서, 범이 되는 방법을 적은 책 한 권을 주었다. 책대로 하여 그 젊은이는 밤마다 범이 되어, 어언 아흔다섯마리의 개를 잡아 드렸다. 마침 그날밤 그의 아내는 남편이 나간 사이에, 그가 밤마다 호랑이가 되는 것이 무서워 그 책을 불태워 버렸다. 아버지의 병은 나았지만 그 책이 없어지자 다시 사람으로 돌아올 수 없게 된 그는 화가 나서 아내를 잡아먹고, 다른 사람에게까지 행패를 부리게 되었다. 그의 성이 황씨였기 때문에, 이후 행패 많이 부리는 범을 황범이라고 하였다.

의형제

깊은 산중에서 나무를 하던 한 청년이 호랑이를 만나 당황하여 얼결에 "형님, 어디 갔다 이제 오십니까? 어머님이 저를 낳기 전에 호랑이를 낳았다는데, 이제야 만났읍니다" 하였다. 호랑이도 눈물을 글썽이며 "어머니께 어서 가자" 했다. 어머니에게 먼저 달려간 청년은 사정을 이야기하고, 호랑이와 의형제를 맺었다. 호랑이는 '어머니' 라 부르며 먹을 것과 땔 것을 구해다 주었다. 청년은 '호형' 이라며 깍듯이 대했다. 노파가 세상을 떠나자, 호랑이와 청년은 무덤 앞에서 울었는데, 호랑이는 백일 동안 너무 울어 어흥 소리도 낼 수가 없을 지경이었다. 지친 호랑이도 차차 병들어 죽게 되었고, 청년은 호랑이 무덤 앞에서 울다가 잠이 들었다. 한참만에 눈을 뜨니, 하얀 댕기를 맨 호랑이 새끼들이 울고 있었다. 호형의 자식들이었다.

도둑에 놀란 호랑이

꽤 넉넉하게 사는 오씨라는 이가 있었다. 그는 일꾼들에게 "호랑이와 도둑을 잘 단속하라고 일렀

石虎
서울 內谷洞 獻仁陵

다. 마침 호랑이가 이 말을 듣고 "호랑이는 나이지만, 도둑은 어떤 짐승인고" 생각하면서 외양간에 누워 있었다. 때마침 도둑이 들어와 말이 누워 있는 줄 알고 "옳다 됐다. 이렇게 좋은 말이 걸리다니"하고 호랑이의 목에 고삐를 하여 달렸다. 호랑이는 등에 타고 있는 게 "도둑이라는 괴물이구나" 생각하고 겁이 나, 모는 대로 비호같이 달렸다. 도둑은 얼마쯤인가 가다 날이 밝고 보니 말이 아니라 호랑이인 것을 알게 되었다. 놀란 도둑은 숨을 곳을 찾아 나무구멍으로 뛰어들었다. 오히려 잘된 호랑이는 곰을 만나 이 이야기를 했다. 곰이 나서서 그 나무 구멍 위에 올라 앉았다. 도둑을 숨막혀 죽게 하려는 것이었다. 그런데 그 속의 도둑이 자기 얼굴에 곰의 물건이 처져 닿자 그것을 냅다 잡아당겼다. 곰의 아우성에 호랑이는 다시 놀라 뛰었다. 뛰는 범을 마침 여자들이 목욕을 하다가 보고 벗은 채 숲속에서 엎드렸다. 호랑이는 여자들의 아래를 보고 "바로 이놈이 도둑이란 괴물이구나. 이것이 곰을 잡아먹은 게 분명해. 그러기에 입가에 저렇게 곰의 털이 많이 묻어 있지. 에그 무서워"하며 다시 뛰기 시작했다.

범바위

마을 뒷산에는 큰 범 한 마리가 살았다. 범은 사람을 해치지 않았다. 어느날 억수같이 쏟아지는 비로 들도 마을도 잠기더니, 산까지 잠기기 시작했다. 범은 물에 쫓겨 자꾸만 산 위로 올라갔다. 드디어 산의 맨 꼭대기 바위에 올라가 범은 간신히 살아날 수가 있었다. 이 바위만 물에 차지 않았다 하여 범바위라 부르게 되었다. 경북 달성군 가창면 주동의 전설이다.

범산의 전설

한 늙은 부부가 늦게서야 딸 하나를 얻었다. 그 귀한 딸이 어느날 없어졌다. 산의 범굴에서 사람소리가 나더라는 말을 듣고 부모는 급히 범굴 속으로 찾아들어갔다. 딸은 멀쩡한 채였다. 떠드는 아버지의 입을 손으로 막았다. 범이 잠을 깬다는 것이었다. 얼마후 범에게 자기의 부모를 소개했다. 그리고는 자기는 범의 곁을 떠날 수 없다는 것이었다. 몇해가 지났다. 호랑이가 집 앞에서

울고 있어, 그 범굴을 찾아갔더니 딸은 죽어 있었다. 딸이 남긴 쪽지에는, 불효를 용서하라는 말과, 범의 극진한 간호도 보람없이 죽게 되었다는 것과, 이 굴속에 묻어 달라는 말이 적혀 있었다. 유언대로 묻어 주었더니 범은 하늘을 쳐다보며 소리치고는 어디론가 사라졌다. 그때부터 사람들은 그 산을 범산이라 불렀다.

산신령의 중매

김진사댁 딸과 박첨지의 아들은 어릴 때부터 소꿉동무였다. 나이들어 둘은 서로 사랑했지만, 지체가 다르다고 진사네 딸은 다른 곳으로 시집을 가게 되었다. 혼인날 밤 불을 끄고 자려는데, 호랑이가 나타나 신부를 물어다 박첨지네 마루에 갖다놓았다. 이 사실을 안 진사댁은, 산신령이 중매하였으니 사람의 힘으로는 막을 수 없다며, 드디어 두 사람의 결혼을 허락하였다.

호랑이 뼉다귀

한 젊은이가 생쥐 한 마리를 죽였다. 그런데 어미 쥐가 무슨 자(尺)를 입에 물고 죽은 생쥐를 이리저리 재자 생쥐는 다시 살아났다. 젊은이는 신기한 그 자를 빼앗아 가졌다. 마침 궁중에 아름다운 공주님이 병으로 죽었다. 이 젊은이가 나서서 그 자로 공주를 살리게 되었다. 그 공으로 공주와 결혼하여 부마가 되었다. 그후에 언젠가 이웃나라 공주가 또 죽었다. 역시 이 젊은이가 나섰다. 이웃나라를 향하여 며칠 동안 산속을 헤매고 가는데, 호랑이가 나타나 물어갔다. 한참만에 정신을 차리니 굴속이었다. 바로 앞에 호랑이가 입을 벌리고 앉아서 신음하는 것이었다. 입에는 뼈가 걸려 있어, 그것을 빼달라는 것이었다. 그것을 빼 주자 호랑이는 죽은 호랑이를 끌고 와, "이는 나의 형이다. 당신이 죽은 자를 살린다니 살려달라"고 했다. 겁에 질린 젊은이는 하는 수 없이 해보는데, 죽은 지 이년이나 되어 도저히 살아나지 않았다. 호랑이는 "시험해 보느라 그랬다" 면서 입에서 나온 뼈로 해 보라고 하였다. 자 대신 그것으로 하니 호랑이의 형은 살아났다. 그러자 호랑이는 "이제 공주가 죽은 지 이미 석달이나 되었다. 당신이 가진 자로는 안 된다. 이 뼈로 하면 살아날 것이다" 하며 그 뼈를 주었다. 젊은이는 이웃나라 공주님을 살려 둘째부인으로 삼았다.

상사호(想思虎)

스님을 사랑한 처녀가 상사병으로 죽었다. 처녀가 죽은 이후 그 스님이 조실(祖室)로 있는 절에 범이 매일 나타났다. 견디다 못한 중들이 의논하기를 호랑이에게 옷을 던져 호식 당할 스님을 가려내기로 했다. 옷을 던져 보니 그 조실 스님의 옷을 잡는지라, 스님은 죽기를 작정하고 범을 따라 나섰다. 얼마후 스님을 찾으니, 양지바른 잔디 위에 어디 한군데 다친 데 없는 스님의 시체가 조용히 놓여 있고, 그의 불알만 따가지고 갔더라는 것이다.

巫畫 山神圖
60×98㎝
개인소장

「釋氏如來成道應化事蹟記」 판화(부분)
18.5×27.5㎝

중이 된 호랑이

변산의 한 노인에게서 들은 이야기이다. 고창에서 연등회가 열렸다. 한 스님이 그곳에서 어느 소년을 보았는데 하도 수상쩍어, 연등회가 끝난 후 그 소년의 뒤를 밟았다. 산기슭에 이르자 이를 알아챈 소년은 뒤를 돌아보며, "뒤쫓아오지 마십시오. 저희 집은 누추하여 스님을 재울 수가 없읍니다"라고 말했다. 스님이 "날도 저물었는데 돌아가기도 어렵구나"라고 말하자, 그 소년은 "그러시다면 집이 누추하다고 사양치 마십시오" 하며 스님과 함께 집으로 갔다. 그 소년의 집에 이르니 늙은 할멈이 소년을 맞으며, "아이고 얘야, 네 두 형들이 이 사람을 보면 당장에 잡아먹으려고 할텐데" 하는 것이었다. 그제서야 스님은 범굴에 온 것임을 알고 돌아가려고 하자, 할멈은 "내 두 아들이 이미 돌아오고 있을텐데 지금 돌아가시면 화를 면치 못할 것입니다" 하며 스님을 데리고 굴속으로 들어갔다. "스님께서 해를 입을까 두렵습니다. 저희 어머님 뒤에 숨어 계십시오" 하고 소년이 말했다. 곧 두 호랑이가 토끼를 물고 들어오자, 할멈은 "멀리 가서 먹을 것을 더 구해 오너라" 하며 다시 그들을 내보냈다. 그때 어디선가 "너는 사람의 모습으로 마을에 나가 어울렸으니 산신이 벌을 줄 것이다. 내일 아침 고창에 있는 허방다리(함정) 속에서 죽게 되리라"고 하는 소리가 들려왔다. 이에 소년은 "산신님의 명을 어이 피할 수 있겠읍니까, 다행히 스님을 만났으니 이 또한 산신님의 뜻입니다. 제가 내일 허방다리에 빠지면 스님이 사람들을 물리치고 저를 죽여주십시오. 그러면 저는 후에 사람으로 태어나게 되고, 이 모두가 스님의 은덕이 될 것입니다"라고 했다. 그 소년의 말대로 다음날 허방다리엔 호랑이가 빠졌고, 스님이 사람들을 물리치고 그 앞에 나서니, "저는 장차 어느 고을, 어느 집으로 가서 생명을 받아 남자아이로 태어날 것이오니, 동짓날 스물 세시에 찾아오셔서 제 머리를 깎아 불제자가 되게 해 주십시오" 하며 죽었다.

그 호랑이가 죽은 지 십오년 후, 스님이 어느 동네 어귀를 나오는데, 한 동자가 나서서 절을 하며, "저는 어느 동네에서 태어난 아이입니다" 하니, 바로 옛날 허방다리 속의 호랑이였다. 스님은 동자의 머리를 깎아 주고 사미승으로 삼았다. 그 사미승은 너무도 똑똑하여 스님의 사랑을 받더니 홀연히 종적을 감추어 버렸다.

후에 들으니 일엄사(日嚴寺) 대사가 신비스러운 주문을 터득하여 그 힘으로 많은 사람들을 감복시키게 되었고, 나라의 명을 받아 경기도 내의 어느 절로 부임했다 하여, 스님이 찾아 보니 그 사미승이더라는 것이다. 이렇게 하여 괴이한 이야기가 생긴 것이다. ― 東山 崔滋「補閑集」虎語

호랑이를 먹은 물고기

성주에서 몇 사람이 낚시를 갔다. 어스름 달밤에 무언가 바짝 다가와 들여다보는 것이 있는 것 같아서 놀라 엎드려 꼼짝을 못했는데, 무언지 물에 요란히 떨어져 물이 몹시 출렁거렸다. 일행들은 놀라 더 머물러 있지 못하고 낚시 도구도 내버려 둔 채 집으로 돌아왔다. 그 이튿날 다시 그 곳을 가보니 상 언덕에는 호랑이 발자국이 뒤섞여 있고, 또 큰 물고기 한 마리가 물가에 튀어나와 있었다. 그 고기의 배를 가르니 그곳에 작은 호랑이가 들어 있었다. 그 호랑이가 사람에게 달려들다가 빗나가서 물에 떨어졌고 마침내 물고기에게 먹힌 것이다. 물고기는 역시 독한 물건을 삼키고 죽은 것이다. 사람들은 짐승에게서 살아나고 큰 물고기를 얻은 데다 또 작은 호랑이까지 얻었으니 어부지리(漁夫之利)라 하겠다.

— 靑破 李陸 「靑破劇談」

문화유씨의 시조

옛날 어느 방백(方伯, 관찰사)이 황해도 안악(安岳)에서 신천(信川)을 찾아오게 되었다. 이때 현관이 그 동정을 탐지하라 하여 유씨가 밤길을 나섰다. 신천과 문화(文化) 사이에는 고개가 하나 있는데, 수목이 몹시 우거져 지나다니기가 심히 궁벽한 곳이었다.

아니나 다를까 오솔길에서 호랑이 한 마리가 입을 딱 벌리고 버티고 있었다. 유씨는 더 나가지도 물러서지도 못하고, 이제 화를 못 면하겠구나 하고 있는데, 새벽 초승달 아래 어렴풋이 보니 호랑이 입에 무엇이 걸려 있는 듯, 엎드렸다간 일어나고 하며 발로 그 입을 가리키는 듯했다. 입에 무언가 걸려 있는 것을 보고, 유씨는 죽음을 각오하고 나아가, "네 입 속에 걸린 것을 꺼내줄 터이니 나를 물지 않겠느냐?" 하자 머리를 끄덕이며 일어나 유씨에게 절을 하며 그 입을 딱 벌렸다. 유씨가 팔을 입 속에 넣어 그 걸린 것을 빼냈다. 그것은 은비녀였다. 호랑이는 꼬리를 흔들며 일어나 절을 하며 고마움을 표하고는 사라졌다.

방백이 안악으로 갔을 때, 한 기생이 호랑이에게 잡혀갔는데, 은비녀는 그녀의 머리에 꽂혔던 것으로 확인되었다.

얼마 후 유씨의 아버지가 돌아가셔서 장례를 치르려고 묘자리를 파고 있는데, 그 호랑이가 나타나 으르렁대며 마치 그 땅을 못 파게 말리는 것 같았다. 그래 호랑이를 따라갔다. 다른 산에 이르자 앞발로 한 곳을 파헤쳤다. 이에 유씨는 그곳을 파고 묘를 썼다. 그후 유차달(柳車達)이라는 귀동자를 낳았다. 이 아이가 커서 승상(丞相)이 되었는데, 이 사람이 곧 오늘날 문화유씨(文化柳氏)의 시조이다. — 柳夢寅 「於于野譚」 권5 萬物篇

보은 좌수 산 호랑이 메고 가듯

보은에 부임한 좌수가 사냥을 갔다가, 죽어 있는 듯한 호랑이를 보게 되었다. 소리를 쳐보고 돌을 던져 보아도 움직이지 않고, 가까이 가서 막대기로 건드려 보아도 꿈쩍하지 않는지라 활이나 칼로 어떻게 해 보려다 죽은 것을 모피나 상하게 하겠다고 생각하여 그만두었는데, 한 사람이 나서서 말하기를, "호랑이는 죽으면 꼬리를 골짜기로 향하고 머리를 산마루로 향한다"며 이 호랑이는 죽은 것이 아니라고 했다.

좌수는 이 말을 듣지 않고 쏘거나 찌르지도 않고, 사냥꾼 무리들에게 메게 하고 상당한 거리를 산에서 내려왔다. 그런데 그제서야 호랑이는 머리를 들고 사방을 둘러보더니 갑자기 뛰어 숲으로 사라졌다.

이 말이 읍내에 전해지자, 매사 우스운 이야기가 나오면 "보은 좌수 산 호랑이 메고 가 듯한다"는 말을 하게 되었다 한다.

— 柳夢寅 「於于野譚」 권5 萬物篇 (丁奎重 역)

호랑이 속설·풍습

호랑이 이야기와 함께 호랑이에 관한 많은 속설 또는 풍습 등이 있어 왔다. 이들은 대부분 단편적이거나 기록되지 않아 잊혀진 것도 많을 것이다. 여기에 이러한 이야기들을 모아 실어 보았다. 다른 글에 이어서 실을 수 없는 단편적인 글들도 같이 수록했다.

金剛經 靈驗圖 35×165cm 甘露庵 소장

범날

음력 정월의 첫 범날(寅日)에는 특히 여자는 출입을 삼가한다. 남의 집에 가서 대소변을 보면 그 집 사람이 호환(虎患)을 당한다고 믿었기 때문이다. 나아가서 모든 범날, 남의 집에서 소변보는 일, 잠자는 일을 좋지 않게 생각했고(충청·경상지방), 그날은 신발을 감추어 두는 것이 좋다고도 했다.(경상지방) 범이 보면 그 신발의 주인을 잡아간다는 말이 있었다.

쑥호랑이와 단오절

단오날 궁중에서는 조그마한 쑥으로 만든 호랑이(艾虎)를 나눠 준다. 애호는 비단으로 만들어 그 위에 쑥 잎새를 입히기도 한다. 이것을 궁중 비빈이나 부인의 머리 위에 꽂는다. 일반 서민은 쑥으로 인형(艾人)을 만들어 문호에 단다. 이날을 액일(厄日)로 알아 액땜으로 하는 것이었고, 창포를 술에 띄우며 아이들은 쑥으로 머리를 감고…

—「慵齋叢話」권2

사한단과 용단

사한단(司寒壇)은 동빙고에 있으니, 얼음을 저장해야 하는데 겨울이 너무 따뜻하거나 눈이 오지 않으면 춥기를 빌어 제사를 지낸다. 용단(龍壇)은 한강 가에 있으니, 가물면 호랑이 머리를 물속에 넣어 제사지내고 비를 빌었다.(「慵齋叢話」)

비를 비는데, 호랑이의 머리를 저수지에 넣거나(경기지방), 그대신 개의 머리를 물 속에 넣고 지내는 것은(「동국여지승람」), 모두 호랑이의 위풍을 빌어 일종의 으름장을 놓는 것이었다.

阮堂 金正喜
行書 艾虎
朴榮喆 소장

절구 못

큰 산마루에 둘레가 백여 자나 되는 큰 연못이 있다. 폭포가 돌쩌귀에 떨어져 큰 연못을 이루어, 그 모습이 절구(臼)의 형태와 같아 그곳을 구연(臼淵)이라고 했다. 사람들이 전하기를 여기에 용이 있어 가뭄을 만났을 때, 호랑이 머리를 그곳에 가라앉히면 물이 용솟음치고 비가 쏟아진다고 했다. —「東國輿地勝覽」권 22

금기로서의 호랑이

산중에서는 '범'이라든가 '호랑이'라는 말을 입에 담지 않는다. 입에 담거나 들게 되면 그런 짐승이 나타난다고 한다. 이 속설은 제주도를 제외하고 전국적으로 전한다. 집에서라도 그런 말을 하는 것을 꺼렸다. 특히 밤에 어린아이한테 울음을 그치게 하기 위해서라도 그런 말을 하면 안 된다고 했다.(부산지방) 산중에서는 물을 먹고 싶다는 말을 하지 않는다. 호랑이가 이 말을 들으면 물소리를 내어 목마른 사람을 유인하여 잡아먹는다. 이런 때는 "소금 먹고 싶다"고 한다.(경상지방) 호랑이를 본 일이 없다고 말하면 곧 호랑이가 나타난다. 범을 만나면 '손님'이라고 불러야 잡아먹히지 않는다.

호랑이는 바람을 매우 싫어하며, 바람이 심한 날은 신경질이 되어 함부로 사람을 습격한다. 예로부터 호랑이가 나타날 때는 일진광풍이 일어 호랑이가 바람을 타고 온다는 이야기가 있다. 시각과 후각이 약한 호랑이는 바람이 심하면 청각이 방해되어 다른 동물의 행동을 예측하지 못하므로 잘 놀라며, 따라서 신경질이 되는 것이다.

—李相昨

인왕산 모르는 호랑이 없고, 잉어 치고 광교 다리 모르는 잉어 없다는 옛말이 있다.

호랑이가 닭을 잡아먹으면 이가 빠진다. 호랑이 이빨에 입은 상처에는 생닭고기를 붙이면 낫는다.

호랑이는 꼬리를 감출 줄 모른다. 은신해서 사람을 공격하려는 호랑이를 사냥꾼이 빨리 알아내는 것도 꼬리를 흔히 노출하기 때문이다.

호랑이 허리를 만지면 호랑이는 허리 힘을 쓰지 못한다.

호랑이는 털을 아껴 불을 겁낸다.

소가 호랑이를 만나면 주인을 뒷다리 새에 끼고 싸운다. 이런 때는 소의 목에 있는 장식을 풀어주고 응원을 하면 소가 이긴다. 소의 목덜미는 늘어져 있어 물어도 쉽게 죽지 않는다고 한다. "호랑이가 소 잡는다" 하며 집으로 달아난 아이가 있었다. 그런데 호랑이가 바위쪽으로 가자 소는 몸으로 눌러 죽이고는 집으로 뛰어들어와, 피해 달아난 소년을 찾았으나 찾을 수 없자, 마당에서 그만 죽었다는 것이다. 이런 사태를 미리 짐작한 어른은 그 소년을 지붕 위로 올라가 있게 하여 소에게 당할 화를 피했다고 한다.

호두령(虎頭鈴)
방울에 호랑이의 얼굴을 새겨, 그 소리로 하여 사기(邪氣)가 범접 못하게 하기 위한 것이었다. 흔히 말의 목에 걸었다.

소의 목에 거는 쇠방울은 그 소리로 하여 호랑이가 접근하지 못하도록 하기 위한 것이었다. 쇠방울과 함께, 코뚜레와 뿔 사이의 굴레에 종지만한 도금된 쇠를 양쪽에 세 개씩 붙이는데, 이것을 광안(光眼)이라고 한다. 이것은 장식용이기도 하지만, 짐승을 만났을 때 짐승의 눈빛을 되반사하여, 밤길에 호랑이를 비롯한 야수의 접근을 방지하고자 하는 것이었다.

호랑이를 비롯한 야수들은 불빛이나 쇠소리를 싫어한다. 바람부는 날은 짐승의 신경이 날카로와져 위험한데, 산속의 절에서는 바람따라 나는 풍경소리로 짐승의 접근을 막는다. 절에 시주하는 것 중에 인등(引燈) 시주는 법등을 밝힌다는 뜻도 있지만, 실제로 산짐승의 접근을 막는 역할을 한다.

白虎旗
스미드소니언
박물관 소장

백호기(白虎旗)
대오방기(大五方旗), 즉 동서남북 그리고 중앙 등 다섯 진영을 표시하는 기의 하나로, 우영(右營)을 지휘하는 의장기이다. 열다섯 자의 깃대에 다섯 자의 깃발로 한다.

호랑이가 사람을 잡아먹을 때, 입에 물고 가다 던져 보아 왼쪽으로 떨어지면 안 잡아먹고, 오른쪽으로 떨어지면 잡아먹는다고 한다. 호랑이는 사람을 잡아먹기 전에 한차례 놀린다고 한다. 산길에서 사람 뒤를 따라오는 호랑이는 사람을 해치지 않고, 앞으로 나타나면 사람을 해친다고 한다. 호랑이가 사람을 잡아먹으면 머리를 바위 위에 올려 놓는다. 이는 산신께 신고하는 것이라고 한다.

호랑이는 죽은 사람이나 죽은 고기는 안 먹는다.
호랑이는 병든 사람을 안 먹는다.
호랑이는 임신한 여자는 안 먹는다.
호랑이는 상주(喪主)를 안 먹는다.

범굿(호탈굿).
사진은 범굿 중에서
범이 마을로 내려와
가축을 해치고
있는 장면.
慶北 江沙里
(김수남 사진)

호랑이는 문둥이를 안 먹는다.
호랑이는 술 취한 사람을 안 먹는다.
호랑이는 중을 안 먹는다.

호랑이는 꼬리에 물을 묻혀 술 취한 사람의 얼굴에 끼얹어 깨게 한다는 옛이야기가 많다. 호랑이는 술을 깨게 한 다음 정신을 홀리게 하고서야 잡아먹는다.

호랑이가 할머니를 잡아먹었는데, 그 후손이 부자가 되고 잘 살게 되었다는 이야기가 있다. 이는 호랑이가 할머니의 머리를 명당 자리에 두었기 때문이라고 한다. 호랑이가 명당자리를 잘 안다는 옛이야기가 많다.

호랑이는 죽으면 꼬리 끝이 꼿꼿하게 펴진다. 평소에는 꼬리 끝이 위로 꼬부라져 있다. 그리고 호랑이가 죽으면 머리는 산마루로, 꼬리는 골짜기로 향한다고 한다.

포수가 호랑이를 잡으면 그 지방의 원으로부터, 산군(山君)을 잡은 죄목으로 세 차례의 형식적인 곤장을 맞고, 크기에 따라 닷 냥 내지 삼십 냥의 상금을 받는 것이 조선조 말 때의 관례였다.

구한말 임금으로부터 윤허받았던 유명한 포수인 이윤회(李潤會)가, 강원도 회양(淮陽)에서 사냥한 호랑이의 가죽을 닷 냥을 받고 몰수당하자, 귀경 즉시 궁에 직소하여, 회양군수는 면직되고 그 호피는 궁내부에 상납되었다 한다.

범탈굿(또는 호탈굿)

고성에서 동래에 이르기까지의 동해안에서 행해지는 별신굿의 하나로, 경상북도 강사리에서는 '범굿'이라 부르는 범탈굿이 요즘도 행해진다. 옛날 호랑이의 피해가 많았던 이 지역에서는 호랑이에게 죽은 넋을 위로하고 호환을 방지하기 위해 소 머리를 뒷산에 묻는 의식의 범굿을 했는데, 요즈음은 온 마을 공동으로 평안과 풍어(豐漁)를 기원하는 내용으로 바뀌어 삼년마다 행하고 있다. 백석(白石) 별신굿에서는 큰 바가지로 만든 탈을 쓰기도 하나, 강사리에서는 종이로 만든 호피로 머리와 몸을 감싼 후 등장, 닭을 두어 번 잡으려 할 때 포수가 나타나 쏘고 쓰러지면 호피를 벗긴다. 제주(祭主)에게 호피값을 받아내고는 그 호피를 대우면서 굿을 끝낸다.

호랑이 흉배

무관(武官)의 표지로, 네모진 비단에 당상관(堂上官)은 쌍호(雙虎), 당하관은 단호(單虎)를 수놓은 것을 옷 앞자락에 붙였다. 따라서 무반(武班)을 호반(虎班)이라 호칭했다. 이에 대해 문관은 학 흉배를 했다. 신랑의 결혼예식복에도 호랑이 무늬를 수놓은 흉배를 붙였다.

모란호도(牧丹虎圖)

옛 사대부 집안의 규수들이 시집갈 때 마련해 가는 것으로, 신방을 치장하기 위한 것이었다.

범몰이

민속놀이의 하나로 음력 정월 열나흗날 황해도 봉산군 토성면 나산리 뒤네리산을 중심으로 연희(演戲)되었던 것이다. 호랑이의 피해가 커서, 호랑이를 달래어 마을로 내려오지 못하게 하는 것을 놀이화한 것이다. 최근에 이 범몰이를 재연해서 공연한 바 있다.

"호! 소당이 발만하고 등잔이 눈만하고"

"호랑이를 만났는데, 발이 소당(솥뚜껑)만하고 눈이 등장만하고" 해야 할 말인데, 범에 놀라 급해 말을 잘 잇지 못하여 하는 말이다.

절을 찾던 남녀가 길을 잃고 밤중에 범을 만나게 되었다. 가랑잎으로 아기 우는 소리, 솥 긁는 소리 등 열두 가지 소리를 내는 범을 앞에 두고 쓰개치마를 뒤집어 쓴 채 잔뜩 웅크리며 떨고 있었다. 이때 새벽 닭울음이 나자 범은 사라지고, 그

쌍호흉배(부분)
25×28㎝
신복덕 소장

단호흉배(부분)
18×19㎝
신복덕 소장

혼례복에 사용되던 흉배(부분)
16×17㎝
장지홍 소장

禁亂將부적. 大吉을 바라고 남편의 바람기를 막아 준다고 한다.

들은 허둥지둥 가까이 있는 절로 달려가 급해 한 말. (개성 원통사에서의 일로 한 때 이 말을 수수께끼로 하곤 했다) 그 두 사람이 절을 찾다가 그만 포기하고 내려오는 길이었다면 범에게 잡아먹혔을 것이라고 한다.

호랑이 물리치는 방법

산속에 들어가서는 의강(儀康)을 외면 호랑이의 위협을 당하지 않는다. 밤의 산길에서 노래를 하거나 큰 소리를 내지 말아야 한다. 범이 들으면 쫓아와 잡아먹는다.(「山林經濟」 권 4)

중용(中庸)의 서문을 소리내 읽으로써 범을 방지했다고 한다.

혼자 가는 으슥한 산길에서 호랑이가 어슬렁 어슬렁 뒤를 따라온다. 사람은 두 발, 호랑이는 네 발인지라 곧 거리가 가까와진다. 그렇다고 뛰다가는 호랑이를 흥분시켜 무슨 일이 생길지도 모른다. 이런 때 주머니에서 돌을 꺼내 침을 발라 뒤따르는 호랑이에게 던져주면 호랑이는 열심히 그것을 냄새맡고 굴리다가 핥기도 한다. 사람 침 냄새 나는 돌멩이가 호랑이에겐 궁금한 모양이다. 그러는 동안 상당한 거리가 생기고, 다시 가까와지면 또 침바른 돌멩이를 던지곤 해서, 인가 가까이까지 내려오게 된다. 강원도 사람이 먼 길을 갈 때는 돌멩이 몇개를 주머니에 넣고 간다는 옛말이 있다고 한다.

— 김소운 「호랑이 그림」

호랑이가 따라올 때 일부러 코피를 흘리면 호랑이는 피해 간다. (평안도)

호랑이가 따라올 때 돌을 뒤집어 놓으면 호랑이가 따라오지 않는다. (평안도)

계집애가 바구니를 머리에 쓰면 호랑이에게 먹힌다. (황해도)

정초에 호랑이 고기를 먹으면 불길하다. (충청도)

범은 창호지를 못 본다는 말이 있다. 옛사람이 험한 산길을 갈 때는 흰 창호지로 옷을 지어 입고 다녔다고 한다.

옛날 산골에선 방문에 창호지 대신 헝겊을 발랐는데, 이는 호랑이가 창호지를 투시해 보고 먹을 사람을 가려내기 때문이라고 한다.

사람은 먼지를 못 보고 호랑이는 눈을 못 본다. 그래서 눈이 오면, 발바닥이 축축한데 보이지는 않고 하여 자꾸 뛰어다닌다고 한다.

호랑이 수염(虎鬚)

사람의 거친 수염을 호수(虎鬚)라 했고, 더덕의 별칭이기도 했으며, 모자에 꽂는 흰 깃털을 이렇게 부르기도 했다. 주립(朱笠)에는 진짜 호수를 꽂았었다. 호랑이는 수염을 통해 사람들의 전생을 보기도 하고, 도인을 알아보고 등에 태우고 다니기도 한다.

호수를 주립에 꽂는 것은 옛날에 없던 제도다. 어느날 현종(顯宗)이 온천에 거동할 때 보리풍년이 들었는데 이를 기뻐한 임금이 명하여 신하들로 하여금 각각 보리 이삭을 꽂아 풍년을 기념하게 했다. 군모에 호수를 꽂는 것은 이 일에서부터 연유한다. 금군(禁軍) 가운데 호수를 갖추지 못한 자는 보리 이삭으로 대신하기도 하였다.

—「燃藜室記述」 별집 11권

서울 남산에는 아름드리 나무가 많았고, 그런 숲을 근거로 호랑이가 나오므로, 조선조 인조 때에는 벌목을 금지하는 법령을 늦추어, 일반에는 온돌구조가 널리 퍼지게 되었고 산에는 큰 나무들이 베어지기 시작했다.

압록강의 범 사냥꾼

조선조 말 대원군 때에 프랑스 해군이 선교사의 학살을 문책하기 위해 인천항에 도착하였을 때, 또 미국 군함 셔만호가 대동강에서 침해당한 책임을 추궁하려고 인천에 도착하였을 때, 정부에서는 평소에는 등한시하던 엽사(獵師)들을 모아 조직한 '엽호대(獵虎隊)' 로 하여금 출전하게 했다. 엽사들은 사제 화승총을 휴대했으며 수도 이삼백명에 지나지 않아, 신예무기를 가진 외국 군대를 감당할 수는 없었다.(李相昨「한국야생동물기 수렵비화」)

당시로선 조선의 정예부대였던 엽호대는 주로 압록강 일대에서 사냥하던 이들로 이루어졌기에 '압록강의 범 사냥꾼' 이라 불리기도 했다.

호랑이 동물원(虎圈, 虎園)

「연행록(燕行錄)」이나 홍대용(洪大容)의 「담헌연기(湛軒燕記)」 등에서 우리에 호랑이를 가두고 기르는 기록을 볼 수 있다. 이는 모두 중국의 것을 기록한 것으로, 진시황 때 죄인을 다스리기 위해 호랑이를 기른 것이 그 시작이었다고 한다. 「연산군 일기」에 궁중의 후원에 호랑이를 가두고 조그마한 구멍을 통해 활로 쏘았다는 기록이 있다.

강화도의 등메

호랑이 무늬 화문석을 짜서 임금께 바쳤다.

심메마니

일을 나선 심메마니 일행 중에 부정한 사람이 있으면, 피워둔 황득(모닥불)이 자꾸 꺼지거나 호랑이가 나타난다고 한다.

까치는 호랑이 위로 여러 마리가 소리내며 따라다니곤 하는데, 이것으로 사냥꾼에게나 약소 동물에게 경보가 되는 것이다. 호랑이에게 까치는 방해물이지만 공중에 있으니 어떻게 할 수가 없다. 용의주도한 호랑이의 접근을 그만 까치가 다 들통내곤 한다. 그렇게 해서 튀는 먹이를 호랑이는 쫓아가 잡지는 않으며, 실상 호랑이는 먹이를 놓치는 경우가 많다고 한다.

호랑이 수염
길이 35㎝
이화성 소장

위로부터 /
敔
160×46㎝
국립국악원 소장
악기받침대
56×35㎝
종묘 제례악기전시실

어(敔)

종묘 제향 음악 등 옛 음악에 쓰인 악기의 하나. 엎드린 목조 호랑이 등줄기에 새긴 스물일곱 개의 톱날 모양을 한 부분이 있고, 여기를 대나무로 만든 채(籈)로 긁는다. 호랑이 목덜미를 세 번 친 다음에 등줄기를 세 번 긁고 박(拍)을 세 번 침으로써 음악이 끝난다. 오(梧)는 음악의 시작으로 동쪽에, 어(敔)는 음악의 그침으로 서쪽에 배치한다.

호랑이 모양을 한 발 위에다 기둥을 꽂고 그 위에 북을 건 악기들이 여러가지가 있다. 건고(建鼓), 역고(逆鼓), 응고(應鼓), 뇌고(雷鼓), 영고(靈鼓), 노고(路鼓) 등.

호랑이 잡기

버들강아지에 물이 오를 때, 잠자는 호랑이의 코끝에 예리한 금을 긋고, 꼬리를 잡고 소리치면 알몸뚱이만 빠져 달아난다. 또는 호랑이 굴에 들어가 기다리노라면 의심 많은 호랑이가 꼬리를 먼저 굴속으로 휘저으며 들어오는데, 이때 꼬리를 잡고 불을 댕긴다. 놀란 호랑이는 튀어 달아나고 그 솜털에 계속 불이 붙어 호랑이는 잡히고 만다.

황해도 봉산과 황주 사이에서 호환을 당한 이들이 관가에 시끄럽게 호소하자, 호랑이를 곧 잡아들이라는 분부가 내려졌다. "호랑이 못 잡으면 볼기 맞고, 잘못 잡으면 위태로운데, 그런 데를 무어하러 굳이 간단 말이냐"하며 말리는데도 황천왕둥이(임꺽정의 처남)는 호랑이 굴을 찾아 들어가 기다렸다. 호랑이가 창대 같은 꼬리를 휘두르며 뒤로 들어오는 것을 찔러, 놀라 튀게 했다. 이후 성난 호랑이가 사람을 더 해치게 되었고, 돌팔매질 잘하는 배돌석이 손에 익힌 돌을 사람에게 메게 하고 범을 찾아 나선다. 범이 입을 크게 벌리는 것에 돌을 몇번 쳐 넣고 그 눈을 맞추자 경황없이 된 범을 잡게 되고, 그는 약속대로 역

호랑이 신(虎腎)

호랑이 신(腎)은 뜨겁기가 불덩이 같다는 것이다. 그래 호랑이는 일년에 꼭 한번 섣달 그믐날 밤중에 교미하는데, 이 하룻밤의 한 번을 위해서 수펌은 굉장한 고생을 한다. 즉 그놈을 그냥 쓰면 상대편의 몸을 데게 할 뿐 아니라 일도 성립 안 되므로, 그것을 꺼내 여러 날을 식히고 얼려 그믐날 한 번 써 먹는다고 한다.

병은 악귀가 꾀어서 그렇다고 생각하였는데, 부스럼이 생겼을 때는 악귀를 개로 전제하고, 부스럼 위에 '狗' 자를 쓴 다음 그 주위에 아홉 개의 '虎' 자를 써서 치료하는 법이 있었다.

졸(役卒)이 되어 술값을 벌고, 호환당한 과수댁을 마누라로 하게 되고…

— 碧初의「林巨正」義兄弟 篇

「주역」의 계사전(繫辭傳)에 의하면 지상의 동북아시아 지역(한반도 포함)은 간궤방(艮卦方, 丑寅方)으로 그 위치는 '만물의 종시방위'(終萬物始萬物者莫盛乎艮)라고 한다. 따라서 한국의 미래를 특히 이쪽 방위의 속성인 범(寅·虎)과 연관지어 풀어나가고, 세계 지리상 중요한 위치로서 오늘날 제3의 새로운 문명이 발생할 곳이라고 말한다.(崔鳳秀)

해가 비치는 가운데 비가 흩뿌리면 이를 여우비라고 하지만, '호랑이 장가가는 날'이라고도 한다.

남원의 호석거리 / 개머리산과 돌호랑이

남원(南原)에서의 이야기이다. 그곳 개머리산에서 들개들이 짖으면 불이 나곤 했는데, 이를 막기 위하여 여덟자 크기의 호석(虎石)을 만들어 그 산을 향해 세워 놓았다. 개의 기를 누르는 것은 호랑이이기 때문이었다. 현재 오작교 남쪽 백미터쯤에 있는데, 이 거리를 호석거리라고 한다.

호랑이와의 인연으로 된 절들이 도처에 있고, 그 형태나 또는 이야기로써 '虎' 또는 '凡'자를 넣게 된 많은 이름들이 있다.

「동국여지승람」에는 다음과 같은 이름들이 나온다. 虎溪(김해·문경), 虎帖山, 虎島(부평), 虎鳴山(寺), 虎山, 虎岩山, 虎津(옥천), 虎村(경주), 虎峴(개성), 凡谷(양산), 梵窟寺(양주 아차산), 凡島, 凡西(울산), 凡魚(양산), 梵魚寺(동래), 梵魚川(동래), 凡魚川, 犯叱浦, 梵興寺.

호랑이 담배 먹는 집

이런 이름의 포목가게가 일제 때 동대문 옆 창신동 부근에 있었는데, 가게의 간판에는 호랑이 담배먹는 그림도 그려 있었다.(趙豐衍)

金台熙 作
權域江山猛虎氣像圖(부분).
한반도를 연약하고 길들이기 쉬운 토끼에 비유한 것과는 달리, 중국 대륙을 응시하며 포효하는 맹호의 모습은 진취적인 한국인의 기개를 보여준다.
고려대학교박물관 소장

호박의 유래

주자(朱子)는 "호랑이가 죽을 때 눈의 광채가 땅으로 들어가는 것은 넋이 빠지는 증거이다"라 했고, 송나라의 황휴복(黃休復)은 "호랑이는 무엇을 살필 때는 한 눈으로 광채를 쏘고 한 눈으로는 물건을 본다. 한 사냥꾼이 호랑이를 잡은 후 그 머리 닿았던 곳을 기억해 두었다가, 달빛도 없는 밤을 이용, 그곳 땅을 한자 남짓 파서 빛나는 호박처럼 생긴 것을 얻었다. 이는 호랑이 눈의 정백(精魄)이 땅에 떨어진 것이요, 이로써 호박(琥珀)이란 명칭이 생기게 된 것이다"고 했다. 호랑이 눈에는 백기(魄氣)가 왕성한 때문이다.

—「星湖僿說」권 5

위골

범에는 위골(威骨)이라는 뼈가 있다. 모양이 마치 乙자처럼 생겼고, 길이는 두 치에 지나지 않는다. 다닐 때에는 그것이 소리가 나기 때문에 그렇게 이름을 지은 것이다. 혹은 말하기를, 보름

螺鈿베갯모
지름 11.5㎝
신복덕 소장

전에는 이 위골이 겨드랑이 밑에 있다가 보름이 지나면 이마 위에 있다. 마치 코끼리의 쓸개와 같이 사시(四時)를 따라 장소를 바꾸는 것이다.

상고하건대, 운부(韻府)에 말하기를, 범의 양쪽 겨드랑이 사이와 꼬리 끝에 뼈가 있어 길이가 한 치나 두 치쯤 되니, 이것이 곧 위골이다. 이것을 얻을 수만 있으면 사람도 위엄이 있어 보인다고 했다. 소동파의 시에, "마치 범이 乙자를 가진 것 같네(得如虎扶乙)"라 한 것이 이것이다.

「비사(稗史)」에 보면, "범의 이름은 이이(李耳)이다. 대체로 범은 짐승 종류를 먹어도 귀까지는 먹지 않으니, 이것은 제 이름을 숨기기 위함이다"라고 했다. 그러나 이 말은 허탄하다. 또 말하기를, "범은 사람 하나를 먹을 때마다 귀에 금이 하나씩 간다"라고 했으나, 정말로 그런지 아닌지는 알 수가 없다.

—「芝峰類說」禽蟲部 獸(남만성 역)

호랑이 꿈

호랑이를 꿈에 보면 강골이 된다(경상도), 임신한 여자가 꿈에 호랑이를 보면 아이의 장래가 좋다(경기도)는 등 옛부터 꿈풀이가 있어 왔다. 서양에서의 사자와 같이, 호랑이는 백수의 왕으로서 그 체구와 힘, 우렁찬 울음소리의 특징으로 하여, 큰 사업체와 벅찬 일거리, 그리고 승리·득세·권리·성공 등과 관련하여 꿈풀이를 해 왔다. (한건덕「꿈의 예시와 판단」참고)

특히 태몽으로 호랑이 꿈을 많이 이야기한다. 아기의 상징으로서 호랑이를 생각하여, 기상이 남다른 아이를 낳을 것을 예시한다고 풀이했다. 따라서 호랑이 꿈을 꾸고 여아를 낳으면 아기의 팔자가 사납다고 하는데, 이는 여자와 호랑이의 속성이 서로 맞지 않아 그런 말을 했을 것이다. 호랑이를 타고 달린다, 싸워 이긴다, 잡아 죽인다, 쫓긴다, 그 가죽을 얻는다, 으르렁대는 것을 본다, 물린다, 삼켜 버린다 등 호랑이 꿈은 대개가 '길몽'(吉夢)으로 본다.

호랑이 상(猛虎出林形)

사람을 관상 볼 때 흔히 '호랑이 상' 또는 '맹호출림형(猛虎出林型)'이라는 말을 한다. 이마가 모기 지다, 입이 크다, 소리가 굵다, 입술이 붉고 이가 희다, 귀는 작고 눈은 크다, 눈빛이 사람을 쏘아본다, 걷는 것이 위의(威儀)가 있고 풍채가 당당하다 등등이 그런 상이다.

남자는 문무를 겸전하고 부귀할 수 있으나, 여자는 결혼한 후 삼년 내에 과부가 되는 수가 많다. 또는 호랑이 눈을 가진 사람은 아들이 없거나 많지 않다고도 한다.

살펴보면 전율을 느껴 사람마다 경앙(敬仰)한다. 본래 전장(田庄)이라 가는 곳마다 재물이 생긴다. 그러나 상업으로 농업을 하면 헛되이 패할 것이다. 가시덤불의 꽃이 서리를 맞으니, 일찌기 패하고 피지 못한다. —「唐四柱」

호식운(虎食運)

사람이 여럿이서 자고 있을 때 범이 사람을 물어갈 경우, 가운데 자는 사람을 물어간다. 세 사람이 길을 가다 호랑이를 만나면 가운데 사람을 물어가기 때문에 사람들은 가운데를 서로 피했다고 하는데, 이런 이야기로써 호랑이에게 물려갈 팔자(虎食運)를 믿었다.

호랑이 부리는 법(吹毛化虎法)

인일(寅日)에 호랑이 털 한줌을 취하고, 또 오일(午日)에 망자(亡者)의 얼굴을 덮었던 종이 한 장을 취해, 그 위에 화호부(化虎符)를 그리고… 호주(虎呪)를 일곱번 외고… 그 호부를 태워 49일이 지난 뒤, 산에 가 호랑이 털을 불어 흩뿌리면, 후에 산에 홀로 올라가 이끄는 자가 없어도 호랑이가 나타나 길을 인도하고 여러가지 흉을 다 물린다.

化虎呪文

脫胎換骨阪禍爲祥隨吾應變在吾之傍之威猛

收之即蔵吾奉三山九侯先生律令揖

왼쪽부터/
호랑이木枕 洪起大 소장
호랑이 부리는 부적

범에게 제사를 지내는 것에 대하여

무릇 기도하고 감응하는 이치의 근본은 여러 귀신이 있기 때문이고, 하늘과 땅과 산봉우리와 골짜기와 아득하고 그윽한 곳에 제사를 받들고 흠향(歆饗)하는 것은 거기에 신기(神祇)가 있기 때문이다. 그리고 사람 역시 혼백이 있고 신령이 있는 관계로 목욕 재계하고 그 제사를 드리는 것이다. 후세에 와서는 사당을 세우고 제사 드리는 것이 나무와 돌에까지 이르렀고, 혹은 물건이 오래되면 신령이 있다고 여겨 모두 제사의 대상으로 삼게 되었다…

주나라의 예법에는 사시백물(四時百物)에 제사를 지낸다 하였다… 장문중(臧文仲)이라고 하는 이는 갈가마귀에게 제사를 지냈고, 한퇴지(韓退之)는 악어에게 제사를 지낸 바도 있으니, 제사를 못 지낼 대상은 없다고 하겠다. 「월령(月令)」에 보면, 정월에 수달이 물고기를 잡아 네모로 늘어놓아 제사를 지내고 칠월에는 매가 새를 잡아 제사지내며, 구월에는 승냥이가 짐승을 둥글게 늘어놓고 제사를 올린다. 물고기는 땅에, 짐승들은 하늘에 제사한다고 하는데, 이는 모두 금수(禽獸)들 스스로가 제사지내는 것을 말하는 것으로, 사람이 그들을 제사지내는 것은 아니다.

우리나라는 시골 고을마다 호랑이와 표범의 환난이 많아, 밤에는 감히 밖에 나가지 못하고 전전긍긍하는데, 세간에서 흔히 말하기를, 호랑이가 사람과 가축을 마구 잡아먹어 사람이 안심하고 살 수 없으므로 백성들이 돈을 거두어 희생(산제물)과 술을 마련하여 마을의 진산(鎭山)에서 산군(山君)에게 제사를 지낸다고 한다. 그리고 무당이 그 제사에서 어지러이 북치고 춤을 추어 타안(妥安)케 하는데, 이를 이름하여 도당제(都堂祭)라 한다. 만약 이때에 제사의 품위나 제수가 불결하거나 재계와 치성이 맑지 못하면 그날밤으로 호랑이가 반드시 내려와 으르렁거리며 개와 돼지를 물어간다고 한다.

「후한서(後漢書)」 예전(濊傳)에 호랑이를 사당에 제사지냄으로써 신령스럽게 받든다 하였으니, 그같은 우리 풍속의 유래한 바가 매우 오래되었다 할 것이다. 그러나 산 호랑이를 신령으로

山神堂이나 무당의 신당에 모셔놓았던 산지당 목각 호랑이
27×17㎝
白富榮 소장

삼았으니, 그 제사가 능히 흠향되는 바가 있을 것인가. 호랑이는 과연 영물이라 능히 형(衡)과 파(破)를 알며, 땅을 그어 먹을 것을 점치고, 골짜기에 바람을 불러일으킨다. 괘험(卦驗)을 통하여 호랑이는 형과 파를 알고 능히 그것을 땅에 그어 보고 홀수와 짝수인 것을 가려 그 잡아먹을 대상을 점친다 하는데, 요즘 사람들이 이를 본받아 점치는 것을 일컬어 '호복'(虎卜)이라 한다. 이런 유의 문적을 살펴 생각건대 호랑이는 형과 파를 아는 고로, 병법(兵法)에서 그것을 본떠서 장차 형문(衡門)이 열리면 파문(破門)으로 향하는 것이다. 이같은 뜻으로 유추하여 궁구해 보건대, 호랑이는 발톱으로 땅을 찍으며 가는데 그 자국이 홀수인가 짝수인가를 보고 나아간다는 것이고, 오늘날 사람들이 땅에 자국을 그어 그 짝수와 홀수임을 보는 것이 즉 '호복'인 것이다.

「주역(周易)」에 말하기를, 구름은 용이 만들고 바람은 호랑이가 일으킨다 하였기 때문에 울부짖으면 바람이 생긴다 하는 것이며, 「월령(月令)」에 이르기를 "동짓달에 호랑이가 교미를 시작한다" 하였으니, 적은 지식으로 요량컨대, 호랑이가 교미를 하면 달무리가 일어난다는 것인가 한다. 그러나 비록 살아 있는 호랑이가 그토록 영물하다 하기로서니 어찌 제사를 능히 흠향할 수가 있겠는가. 내가 여러 서적을 열람해 본 즉, 호랑이에게 창귀(倀鬼)가 있는데 이는 곧 호사(虎飤)라는 것으로, 생각건대 사(飤)는 호랑이에게 잡아 먹힌 사람을 말하는 것이다. 그런데 창귀가 되면 호랑이를 늘 따라다니며 길을 안내하기 때문에 호랑이는 창귀가 가고 멈춤을 보고 행동한다. 호랑이의 귀신은 바로 창귀인 것이다. 그래서 호랑이에게 제사를 지낼 때 그 신위가 되는 것이 창귀이며 그 제사를 받아먹고 위복(威福)을 베푸는 자 역시 창귀이다. 그런데 사람들이 이 창귀가 조작하는 것을 알지 못하면서 단지 호랑이에게 신령이 있어 화와 복을 사람에게 주는 것이라고 인식하는 것이다.

怪石虎圖八曲屛風(부분)
47×106㎝
李相出 소장

「서악견문록(徐岳見聞録)」에 보면, 무릇 호랑이한테 죽은 자는 의복과 두건과 신발이 모두 찢겨 땅바닥에 흩어져 있는데, 이것은 호랑이의 짓이 아니라 창귀가 그렇게 하는 것이라 했다.

육차운(陸次雲)의 「호연잡기(湖壖雜記)」에는 다음과 같은 이야기가 있다. 호사(虎師)가 호랑이를 잡는 방법은, 양을 함정 속에 넣어 울게 함으로써 유인하는데, 이때 삶은 푸른색 소라를 산속에 널리 퍼뜨려 놓는다. 호랑이가 부근에 이르면 창귀가 길을 안내하여 위험을 피해 가다가, 창귀가 소라를 보고는 탐욕스럽게 그것을 발라 먹느라 호랑이를 보호하는 일을 잊고 만다. 마침내

黑虎圖
25×36 cm
李連實 소장

혼자가 된 호랑이가 잘못 함정으로 빠져 들어가면 드디어 호사가 묶어가지고 돌아간다는 것이다. 또 어떤 설이 있어 말하기를, 창귀는 신 것을 매우 좋아하기 때문에 호랑이가 다니는 곳에 소귀나무의 신 열매를 퍼뜨려 놓으면 창귀가 그것을 주워 먹느라 호랑이를 인도하지 못하여 필경 함정에 떨어지게 되면 이를 취하여 잡는다 한다. 호랑이를 인도하는 것은 결국 '사람'인 셈이다.

못할 일을 일삼는 악인을 일컬어 '창귀'라 하는데, 이 일도 오히려 호랑이에게 제사를 하는 것보다는 차라리 창귀한테 제사함이 낫지 않을까. (이런 제사가 모두 마땅치 않다는 말)

— 李圭景「五洲衍文長箋散稿」祠虎辨證說 (權光旭 역)

상고하건대 운서(韻書)에 보면, "박(駮)은 짐승의 이름이다. 말처럼 생겼으며 몸뚱이는 희고 꼬리는 검은데, 범과 표범을 잡아먹는다"고 했다. 금년에 양주(楊州) 땅에 사나운 짐승이 있는데, 모양이 말과 비슷하게 생겼다. 푸른빛의 갈기가 있고, 범과 표범을 많이 잡아먹으며, 또한 사람도 잡아먹는다. 이것을 본 사람이 많다고 한다. 의심컨대 이것은 곧 박(駮)이 아닌지 모르겠다.

—「芝峰類說」

옛 금강산의 중은 "깊은 산에는 본래 범이 없다"고 말하며 부처님의 신령으로 돌렸다. 중국 책에서 이르기를 "숲에는 표서(鏢鼠)가 있어, 범이 오면 제 몸의 털을 뽑아 범에게 던지고, 그 털이 범의 몸에 붙으면 벌레가 생기고 종기가 나게 하므로 범이 가까이 가지 못한다. 그래서 범을 그리면 반드시 갈대가 우거진 평원이나 광야를 배경으로 그린다"고 하였는데, 반드시 그렇지도 않다.

—「星湖僿說」권 15

필자가 금강산에 머물고 있을 때 한 중으로부터 들은 이야기다. "깊은 산중에 눈이 녹을 때였다. 높은 나뭇가지에 걸려 있는 기이한 짐승 털을 하나 본 적이 있다. 청색이고, 한자 반 정도의 길이에, 굵기가 가는 새끼줄 정도였다"고 하는데, 어떤 짐승의 털인지 알 수 없는 일이다.

신립(申砬)이 북도병사(北道兵使)로 있을 때, 한 호인(胡人)의 잔치에 갔다가, 짐승들에 대해 잘 아는 사냥꾼을 만났다. 신립이 "당신은 어려서부터 산에서 살아왔다고 했는데, 당신네 땅에서 아주 이상한 동물이 무엇이오?" 하고 물어본즉, 그는 "내가 젊어서 사슴을 쫓아가다 백두산에서 한 짐승을 보았는데, 사람 키만한 것이 몸길이가 수십척이나 되고 긴 털로 덮여 몹시 사납게 생긴 것이었소. 그 짐승이 사슴이 지나가는 것을 보자 단번에 잡아 채더니 다리를 찢어 그 등에 탄 새끼와 함께 씹더군요" 하고 대답했다. 그는

「巫經」 挿畫(부분)
35×18㎝
金宗學 소장

땅에 엎드려 숨었기에 화를 면했다고 한다.

이 짐승 또한 위에 말한 종류의 짐승이 아닐까 생각한다.

한 선비가 산속 큰 절에서 공부하고 있었다. 여러 중들과 달밤에 환담을 나누고 있을 때, 하늘을 찢는 듯한 요란한 소리가 들리는가 했더니, 황소만한 호랑이가 곁채에 뛰어들어 숨었다. 모든 중들이 놀라 있는데, 몸이 산등성이만한 휴(貅)가 뒤쫓아와 그 호랑이를 마치 고양이가 쥐를 잡듯이 먹는 것이었다. 아무 반항도 못하고 한 입에 반신이 들어간 호랑이의 네 발이 공중에 떴다. 그 짐승의 놀라운 모습을 그려낼 수는 없다. 도대체 그 휴라는 것이 무엇인지 알 수가 없다.

또 북도(北道)의 한 파수장이 산에 갔을 때였다. 갑자기 큰 호랑이가 놀라며 바위굴 속으로 숨었다. 이어 큰 망아지만한 휴가 나타났는데, 몸빛은 전체가 청색이고 눈은 쇠방울을 단 것 같았다. 그 휴는 호랑이를 찾지 못하고 돌아갔다. 그 모양은 그림에서 본 사자와 비슷하다고 했다. 이얘기 또한 휴가 어떤 짐승인지 자세하지가 않다.

내 생각으로는 선비가 본 짐승은 표잔(彪虥)이 아닌가 하는데, 이것은 옛 책에 휴만큼 크고 호랑이를 잡아먹는다고 했기 때문이다. 또 파수장이 보았다는 것은 준리(狻狸)가 아닌가 한다. 옛 책에 이것은 사자와 비슷하고 서역에서 온 것으로, 그 울음소리를 들으면 호랑이도 표범도 모두 무서워한다고 했고, 하루에 삼천리를 달린다고 했기 때문이다. 혹 서역의 사자가 북도까지 이른 것이었는지도 모를 일이다.

— 柳夢寅 「於于野譚」 권 5

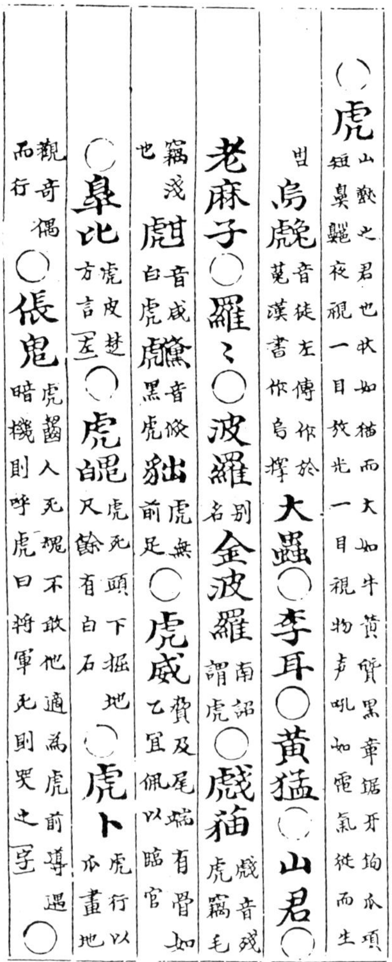

「才物譜」에 나타난
범의 異稱

虎曰監 : 蒲南切

송(宋)의 손목(孫穆)이 고려시대의 말을 정리하여 쓴 「계림유사(鷄林類事)」에 위와 같이 썼다. 이때 '蒲南'은 이두(吏讀)식으로 '범'이라 읽을 수 있다. 또한 '監'은 '곰'(가미, 神의 일본어 어원) 곧 신을 의미한다고 한다.(朴炳植)

「동국여지승람」에서는, '호계(虎溪)'가 "문경지방에 있던 마을 이름으로, 신라시대 때 호측현(虎側縣) 또는 배산성(拜山城)이라 불리던 곳인데 경덕왕이 고을 이름을 바꿀 것을 명했다."라고 기록하고 있다. 여기서 '虎'를 '拜山'이라 한 명칭이 주목된다. 역시 이 말도 이두식으로 읽을 때는 '범'이 되는데(뫼산), 그 표기가 발음과 함께 뜻도 때로 취하는 것으로 미루어, '범'에 대한 존숭의 사실(史實)로 볼 수 있을 것도 같다.

범을 호칭하는 지방 말

개오지(전북 무주)	호오라이(경북 포항)
대추니(강원 춘천)	호래(단양, 홍천)
도루바이(평북 강계, 고성)	호래이(경북)
	산돌이(강원)
도루바리(함남 풍산)	산지킴이(충청)
두루바리(함남 혜산)	산찌검이(경상도)
버엄(충북 청주)	호랭이(경기, 강원, 충청, 전라)
산실령(충남 부여)	
산주인(평북 후창)	호래이(전남, 경상)
오래이(경남 거제)	호레이(경남)
왕누니(경기 양주)	호렝이(경북)
호라이(경북 경주)	

—「한국방언사전」

「재물보(才物譜)」에 나타난 범의 이칭(異稱)

범을 오도(烏䖘)라고 했다. 「좌전(左傳)」에는 '오토(於菟)'로, 「한서(漢書)」에는 '오택(烏檡)'으로 썼다. 좌전에 범의 젖을 먹고 자랐다는 뜻의 '투곡오토(鬪穀於菟)'라는 장수의 이름이 나온다.

또 대충(大蟲) 이이(李耳) 황맹(黃猛) 산군(山君) 노마자(老麻子) 나라(羅羅) 파라(波羅) 금파라(金波羅) 등으로 불리어지기도 했다.

흰범(白虎)을 함(虥), 검은범(黑虎)을 숙(虪)이라고 했다. 그리고 앞발이 없고 뿔이 있고 표범무늬의 눌(貀)이라는 짐승이 있다.

고비(皐比)는 호피(虎皮)의 초 나라 지방 말이다. 호승(虎魄)은 죽은 범이 놓은 머리 아래를 한자 가량 파면 나오는 흰돌을 이른다. 범이 내는 소리는 포효(咆哮) 후(吼) 함(䖔) 효(虓) 호(嘷) 격(虩)으로 썼다.

호복(虎卜)은 범이 나아갈 때 땅을 긁어 난 자국의 짝수 홀수를 보고 나아간다고 해서 쓰는 말이고, 창귀(倀鬼)는 범에게 잡아먹힌 사람의 귀신으로 범에게 붙어 길을 안내한다고 한다.

3

호랑이 雜學

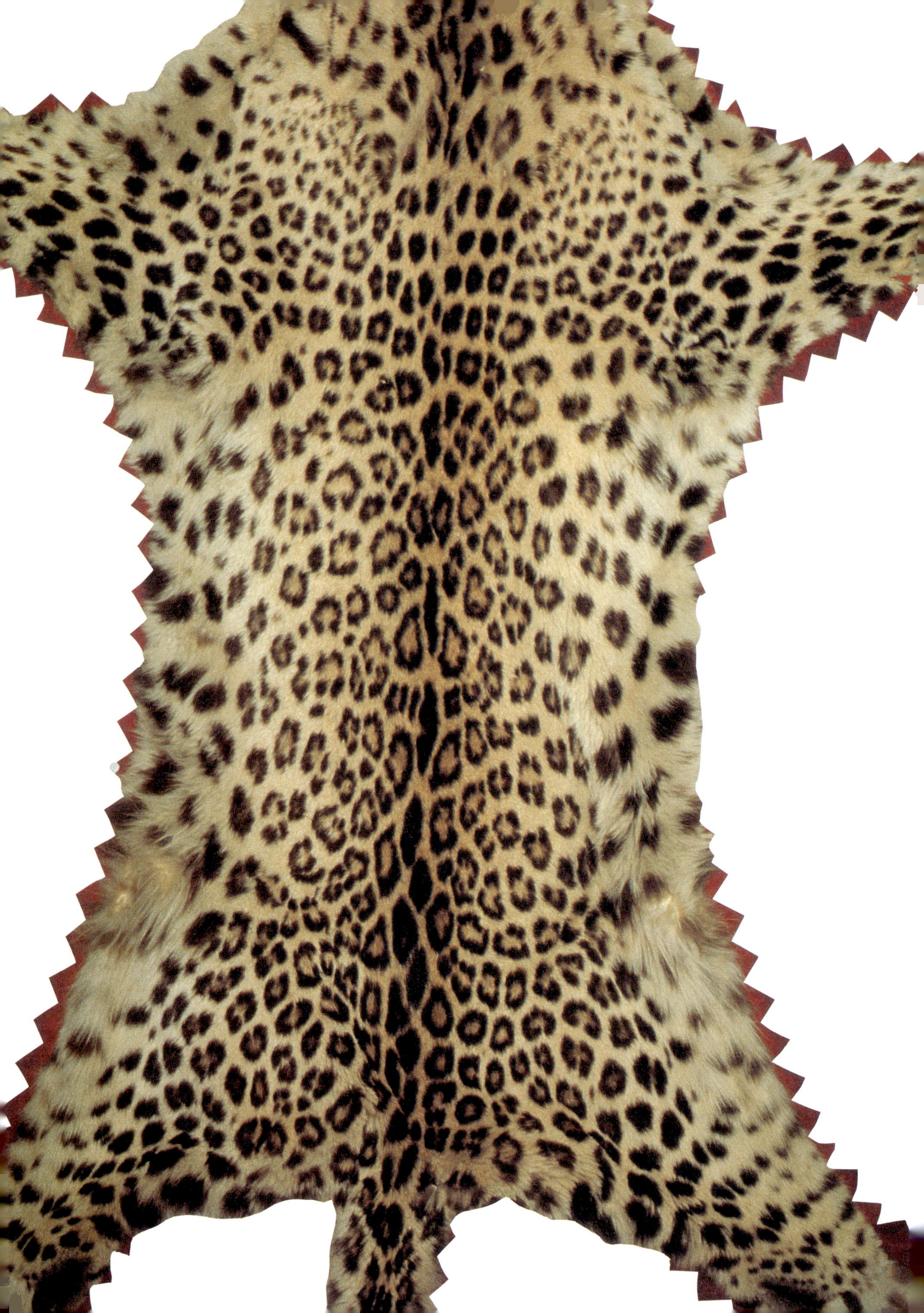

虎皮

호랑이에 대한 생각이 그대로 호피(虎皮)로 이어져, 호피그림을 그렸고, 실제 호피가 귀중하게 여러가지로 쓰였다. 호피그림은 벽사(辟邪)의 뜻도 있었지만, 장식적인 것으로 쓰여, 세련된 문양의 표범무늬 병풍화를 많이 남겨 놓고 있다. 혼례 때 신부가 타는 가마의 덮개로 요에 호피그림을 그렸는데, 처음에는 생호피 자체를 사용하다가 이렇게 바뀐 것 같고, 이런 그림이 호피병풍화 그림의 계기가 되었다.(조자용「虎郎圖」참조)

호피에 대한 생각은 다른 나라에서도 특별해, 인도에서는 호피(Vyāghracarma)가 각별히 주력(呪力)을 받게 한다고 하여 힌두의 성자가 그 위에 앉고, 산달 지방 사람들은 그 위에 앉아 맹세하는 것을 가장 중히 여겼다고 한다. 조선조 중기에는 조정에서 교역품으로 또 다른 나라에 보내는 예단으로 쓰이는 등 호피가 많이 소용되자, 이것을 거두어들이는 데 따른 민폐가 커 호랑이가 끼친 피해보다 더 심했던 기록도 볼 수 있다.

벽걸이로 사용된 표범가죽

서애(西涯) 유성룡(柳成龍)이 홍문관 부제학에 제수되어 안동에 계신 어머니를 뵈러 가는 길에 "왕께서 특별히 호피를 하사하시어 노모에게 갖다 드리도록 하였다." —「西涯集」(42세 때의 일기)

"임금이 하사한 호피로, 단양 지방을 지나다 그곳에 폐기된 조신(曹伸)이 거처하던 정자를 구득하고, 후에 물러나 쉴 뜻을 가졌다."

—「西涯集」(57세 때의 일기)

일본 국왕 원의고(源義高)가 대장경과 비단 오천 필, 호표피(虎豹皮) 오백장 등을 요구한 데 대해서… 그들의 요구를 다 들어 줄 수 없고 특히 호피는 민간이 갖추기 어려운 물건이어서 각 두 장씩만 보내자고 의논을 하였다.

대마도주가 특별히 서계(書契)를 보내어 호피 백장을 요구했는데, 이 명목 없는 요구에 대해 무명 80필을 대신 보내기로… —「燕山君日記」

오랑캐 차사가 명나라 천계(天啓) 연호를 못 쓰게 협박하고 왕자를 인질로 잡히라고 요구한 데에, 왕자는 어려서 약속 대상이 될 수 없다 하고, 통신사를 보내며 예단으로 목면 삼백동, 호피 백장… 등을 실어 보냈다.

금나라 차사가 황금 만냥, 백금 만냥… 등을 요구한 데 대해, 황금은 본국의 소산이 아니니 호피로써 대신하겠다고 어필 단자(單子)를 보냈다. (인조 오년 때의 일이다) —「大東野乘」

"호피 때문에 백성들이 괴롭다… 함정을 설치하

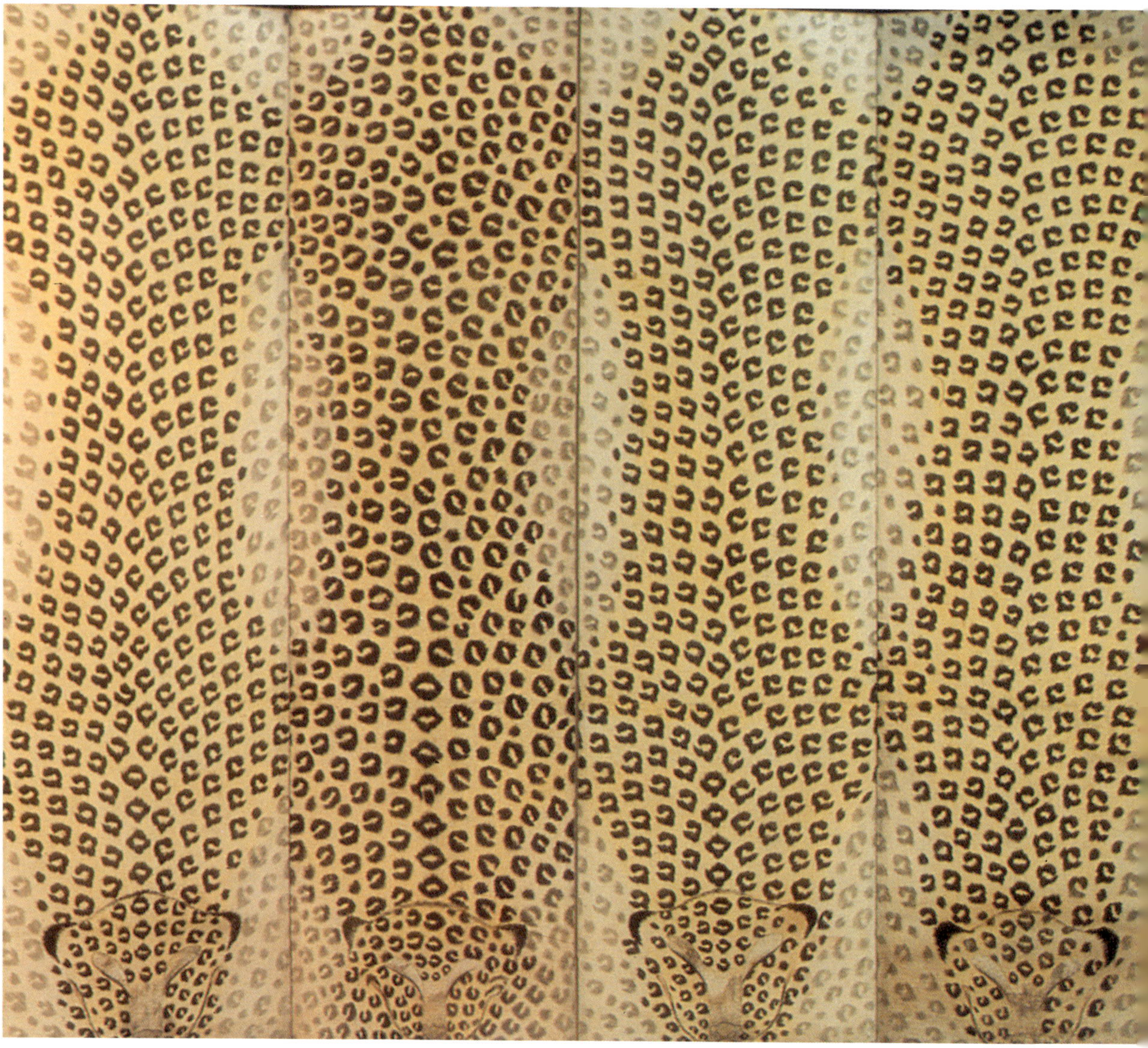

고 호랑이를 잡고자 하나 잡지 못하고 있어, 그 대가를 민간에게 거두어 사들이고 있는데, 전엔 호피 하나에 면포(綿布) 삼십필이었으나 지금은 팔십필에도 구하기가 힘들다… —「燕山君日記」

여러 도의 공납이 이미 정해져 있어, 호피(虎皮), 표피(豹皮), 웅피(熊皮)를 공납시켰는데, 이는 공납이 복잡하고 과중할 뿐 아니라, 사나운 짐승이 사람을 해칠 우려마저 있으니 이를 중지하십시오.(충렬왕 22년 홍자번이 백성을 위한 18개 사항을 아뢴 중에) —「東史綱目」 제12권

전라도의 왕지별감(王旨別監) 권의(權宜)가 은 사십근과 호피 이십령(領)을 이지자(李之資)를 통해 세자에게 바치니, 세자 이르기를 "이 물건은 모두 백성을 벗기고 원망을 모은 것이니 나는 갖지 않겠다. 곧 주인에게 돌려 주라"고 했다. —「增補文獻備考」

"연경을 가는데 호피 이십령을 보냈다"(「연산군일기」)는 등 호피를 세는 단위로 '領(嶺)'을 썼는데(다른 데에선 張·口라고도 썼다)이는 산마루마다 호랑이가 한 마리씩 산다는 데서 생긴 명

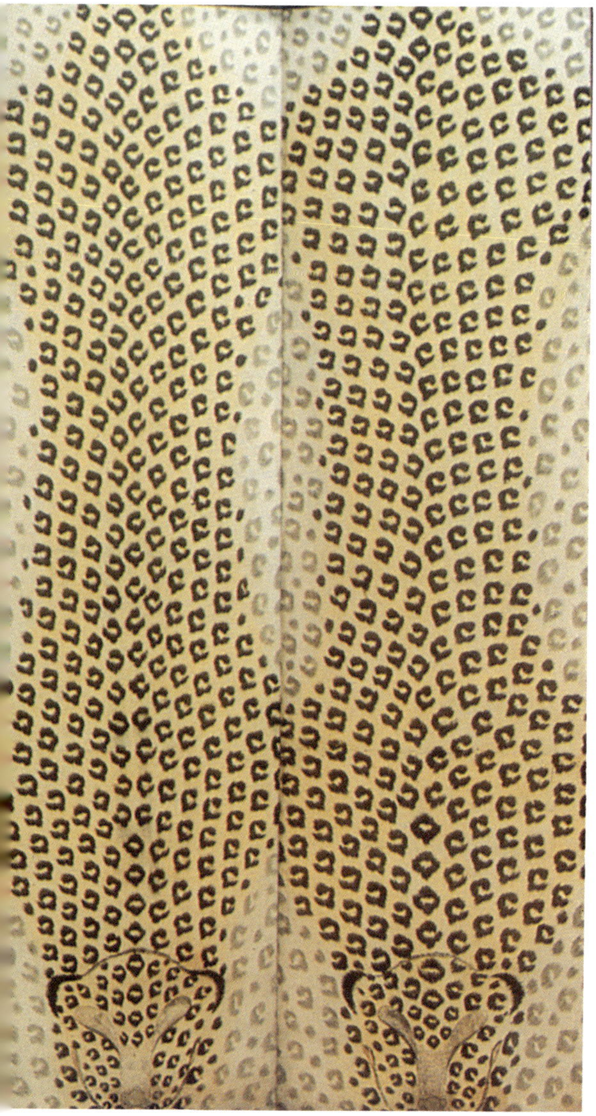

虎皮圖八曲屛風 176×416cm 개인소장

칭이 아닌가 한다.

구한말의 풍경에 대해 쓴 그리피스(Griffis)는 원산에서 일본인 수입상이 주로 사들인 호피가 연간 오백장 정도라 쓰고 있다.

— W.E.그리피스「은자의 나라 한국」

1950년대「타임」지에는, 6·25 전쟁 때 한 미군 병사가 구입해 간 오십여 장의 표범 등가죽을 이은 요를 보여주는 사진이 기사와 함께 게재되었다고 한다.

忠愍公林將軍遺像

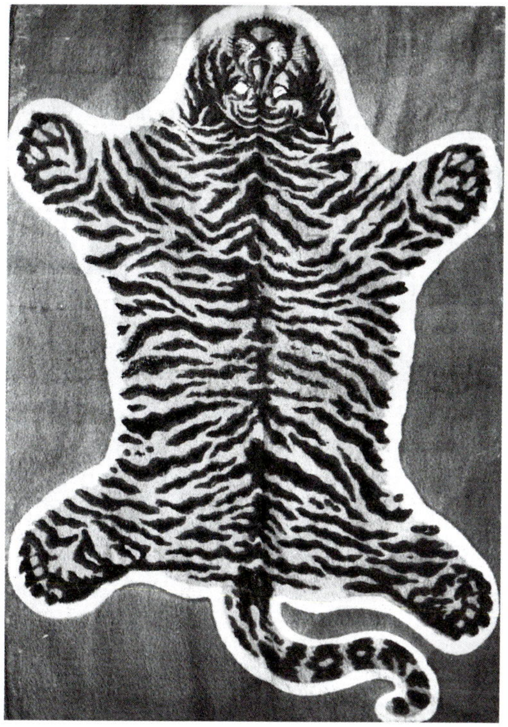

옆면부터/
忠愍公林將軍遺像 98×158㎝ 국립박물관 소장
書架圖屛風(부분) 38×108㎝ 安伯淳 소장
書架圖屛風(부분) 45×116㎝ 개인소장
호피무늬 담요 115×160㎝ 장지홍 소장

虎患

우리나라에는 실제로 호랑이가 많아 사람을 해치거나 가축을 물어가는 등의 해를 끼치는 일이 많았다. 고려시대에는 한산군(지금의 서울)의 원님이 세 차례나 호랑이에게 물려갔으며, 범의 생식기인 겨울에는 범의 울음소리에 왕이 잠을 잘 이룰 수가 없었다는 야사도 전해지고 있다. 이러한 호랑이에 대한 공포심이 호랑이를 더욱 신성시하게 만들었고, 호랑이를 사(邪)를 물리치는 상징으로 삼는 일 역시 자연스럽게 이루어졌을 것이다. 「증보문헌비고」와 「조선왕조실록」 「성호사설」에서의 호랑이 기록을 옮겨 본다. 「경국대전」(1548년)에는 호랑이를 잡는 정규군사인 착호갑사(捉虎甲士)에 대한 제반 규정과 잡은 자에 대한(민간인을 포함) 상여규정도 명시해 놓고 있다. 호랑이의 피해를 막는 일은 지방관서의 중요한 일의 하나였다. 호랑이를 잡아 출세(벼슬)하는 옛이야기가 흔히 있듯이, "너는 과거를 보아 출세하겠느냐, 범을 잡아 출세하겠느냐?" 하는 말도 있었다.

胡獵圖(부분) 18×184cm 金丸濟 소장

增補文獻備考에서의 호랑이 기록

신라

문무왕(文武王) 13년(673)
6월에 호랑이가 대궁(大宮)의 뜰에 들어왔다.

혜공왕(惠恭王) 4년(768)
6월에 호랑이가 궁중에 들어왔다. 6년(770) 6월에 호랑이가 집사성(執事省)에 들어왔다.

문성왕(文聖王) 5년(843)
7월에 다섯 마리의 호랑이가 신궁(神宮) 동산에 들어왔다.

헌강왕(憲康王) 11년(885)
2월에 호랑이가 궁궐 마당에 들어왔다.

고구려

태조왕(太祖王) 53년(105)
정월에 부여국(扶餘國)에서 큰 호랑이(大虎)를 바쳤는데, 길이가 열두 척(丈兩尺)이고, 털은 퍽 밝으며, 꼬리가 없었다. 56년(108) 10월에 동해곡수(東海谷守)가 붉은 표범(朱豹)을 바쳤는데, 꼬리의 길이가 아홉 자였다.

보장왕(寶藏王) 18년(659)
9월에 아홉 마리의 호랑이가 성에 들어와 사람을 잡아먹었다. (잡으려 하였으나 잡지 못하였다)

백제

시조 온조왕(溫祚王) 13년(BC 6)
2월에 다섯 마리의 호랑이가 성에 들어왔다.

고려

태조(太祖) 원년(918)

胡獵圖(부분)
32×140㎝
鄭興齊 소장

8월 무진(戊辰)에 호랑이가 도성(都城) 흑창원(黑倉垣)에 들어왔다.(쏘아서 잡았다)

현종(顯宗) 6년(1015)

3월에 호랑이가 귀인문(歸仁門)에 들어왔다. 7년(1016) 7월 임술(壬戌)에 호랑이가 성에 들어왔다. 11년(1020) 9월 임신(壬申)에 호랑이가 성에 들어와서 사람을 물어 상하게 하였다. 20년(1029) 4월 을미(乙未)에 호랑이가 성에 들어왔다.

덕종(德宗) 원년(1032)

2월 임술(壬戌)에 호랑이가 선희문(宣喜門)에 들어왔다.

정종(靖宗) 2년(1036)

8월 정미(丁未)에 호랑이가 성에 들어왔다.

문종(文宗) 20년(1066)

2월 갑오(甲午)에 호랑이가 궁성 북쪽에서 싸우다가 죽었다. 21년(1067) 윤정월에 호랑이가 여러번 성에 들어왔다.

숙종(肅宗) 6년(1101)

12월 계묘(癸卯)에 호랑이가 성에 들어와서 사람을 물어 해쳤다. 8년(1103) 11월 무술(戊戌)에 호랑이가 금중(禁中)의 산호정(山呼亭)에 들어왔다.

예종(睿宗) 6년(1111)

11월에 호랑이가 성에 들어와서 사람을 많이 해쳤다. 13년(1118) 2월 무오(戊午)에 호랑이가 태자궁(太子宮)에 들어왔다.

의종(毅宗) 원년(1147)

7월에는 임신(壬申) 밤에 호랑이가 선군(選軍)과 병부(兵部)·형부(刑部)에 들어왔고, 8월에는 기해(己亥) 밤에 호랑이가 대명궁(大明宮)에 들어왔다. 12년(1158) 7월 기미(己未)에 호랑이가 성에 들어왔다.

명종(明宗) 6년(1176)

9월 갑진(甲辰)에 호랑이가 대명궁(大明宮)에 들어왔다. 8년(1178) 9월 무자(戊子)에 호랑이

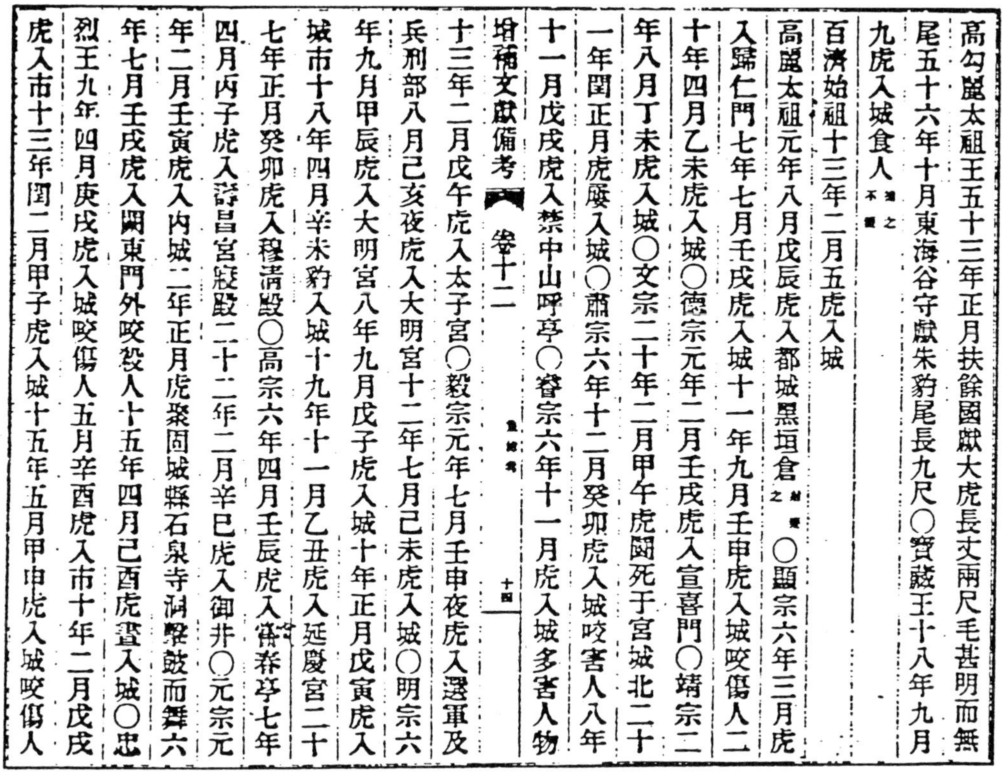

高勾麗太祖王五十三年正月扶餘國獻大虎長丈兩尺毛甚明而無
尾五十六年十月東海谷守獻朱豹尾長九尺○寶藏王十八年九月
九虎入城食人
百濟始祖十三年二月五虎入城
高麗太祖元年八月戊辰虎入都城黑垣倉 ○顯宗六年三月虎
入歸仁門七年七月壬戌虎入城十一年九月壬申虎入城咬傷人二
十年四月乙未虎入城○德宗元年二月壬戌虎入宣喜門○靖宗二
年八月丁未虎入城○文宗二十年二月甲午虎鬪死于宮城北二十
一年閏正月虎屢入城○肅宗六年十二月癸卯虎入城咬害人八年
十一月戊戌虎入禁中山呼亭○睿宗六年十一月虎入城多害人物
增補文獻備考 卷十二 十四
十三年二月戊午虎入太子宮○毅宗元年七月壬申夜虎入選軍及
兵刑部八月己亥夜虎入大明宮十二年七月己未虎入城○明宗六
年九月甲辰虎入大明宮八年九月戊子虎入城十年正月戊寅虎入
城市十八年四月辛未豹入城十九年十一月乙丑虎入延慶宮二十
七年正月癸卯虎入穆清殿○高宗六年四月壬辰虎入賞春亭七年
四月丙子虎入壽昌宮寢殿二十二年二月辛巳虎入御井○元宗元
年二月壬寅虎入內城二年正月虎聚固城縣石泉寺洞擊鼓而舞六
年七月壬戌虎入闕東門外咬殺人十五年四月己酉虎晝入城○忠
烈王九年四月庚戌虎入城咬傷人五月辛酉虎入市十年二月戊戌
虎入市十三年閏二月甲子虎入城十五年五月甲申虎入城咬傷人

「增補文獻備考」

가 성에 들어왔다. 10년(1180) 정월 무인(戊寅)에 호랑이가 성(城)의 저자(市場)에 들어왔다. 18년(1188) 4월 신미(辛未)에 표범(豹)이 성에 들어왔다. 19년(1189) 11월 을축(乙丑)에 호랑이가 연경궁(延慶宮)에 들어왔다. 27년(1197) 정월 계묘(癸卯)에 호랑이가 목청전(穆清殿)에 들어왔다.

고종(高宗) 6년(1219)

4월 임진(壬辰)에 호랑이가 상춘정(賞春亭)에 들어왔다. 7년(1220) 4월 병자(丙子)에 호랑이가 수창궁(壽昌宮) 침전(寢殿)에 들어왔다. 22년(1235) 2월 신사(辛巳)에 호랑이가 어정(御井)에 들어왔다.

원종(元宗) 원년(1260)

2월 임인(壬寅)에 호랑이가 내성(内城)에 들어왔다. 2년(1261) 정월에 호랑이가 고성현(固城縣)의 석천사(石泉寺) 동리에 모여 북을 치며 춤추었다. 6년(1265) 7월 임술(壬戌)에 호랑이가 대궐 동문(東門) 밖에 들어와 사람을 죽였다. 15년(1274) 4월 기유(己酉)에 호랑이가 낮에 성에 들어왔다.

충렬왕(忠烈王) 9년(1283)

4월에는 경술(庚戌)에 호랑이가 성에 들어와서 사람을 물어 상하게 하였고, 5월에는 신유(辛酉)에 호랑이가 저자에 들어왔다. 10년(1284) 2월 무술(戊戌)에 호랑이가 저자에 들어왔다. 13년(1287) 윤이월 갑자(甲子)에 호랑이가 성에 들어왔다. 15년(1289) 5월 갑신(甲申)에 호랑이가 성에 들어와서 사람을 물어 상하게 하였다. 18년(1292) 7월 병술(丙戌)에 호랑이가 성에 들어왔다. 19년(1293) 2월 계사(癸巳)에 호랑이가 왕궁에 들어왔다. 21년(1295) 2월 임진(壬辰)에 호랑이가 성에 들어왔다. 22년(1296) 2월에는 계해(癸亥)에 호랑이가 수령궁(壽寧宮)에 들어왔고, 3월에도 정축(丁丑)에 호랑이가 성에 들어왔다. 23년(1297) 2월 을미(乙未)에 호랑이

가 성에 들어왔다. 29년(1303) 병신(丙申)에 호랑이가 성에 들어왔는데, 윤삼월에도 신사(辛巳)에 또 저자에 들어왔다.

충선왕(忠宣王) 3년(1311)

4월과 5월에 연달아 성에 들어왔다.

충숙왕(忠肅王) 3년(1316)

2월 계미(癸未)에 호랑이가 성에 들어왔다. 6년(1319) 5월 무신(戊申)에도 성에 들어왔다.

충혜왕(忠惠王) 3년(1342)

3월 정유(丁酉)에 호랑이가 성에 들어와서 사람을 물어 상하게 하였다. 5년(1344) 2월 갑오(甲午)에 호랑이가 성에 들어왔는데, 정유(丁酉)에도 성에 들어왔다.

충목왕(忠穆王) 4년(1348)

2월 을미(乙未)에 호랑이가 성에 들어왔다.

공민왕(恭愍王) 원년(1352)

정월 신미(辛未)에 호랑이가 성에 들어왔는데, 3월에도 임신(壬申)에 또한 그와 같았고, 4월에도 임술(壬戌)에 표범이 성에 들어왔다. 14년(1365) 7월 신사(辛巳)에 호랑이가 성에 들어왔는데, 9월에도 정묘(丁卯) 밤에 또한 그와 같았다. 19년(1370) 10월 임진(壬辰)에 호랑이가 성에 들어왔다.

우왕(禑王) 원년(1375)

정월 기사(己巳)에 호랑이가 선의문(宣義門)으로부터 성에 들어왔다. 4년(1378) 8월 병오(丙午)에 호랑이가 성에 들어와서 사람을 많이 해쳤다.

공양왕(恭讓王) 2년(1390)

9월 갑인(甲寅)에 호랑이가 새 도읍(都邑) 문하부(門下府)에 들어와서 사람을 잡아갔다. 당시에 한양(漢陽)으로 천도(遷都)한 지 겨우 수일인데, 범이 사람을 많이 해쳐서 임금이 백악(白岳)·목멱(木覓)의 성황(城隍)에 제사하여 빌었다. 3년(1391) 9월 병오(丙午)에 호랑이가 성에 들어왔다.

조선

태종조(太宗朝)

김덕생(金德生)은 손으로 맹수를 잡은 공으로 좌명 공신(佐命功臣)에 훈록(勳錄)되었다.

群虎圖八曲屛風 개인소장

그 가장(家狀)에, "대내(大內)에서 맹호가 갑자기 어좌(御座)의 좌령(左領)을 침범하는데, 그때에 시위(侍衛)로서 일백 보 밖에 있던 호군(護軍) 김덕생이 이를 보고 급히 허리춤의 화살 하나를 빼어 즉시 쏘아 죽였다. 성상이 크게 놀라고 기뻐하여 곧 명하여서 좌명 공신 삼등에 추록(追録)하게 하였다. 다음날 대신들이 어좌를 향하여 활을 쏘는 것은 더 없는 죄가 된다고 하여 정전(正典)의 형벌에 처하기를 청하여서 달이 지나도록 역쟁(力爭)하였다. 김덕생이 일백 보 밖에서는 형세상 달려가 구원하지 못할 것 같고 활 쏘는 재주(射藝)의 만전(萬全)함을 믿고 의심하지 않은 까닭으로 감히 화살을 쏘았다고 공술하고, 호랑이를 그곳에 그리고 손에 일백 개의 화살을 가지고 쏘았던 곳에 서서 쏘아, 한 개의 화살이라도 헛되게 쏠 것 같으면 곧 죽어도 한이 없다고 청하여 시험하였더니 과연 그러하였으나, 벌써 대관(臺官)의 계청을 윤허하였으므로 마침내 형벌을 받았다. 세종조(世宗朝)에 신설(伸雪)하고서 전민(田民)을 주었다"고 하였다.

인조(仁祖) 16년(1638)

5월에 큰 호랑이가 인경궁(仁慶宮) 남문(南門)에 들어와서 횡행하다가 갔다.

영조(英祖) 30년(1754)

5월 대낮에 호랑이가 경덕궁(慶德宮)의 빈 대궐에 들어와 잡아서 죽였다. 44년(1768) 3월에 호랑이가 여러 차례 성 안에 들어와 대낮에 시가(市街)에서 개와 돼지 등을 마구 잡아먹었다. 시민들이 힘을 합하여 잡아 죽였다. 52년(1776) 3월에 호랑이가 성에 들어왔다. 시민들이 경복궁(景福宮)의 빈 대궐 속에 몰아 넣고 쏘아 죽였다.

순조(純祖) 12년(1812)

정월에 호랑이가 경희궁(慶熙宮)에 들어왔다.

— 象偉考獸異

朝鮮王朝實録에서의 호랑이 기록

태종(太宗) 2년

5월 충청·경상·전라도의 경차관 대호군(벼슬이름) 김계지(金繼志)가 이르기를, "경상도에 호

胡獵圖八曲屛風(부분) 34×92㎝ 安伯淳 소장

랑이가 많아서 작년 동지서부터 금년 봄에 이르기까지 호랑이에게 죽은 자가 수백 명인데, 바다에 연해 있는 군현을 포함하면 그 수가 더욱 많습니다. 그들이 길에 나서지도 못하니 어찌 농사인들 지을 수 있겠읍니까." 이에 임금께서 즉시 그 도의 관찰사, 절제사에게 명하기를 "이제부터는 호랑이에게 상하는 사람이 비록 하나라도 나오면 벌을 주겠노라" 하였다.

세조(世祖) 10년

12월에 녹양목장(綠楊牧場)을 세울 때 호환(虎患)을 두려워하니…"만약 호환이 있으면 내가 담당하여 잡을 터이니 걱정들 말라" 하시며 일꾼을 내고 목장을 만들고 신하들에게 암말 한 마리씩을 내게 하고 나라말(國馬)과 섞어 놓았는데, 그 후 맹수가 태반이나 물어 죽여서 이에 그만 목장을 없애도록 했다.

중종(中宗) 12년

2월에 정원(政院)에서 "황해도 평산(平山)에 악호(惡虎)가 횡행하여 상한 자가 사십여명이나 되니 잡아야 하겠읍니다" 하는 계(啓)를 그대로 전했다.

중종(中宗) 19년

10월, 한성부(漢城府)에서 "호랑이가 묵사동(墨寺洞)에 들었다"는 계에 대하여 "병조(兵曹)에 명령하여 군사를 내어 잡게 하고, 또 밤에 사람들이 함부로 다녀 피해가 없도록 야행을 금하라"고 하였다.

인조(仁祖) 4년

12월, 인왕산 곡성(曲城) 밖에서 호랑이가 나무꾼을 잡아먹고 인경궁(仁慶宮) 후원에 들어왔다. … 군병을 거느리고 그 호랑이의 종적을 밟아 잡았다.

영조(英祖) 19년

2월, 평안도 강계(江界)에서 백성 이십여명이 호랑이에게 물려 죽었다. 그래서 휼전(恤典)을 베풀도록 명하였다.

영조(英祖) 28년

1월, 호랑이가 경복궁 후원에 들어왔다. 도성 내외에 호환이 그치지 않았다. 신하들에게 이르기를 "고려사에도 호랑이가 성중에 들어간 일이 있었는데, 이는 음(陰)이 성(盛)하고 양(陽)이 미(微)하는 징조라고 볼 수 있다"고 하며 "이는 참으로 괴변이옵니다"고 병조판서 홍계희(洪啓禧)가 일렀다.

영조(英祖) 30년

윤사월, 기전(畿甸) 지방에 호환이 심해 한달 동안에 물려 죽은 자가 백이십여명이나 되었다. 이천(利川) 백성 서차봉(徐次奉)이 호랑이에게 물려가는 것을 보고, 그의 아들(太金)은 호랑이 꼬리를 잡고 늘어져 끌려가다가 부자가 다 죽었다. 한수재(韓守材)는 그의 어머니가 물려죽자 몽둥이로 쫓았으나 모자가 다 죽었다. 이 말을 들은 왕은 휼전을 베풀도록 했다.

영조(英祖) 30년

7월, 왕세자가 대신을 만났을 때, 호환이 대단하다는 소리를 들었다. 좌의정 김상로(金尚魯)가 청하기를, 각 읍에 쌀을 두고 호랑이를 잡는 자는, 대호(大虎)에 쌀 넉 섬, 갑호(甲虎)에 석 섬, 소호(小虎)에 두 섬을 각각 상주도록 하자고 하여 그의 말에 따랐다.

星湖僿說에서의 호랑이 기록

연전에는 쥐들이 갑자기 많이 생겨서 피해를 준 변괴가 있더니, 지난 해에는 범 몇만 마리가 잇달아 북도(北道)의 강을 건너와서 온 나라에 퍼지게 되었고, 사람을 수없이 물어 죽이고 가축을 없애, 그 화가 지금까지 그치지 않고 있다.… 이를 서둘러 잡지 않는다면 무기는 어디에 쓰고 외적이 쳐들어오면 어떻게 할 셈인가. 호랑이 제거하는 제도를 특별히 세워 군공(軍功)과 같이 하고, 변방 장수를 수령(守令)에 승진시켜 호랑이를 종

胡獵圖(부분)
32×140㎝
鄭興齊 소장

자도 남지 않게 한 다음 목장을 널리 열어야 한다.

—「星湖僿說」권 5

포호(捕虎)

융경(隆慶, 明 穆宗의 연호) 5년, 즉 선조 4년(1571) 신미년(辛未年)에 우리나라에 범이 많아 사람과 가축을 잡아먹는 일이 매우 잦았다. 이에 조정에서는 두 대장을 경기 좌우도에 파견하여 범을 잡게 하였으나, 한갓 소란만 피웠을 뿐이었는데, 광주목사(廣州牧使) 이관(李瓘)만은 홀로 여러가지 방법으로 범 십여 마리를 잡았다. 팔도에서 잡아 올린 것이 겨우 백여 마리에 그쳤으나, 호환(虎患)은 이로부터 점차 지식(止息)되었다. 근일에 호환이 점점 극성스러워지고 있으나 관에서는 잡을 생각조차 하지 않으니, 인명만이 가긍할 뿐 아니라 불쌍하게도 마을에 도둑 지키는 개도 거의 없어지게 되었다. 재신(宰臣)의 장노(莊奴)가 호환을 당한 후에야 비로소 경포수(京砲手)를 파견하여 범을 잡게 하였으나, 다만 민폐를 끼칠 뿐 아무런 효과도 없었다.

이에 상금을 걸고 범을 잡게 하니 시골에서 몇 사람이 응모하여 범을 잡은 수효가 제법 많았다. 이에 산골 사람들이 소문을 듣고 계속 와서 조총과 창을 사용하여 잇달아 범을 잡았다. 그 뒤 잡은 수효는 많은데 상금이 줄어들었으므로 범이 다시 기승을 부렸으나, 범 잡는 데 힘쓰는 자가 없었다.

대저 국법에 여러 고을에 영을 내려 범을 잡게 하고 범을 잡지 못할 때에는 속포(贖布)를 바치도록 했는데 서울에 있는 모든 관아에서는 그 속포를 이롭게 여겨 범 잡으라는 명을 늦추었으므로 범은 더욱 번식하였다. 간혹 백성이 범을 잡으면 호피는 반드시 관에서 빼앗고, 상금은 수고의 대가가 될 만하지 못하니 누가 목숨을 내걸고 범을 잡으려 하겠는가.

만약 백성에게 신의를 보여 상을 백성의 마음을 격동시킬 만큼 준다면 장차 범의 머리를 움켜잡고 범의 수염을 뽑는 자가 나올 것이다.

평시에 군직에 있으면서 녹봉만 허비하는 자는,

모두 경포수로서 범을 잡지도 못하고 소란만 피우며 민폐만 끼치는 자들이다. 나라에 큰 일이 있게 되면 책략은 선비에서 나오고, 무용(武勇)은 편비(偏裨)에서 나오니, 바로 범을 잡겠다고 응모하는 자들이다.

그런데 발탁해 쓸 생각은 하지 않고 세상에 인재가 없다고 탄식만 하니, 이는 범을 놓아 사람을 물게 하는 것과 무엇이 다르겠는가.

—「星湖僿說」권 15

구맹수(驅猛獸)

주공(周公)이 중국을 위하여 맹수(猛獸)를 몰아내었으니, 맹수를 어찌 생민과 더불어 환구(寰區) 안에서 같이 기르랴. 반드시 몰아낸 뒤에야 백성이 그 땅에 안착하여 살게 될 것이다.

그런데, 근세에는 그 몰아내고 제거하는 법이 너무 소루하여 한 해 안에 비명에 간 남녀가 그 수를 헤아릴 수 없고, 말·소·개·돼지 등속은 물론이다. 이것이 어찌 백성을 보존하는 단하나의 방법이겠는가마는, 나라에서 심상한 것으로 보아 넘길 뿐 경계하고 걱정하지 않는다. 죽음을 당한 자는 하소연할 데 없는 잔민들인데, 부귀와 세력층은 모두 도성(都城)의 두려움 없는 사람들(無畏之人)로서 일락(逸樂)이 골수에 젖어 다른 것을 생각할 겨를이 없고, 다만 장자(長者)만이 비명에 간 것을 듣고는 깊이 한숨을 내쉴 뿐이니 백성들이 무엇을 의뢰하랴.

더우기 소·말·개·돼지 등을 먹일 장소가 없으므로 부득이 해도(海島)로 들어가 목장을 여는데, 산협(山峽)의 풍기(風氣)는 거센 해도와는 같지 않다. 만일 축산을 번식시키려면 모름지기 범을 몰아내는 것부터 시작해야 할 것인데, 그 방법은 어렵지 않다. 억만 사람 가운데, 어찌 범을 잡아 죽일 지혜와 용기를 가진 자가 없겠는가.

사람이 탐내고 원하는 것은 벼슬이 으뜸이고 금과 비단은 가볍게 여기는 바이다. 이것은 중인(中人) 이하에게 권장하는 천한 물건에 불과한 것이므로 만일 군공(軍功)으로써 단행한다면 숲속에 숨어 있는 악한 충수(蟲獸)는 며칠 가지 않아서 다 섬멸될 것이다. 지금 곳곳의 굴속에서 사람을 잡아 먹는 것으로 양식을 삼고 있으니, 오랑

왼쪽부터 /
石虎
25×27㎝
三省出版博物館 소장
土製 호랑이
17.5×12㎝
개인소장

胡獵圖(부분)
32×140㎝
鄭興齊 소장

캐가 사람을 노략질함과 무엇이 다르랴. 능히 외부의 침략을 막고 모든 환난을 제거하지 못하는 것은 그 책임이 대장(大將)에게 있다. 몸이 입곡(笠轂)에 거하여 높은 관작과 후한 녹봉(祿俸)을 누리면서 상잔(傷殘)한 백성들을 좌시(坐視)만 하고 아무것도 꾀하는 바가 없다면 어떻게 되겠는가. 이같은 자는 조정에서 자급(資級)을 강등시켜 벌을 보이거나 혹은 능한 자로써 대신한다면, 꾀를 내어 공을 이루려 할 것이다.

그럼 그 방법은 무엇인가. 공을 상주는 문호를 크게 개방하여 범을 잡는 데에 한 마리로부터 다섯 마리까지 잡는 자는 우선 군중(軍中)의 장교(將校)에 보(補)하고, 여섯에서 열 마리까지 잡는 자는 변방(邊方)의 만호(萬戶)나 첨사(僉使)로, 열 마리 스무 마리로부터 서른 마리까지 잡는 자는 바로 변수(邊帥)에 임명하되 등급을 따라 올라가서 도호(都護)나 영장(營將)에 이르는 데에 구애됨이 없도록 한다.

이렇게 한다면 나라 안의 악한 짐승은 몇천 몇백에 불과하고 말 것이며, 앞사람이 물려도 뒷사람이 계속하고, 오늘에 잡지 못하면 명일에 다시 분발할 것인즉, 권력층과 결탁하여 뇌물을 바치고 총애(寵愛)를 도모하는 자에 비교한다면 그 득실이 과연 어떠하겠는가. 그렇게 만든 뒤에 국초(國初)에 목장을 설치했던 예에 의하여 한결같이 백 이십 개의 목장을 복구시키고 품계(品階)가 높은 자로써 이를 거느리게 하는 한편, 상과 벌이 따르도록 한다면 방법이 없음을 걱정하지 않게 될 것이다.

—「星湖僿說」권 17

「경국대전」에 호랑이를 잡는 정규 특수부대 '착호갑사' 사백사십명을 두며, 그들을 채용하는

규정과 승급 및 포상기준을 명시해 놓고 있다.

"창이나 활로 호랑이 두 마리를 잡은 자는 취재(取才)시험이 면제, 배속되고, 지방에서는 지원을 받아 뽑게 한다. 정규 부대는 다섯 가지 종목(사격, 말타고 쏘기, 말타고 찌르기, 달리기, 힘)의 시험을 봐서 기준 점수 이상을 채용하는데, 종사품까지 승진할 수 있다. 수령(守令)으로서 일년에 열 구(口) 이상이면 승진, 그 외에 다섯 구는 두 계급 승진(향리, 역리, 천인은 면포 육십필을 지급), 둘 내지 세 구는 한 계급 승진한다. 명중 순서에 따라서도 포상을 구별한다. 포상은 근무일수로 추가해 주는데, 대호를 명중시키면 오십일(범의 크기에 따라 구별), 표범 명중은 이십일. 틀이나 덫으로 잡은 자는 두번째로 명중시킨 자에 준해서 근무일수를 추가해 주거나 포(布)를 주고 잡은 범도 함께 준다. 또 향리로서 일년에 다섯 구를 잡으면 부역을 면제한다."

—「經國大典」兵典

순조(純祖) 8년(1808년)에 만들어진「만기요람(萬機要覽)」에는 호랑이 다섯 구(머리까지 붙은 것) 이상을 잡은 자에게 품계를 승급시키며 그 이하를 잡은 자에게는 적당한 쌀과 베를 상으로 준다고 되어 있다. 특히 왕의 능묘(陵廟) 부근이면, 세 구만 잡아도 품계를 승급하고 노비의 경우 노비의 신분을 면하여 준다고 했다.

광해군이 조정을 하직할 즈음, 평산(平山)에서 송경(松京)에 이르는 연로변에는 호랑이가 인명을 해쳐 파발마의 길이 끊어지게 되었다. 이에 기노(機弩, 짐승을 사냥하는 기구)를 놓아 호랑이를 많이 잡아 들이니 광해군은 크게 기뻐하며, "호랑이를 사냥하는 곳이 경기·황해 접경이어서 호랑이가 만일 다른 경계로 도망치더라도 경계를 국한하지 말고 잡도록 하라"고 하였다. 이는 호랑이 잡이 핑계로 발병(發兵)하여 평산에서 장단에 이르고자 한 때문이다. —申翊聖 撰「延坪日記」

松虎圖 판화 29×87㎝ 개인소장

御失其道
反爲噬臍

호랑이 韓醫方

호랑이는 털에서 배설물에 이르기까지 모든 부위가 귀한 약재로 쓰였다. 호랑이 가죽을 제일 귀하게 여겼다지만, 조선시대에는 호피와 약제로 쓰이는 뼈의 값이 비슷했다고 한다. 특히 호경골(虎脛骨, 앞다리 정강이뼈)은 약재로 가장 다양하게 쓰였다. 일신의 기력이 앞다리에 있어, 죽게 되어도 이 앞다리는 똑바로 서서 쓰러지지 않는다는 말이 있다. 앞다리의 가짜 약재로서 나골(騾骨, 노새뼈)이 나돌기도 했다고 한다. 실제로 호랑이의 앞다리는 불균형하게 보일 정도로 크고, 먹이를 사냥할 때 가장 힘을 쓰는 곳이 바로 이 앞다리이다. 호랑이가 엎드려 쉴 때는 이 앞다리를 계속 핥곤 하는데 그 이유를 알 수는 없다. 한의학(韓醫學)의 고전인「동의보감(東醫寶鑑)」과「본초강목(本草綱目)」에서 약방문으로서의 호랑이를 찾아 정리해 본다.

白虎圖 27×70cm 安伯淳 소장

갈범

범은 누른 것이 좋고 수컷이 좋다. 범은 천세(千歲)를 사는데, 오백세가 되면 털이 하얗게 변한다.

뼈(骨) 맛이 시큼하고 독은 없으며, 머리뼈와 무릎정강이 것을 주로 쓴다. 머리뼈(頭骨)는 사악한 기(氣)를 없애고 전염병을 물리치며, 경계(驚悸)를 그치게 하고, 개에게 물린 독을 다스린다. 베갯속에 넣어 베면 악귀를 물리치고, 문 위에 걸어두면 귀신을 제압한다. 무릎정강이뼈(脛骨)는 갈비뼈(筋骨)가 풍독(風毒)으로 심히 조여 굴신하지 못하고 통증이 파고드는 것 같은 증세를 다스린다. 이를 끓인 물을 목욕물에 넣어 탕욕하면 골절의 풍독을 없앤다. 또한 이 물에 어린 아이를 목욕시키면 부스럼과 전염병, 경계를 없앤다. 이 뼈에는 범의 일신의 근력이 모두 앞다리에 있고, 성기(性氣)가 여기 감추어져 있기에 약용하는 것이다.

고기(肉) 부드럽고 맛이 시고 독은 없다. 사람의 기력을 돕고 메스꺼움과 구토와 학질을 다스리고 삼십육 종의 도깨비를 물리친다. 범고기를 먹고 산에 들어가면 범이 두려워한다. 범고기를 뜨겁게 해서 먹으면 이를 손상한다.

기름(膏) 개에게 물려 곪은 데를 다스리고, 치질이 있을 때 그곳에 넣는다.

수염(鬚) 치통을 다스리니, 불에 따뜻이 하여 아픈 곳의 구멍을 찌르면 낫는다.

코(鼻) 미치는 증세와 어린아이의 경간(驚癇)을 다스린다.

앞다리가 불균형하게 보일 정도로 큰 호랑이의 모습

발톱(爪) 아이의 팔에 달아두면 악귀를 물리친다.

이(牙) 남자의 음두창(陰頭瘡)과 부스럼을 다스린다.

껍질(皮) 학질을 앓을 때 깔고 지내면 좋다.

쓸개(膽) 아이의 경간을 다스리고, 설사를 그치게 한다.

오줌(尿) 귀기(鬼氣)와 악성 종양을 다스린다.

눈알(眼睛) 경간과 경계를 다스리고 악기(惡氣)를 물리치며, 마음을 진정시키고, 학질과 아이의 토해내는 것과 경기를 다스린다. 범의 눈알이 얼을 진정시킨다 하여 혼백이 편치 못한 자에게 쓰인다.

표범

고기(肉) 부드럽고 맛이 시나 독은 없다.(약간의 독이 있다고도 한다) 오장(五臟)을 편하게 하고 근골(筋骨)을 건장하게 하며 몸을 가볍게 하고, 힘을 더하고 강건하게 하며 귀신과 잡신을 물리친다. 고기를 먹으면 사람의 지성(志性)이 거칠어지나, 오래 먹으면 추위 더위를 잘 견디게 한다. 표범은 앙칼진 것이 범보다 지나친 고로 오장을 편히 하고 몸을 가볍게 한다.

발가락(脂) '머리카락을 나게 하는 연고'(生髮膏)에 넣어서 아침에 바르면 저녁에 털이 난다.

머리뼈(頭骨) 태운 재를 물에 타서 머리를 감으면 풍(風)을 제거한다.

코(鼻) 여우귀신(狐魅)을 물리친다.

껍질(皮) 깔고 자면 염병(瘟疫)을 막고 귀사(鬼邪)를 물리친다.

「동의보감」에는 범의 여러 부위를 조제·처방하는 약명이 여기저기 보인다. 아래에 그 몇 가지를 옮겨 본다.

칠물호두원(七物虎頭元)
염병을 물리치고 귀신을 죽이고 일체의 역기(疫氣)를 없앤다. 처방은 호두골(虎頭骨), 주사(朱砂), 웅황(雄黃) 각 한 냥 반 등을 섞어 이를 남자는 왼편, 여자는 오른편 팔에 메고, 또 집의 네 모퉁이에 달아두었다가 만일 근방에 질병이 유행하면 그믐과 보름날 밤중에 문간에서 일환(一丸)을 불사르고, 새벽에 하나를 씹다 뱉아 버리면 전염되지 않는다.

활호단(活虎丹)
여러 해 미친병(癲癎)으로 인해 기혈이 부족한 데 쓴다. 처방은 한 갈범의 네 발과 발톱을 톱으로 잘라 피와 함께 잘게 하여, 주사(朱砂) 편뇌(片腦) 사향(麝香)을 조금씩 넣어 고루 섞어 만든 것을 씹어서 먹는다.

호골환(虎骨丸)
어린아이의 걸음이 더딘 것을 다스린다. 처방(處方)은 호경골(虎脛骨), 생건(生乾), 지황(地黃), 산조인(酸棗仁), 백복령(白茯苓), 육계(肉桂), 방풍(防風), 당귀(當歸), 천궁(川芎), 황기(黃芪), 우슬(牛膝)을 각 등분하고, 가루를 만들어 밀환(蜜丸) 마자대(麻子大)하여 모과탕(木瓜湯)에 열 환(丸)을 복용한다.

가감 호골산(加減虎骨散)
뼈마디가 아프고 붓거나 굴신하지 못하는 풍(風)증세인 백호력절통(白虎歷節痛)을 다스린다. 여

巫畫 山神圖
69×105cm
金錦花 소장

기에는 닭똥을 붙이는 것도 좋다고 한다. 처방은 호경골 세 냥과 몰약(沒藥) 다섯 전(錢)을 섞어 가루로 만들어 술에 적셔 아픈 부위에 바른다.

가미호잠환(加味虎潛丸)

허로(虛勞)를 다스리고 심신(心腎)을 보한다.

금생호골산(金生虎骨散)

반신불수의 풍을 낫게 한다.

회춘벽사단(回春辟邪丹)

이름 그대로 회춘벽사를 위한 약인데, 처방은 호경골 두 냥과…

白虎湯, 四虎散, 牛黃金虎丹, 五虎湯 등은 '虎'자가 들어갔지만 조제상 호랑이와는 아무런 관계가 없다. '龍' 자가 들어 있는 약명이라고 해서 모두 용고기가 들어가는 것이 아닌 것과 같다.

山神騎虎圖
60×95㎝
에밀레박물관 소장

이상「동의보감」이외에도 호랑이 한방은 많은 속설과 함께 흥미있는 여러가지 이야기가 전해지고 있다.

호랑이털을 태운 재를 미친개에게 물린 자리에 뿌리고, 눈썹을 태워서 여러가지 상처에 바른다고 한다. 피는 신기를 돕고 튼튼하게 한다.(壯神強志) 위(胃)를 태운 잿가루를 마시면 소화불량·식욕부진·비위허약에 좋다. 호랑이 눈알 한 쌍을, 마른 것이면 가루로 만들고, 날 것이면 잘 찧어 즙에 개어 아이에게 먹이면, 밤이 되면 발작적으로 우는 병(小兒夜啼症)을 낫게 한다. 매맞은 데엔 범고기를 먹으면 좋다. 범고기 불고기를 매일 먹으면 비장을 튼튼히 하고 위를 보강하며, 비위허약·식욕부진에 좋다. 관절통이 심해 움직이지 못하는 데에 호두골(虎頭骨) 하나를 으깨 노랗게 볶아 술에 재워두고 수시로 마신다.

광견병에는 범의 이빨을 부드러운 가루로 만들어 술로 복용한다. 전신 골절 신경통에 범의 이빨 네 개를 으깨고 지네 열 마리와 함께 술에 담그었다가 장기간 복용한다. 성(性) 쇠약증(陰痿, 不起, 早漏)에는 호신(虎腎) 한 쌍과 호음경(虎陰莖) 한 개를 잘라 썰고, 소금에 절여 그늘에 말린 뒤 가루로 만들어 파극살(巴戟肉) 한 냥 등, 가루로 한 것과 섞어 꿀로 개어 환약을 만든다. 이것을 술 또는 온수에 타서 매일 세 차례 이십 내지 삼십 알씩 식전에 장기간 복용하면 매우 효험이 있다.

호유지고(虎油脂膏)

호랑이의 네 발가락을 구어서 짜낸 기름이 식어 응고한 것인데, 이는 각종 짐승에게 물린 데 바르면 좋고, 치질·부스럼의 고통을 멎게 하고, 부은 것을 가라앉히고, 화농지혈(化濃止血)에 매우 효험이 있다. 또 구역질하는 모든 병에 먹으면 좋다.

호안환(虎眼丸)

호랑이 눈알 한 쌍을 약간 볶은 것을 물소 뿔 긁은 것 등과 함께 가루로 만들어 꿀로 갠 환약을 따끈한 술로 매 식후 복용하면 간질 및 정신병자에게 특효다.

삼편주(三鞭酒)

호편(虎鞭, 편이란 음경을 말한다), 녹편(鹿鞭) 한 개, 인삼 등과 사람의 포태(胞胎) 한 개를 잘게 썰어 술에 담아 봉해, 땅속 일곱 자 깊이에 칠일간을 묻어두어…

호골주(虎骨酒)

호경골을 누렇게 구워서 빻아 누룩, 쌀과 버무려 담근 술 또는 호경골을 우려낸 술을 말하는데, 역절풍, 견비통, 신허(腎虛), 방광이 시린 통증을 다스린다. 호경골을 담그는 술 형식은 여러가지가 있다.

오골건보주(五骨健步酒)

정력을 더하고 양기를 돋우며, 허리 팔 다리를 활발히 하며, 신경통, 연골증도 치료하며, 남녀노소 할것없이 골고루 좋다. 만드는 방법은 호경골 한 근과 사슴, 오골계, 소, 산양의 경골 한 근씩을 으깨 볶아 가루로 만들고 술에다 타서 …

이 외에도 허선호골주(許仙虎骨酒), 호골추풍주(虎骨追風酒), 호위주(虎威酒), 중국 황실비방이라고 하는 '종합호골추풍주' 등이 있다.

전에 창경원에 동물원이 있을 때, 술꾼의 부인들이 가끔 찾아오곤 했다는데 이는 호랑이의 배설물(똥)이 단주(斷酒)에 특효라고 해서였다. 호랑이의 실제 모습(강한 앞다리 등)에다 상상과 관념(辟邪 등)이 흔히 약효로서도 이어지는 것을 볼 수 있다.

山神圖(부분)
173×90㎝
에밀레박물관 소장

호랑이에게 물린 데

구한말 의사와 선교사로 한국에 와서 나중에 주한 미국공사를 지낸 알렌 박사는, 한국에 와서 제일 처음 집도한 수술은 호랑이에게 물려 곪은 팔을 손보는 것이었다고 그의 「조선견문록(朝鮮見聞錄)」에 쓰고 있다.

호랑이에게 물린 데는 생닭이 약이라는 말이 있다. 닭이 울면 날이 새니 호랑이 사냥도 끝이어서 닭과 상극이고, 호랑이가 제일 무서워하는 것은 닭이라는 말이 있다. 범에 크게 다쳐 살아났는데, 다친 머리에 덮느라 큰 닭 두 마리가 소용되었다는 우스운 옛 이야기도 있다.

호랑이에게 물리면 먼저 청주 한 사발을 마시고, 백반을 가루로 하여 물린 상처에 넣고, 사탕물을 한 두 사발 마시고 상처에도 바른다. —「동의보감」

호랑이에게 물려 곪은 데에 삼베를 단단하게 말아서 대나무 통에 넣고 그 한쪽을 태워 곪은 데를 향하고 불어 훈기를 닿게 한다. —「본초강목」

호랑이에게 물리면 늘 술을 내려서 대취(大醉)하거나 부추 즙을 내어 하루 세번 한 되를 마시고 찌꺼기는 붙인다.

범과 이리가 문 데는 생닭의 고기를 먹고 또 생칡즙을 마시고 이것으로 또 씻는다. 또 부인의 월경대를 태워서 그 재를 술에 타서 먹는다.

곪은 데에 마른 생강가루를 넣는 것이 묘하다.

범이나 곰에게 물린 데는 생철(生鐵)을 진하게 달여서 그 물로 씻고, 또 범이나 곰의 발톱에 다친 데는 날밤을 씹어서 붙인다.

호랑이 생태

호랑이의 잘 생긴 모습에 대해 감탄하는 말들을 흔히 한다. 실재 호랑이의 생태를 조사하여 정리해 본다. 한국 호랑이 이야기가 아니더라도 흥미있는 몇가지 기록을 옮겨 보았다. 상상으로만 생각해 왔던 백호(白虎)의 모습도 싣는다. 1921년의 포호(捕虎) 사진을 한국(남한) 호랑이의 마지막 장면으로 흔히 인용하지만, 그 이후에도 여러 차례 실명인이 호랑이를 잡은 기사를 찾아낼 수 있었다. 이제 세계적으로도 호랑이 사냥은 법적으로 금지되었지만, 여기 옮기는 옛 '사냥기'에서, 뛰어난 동물로서의 호랑이의 위력을 볼 수 있을 것이다.

인도 난단카난 동물원의 백호
— *GEO* 지(1984. 9)

호랑이는 고양이과의 동물 중에 가장 크다. 시베리아에서 태어난 수펌의 몸 길이는 3미터가 넘고 몸무게는 300킬로그램 이상인 것이 보통이다.

호랑이는 원래 시베리아 동쪽, 만주, 한국 동북쪽에 살고 있었는데, 약 일만년 전쯤에 히말라야 산맥을 넘어 인도, 말레이 반도 등지의 더운 지방으로도 퍼져 나갔다. 열대지방쪽으로 옮겨 가면서 호랑이의 몸집은 조금씩 작다.

여기 한국산 호랑이의 모습을 중심으로 정리해 보면 다음과 같다.

등은 짙은 적황색이나 다리쪽은 색깔이 밝다. 등에 있는 검은 줄무늬가 앞다리 앞쪽으로는 없다. 목부분, 배, 다리 안쪽의 털은 흰색이다. 꼬리 부분엔 여덟 내지 아홉 개의 둥근 무늬가 있고, 꼬리 끝부분의 두 개는 특히 더 검다.

좀 작아 보이는 듯한 귀는 뒤가 검은 색이고 귀 끝과 귀 안 가운데는 흰색이 뚜렷하다. 눈은 누런색이고 머리는 원형이다. 육식동물에서 일반적인 것처럼 송곳니와 앞니가 발달했고, 범을 포함한 고양이과는 고기를 찢어 그냥 삼켜 버리기 때문에 뼈를 부수거나 으깨는 어금니가 없다.(고양이과는 턱을 옆으로 움직이지 않고 위 아래로만 움직인다. 이와 달리 개는 어금니가 있어 얼굴이 길다) 혀에는 젖꼭지 모양의 돌기가 있어 핥기만 해도 살갗이 벗겨질 정도로 힘이 있다.

9월과 3월에 털갈이를 하는데, 겨울철의 털이 더 길고 색깔이 맑고, 검은 털의 길이가 좀더 길다. 수염은 순백색이다.(해방 전 구로다라는 일본 사람이 측정한 경상북도산 한 수펌의 기록을

黃友石 作 猛虎圖
48×40cm
申鉉成 소장

보면, 몸 길이 186센티미터, 귀 9센티미터, 수염 길이 16.5 센티미터, 수염 굵기는 1.5밀리미터이다.(「한국동식물도감」, 문교부, 1968)

호랑이는 동작이 매우 빠르며 용의주도하게 행동하여, 사냥할 때는 소리를 내지 않고 접근한다. 1미터 높이의 초원을 지날 때도 자기 몸이 보이지 않게 걸어가는 것이, 마치 뱀이 땅 위를 기는 것 같다고 한다. 보통 한 걸음의 보폭은 80센티미터, 뒷발은 앞발의 발자국을 되밟는 성질이 있다. (그래서 호랑이의 발자국은 다른 동물과 달리 一자로 난다고 한다) 발자국을 의식하는 듯 되도록이면 돌이나 바위가 있는 쪽으로 다니려 하고, 높은 곳에서 아래쪽을 살펴보는 습성이 있다.

대개 혼자 살며 꼬리 선(腺)에서 나온 액체나 오줌으로 자기 영역을 표시하고 산다. 영하 삼십도에서도 잘 지내고, 여름에는 모기를 피하려는 듯 폭포 가에서 낮잠을 자고, 물에 들어가(이 점은 다른 고양이과와 틀린다) 더위 식히는 것을 즐긴다. 겨울에는 지방층이 발달해서 비만해지고, 눈이 오면 그 위에서 뒹굴기를 잘하고, 많이 뛰어다녀 배밑과 발에 있는 털이 빠진다.

사냥할 때는 5~6미터를 거뜬히 뛰어오르고, 10미터를 뛰어내리며, 2미터 정도의 장애물은 쉽게 넘는다. 호랑이는 밤에만 활동한다고 볼 수 없다고 한다. 해진 후 또 해뜨기 직전이 분주하고, 낮에도 배가 고프면 사냥한다고 한다. (만주 동북쪽의 범을 관찰한 N. A. Baikov의 기록)

멧돼지를 흔히 사냥하나 그외 여러가지 동물들의 목덜미를 물어 죽이고, 복부와 넙적다리의 연한 부분부터 먼저 먹기 시작한다. 때로는 풀이나 도토리, 즙이 있는 산과실들도 먹고 개구리나 물고기를 잡아먹는 수도 있다. 먹이를 물가로 끌고가 물을 마시며 먹는 습성이 있고, 큰 먹이는 며칠을 두고 자며 먹는다. 한번에 30~50킬로그램을

百獸圖十曲屛風
(부분)
개인소장

먹으며, 먹은 후에는 입을 냇물에 담가 입과 입속의 찌꺼기를 씻는 습성도 있다.

호랑이의 생식기는 12월에서 1월 사이로, 암컷 주위에 모인 수컷이 서로 싸워 이긴 자가 동반하게 되는데, 이때에 호랑이의 소리가 산을 진동한다. 호랑이의 울음소리는 3킬로미터 거리에서도 들을 수 있다고 한다.

암펌은 세살 반부터 네살에 첫 임신(임신 기간 95~112일)을 할 수 있고, 바위 굴 안의 건초를 깐 보금자리에 둘 내지 네 마리의 새끼를 낳는다. 새끼의 무게는 800~1500 그램이고, 크기는 30 센티미터 내외이다. 새끼는 10일만에 눈을 뜨고 5~6개월 정도까지 젖을 먹고 2개월 때 처음 보금자리를 나서 본다. 새끼에겐 생고기와 반쯤 죽인 작은 먹이로 사냥훈련을 시킨다. 1년만에 영구치가 나고 사냥을 시작하며, 2~5년까지 어미와 같이 지낸다. 호랑이의 수명은 약 25년이다.

호랑이 생태에 따른 몇가지 기록

고양이과에는 호랑이를 비롯하여, 사자, 표범, 아메리카 대륙에 분포하는 재규어, 퓨마, 가장 빨리 달린다는(시속 110킬로미터) 치타 등과, 우리나라에도 있는 스라소니, 작은 고양이들이 같은 무리에 속한다.

호랑이의 몸통 길이는 140~280센티미터, 꼬리 길이는 60~95센티미터로 적고 있다.(*Grzimek's Animal Life Encyclopaedia*에서)

만주 시베리아의 아무르 호랑이가 사는 영역은 40×80킬로미터, 그러나 멀리까지 먹이를 찾아 헤매는 일도 있어, 우수리 지방의 한 호랑이는 1000킬로미터를 이십이일 동안 여행한 기록을 남기고 있다.

영하 사십오 도에서도 아무렇지 않은 호랑이는

1951년 인도 레와에서 야생으로는 처음으로 생포된 백호의 박제

시베리아에서는 2000킬로미터 높이의 산에서, 히말라야에서는 4000킬로미터 고도에서도 서식하는 것이 발견됐다.

호랑이는 하루 평균 7킬로그램을 먹어야 하는데, 일년에 소 삼십 마리와 노루 칠십 마리가 소용되는 셈이다.

인도의 동물원에서는 바그다트라는 이름의 한 암펌이 일곱 마리의 새끼를 낳고 잘 길러낸 기록이 있으나 비교적 새끼를 그대로 키워내지 못한다고 한다. 일본의 우에노 공원의 동물원에서는 한 호랑이가 십삼년 동안 마흔세 마리의 새끼를 낳은 기록이 있고, 우리나라 광주 동물 원에서는 한 암펌이 일생 동안 스물일곱 마리를 낳았다.

인도에서는 호랑이가 큰 말을 500미터 끌고 가서 먹은 것과, 12미터를 끌고 간 황소를 나중에 열세 사람이 겨우 움직일 수 있었다는 기록도 있다. 또 540킬로그램의 물소를 400여 미터 끌고 간 기록도 있다.

가장 큰 호랑이

만주 시베리아 지방의 한 아무르 호랑이는 몸통 길이 315센티미터, 발에서 어깨까지의 선 키가 120센티미터, 무게가 384킬로그램으로 소련령 알린산에서 잡은 것이었다.(1950년)

인도의 한 호랑이는 388.7킬로그램으로 후에 박제가 되어 미국 워싱톤 스미드소니언 박물관에 전시되어 있다.(1967년 미국인 D.H.헤싱거가 잡음, 1985년「기네스북」참고)

사람을 먹은 호랑이

인도에서 산지아 지방의 수펌 하나는 127명의 사람을 죽였고, 암펌 하나는 436명의 사람을 죽인 기록이 있다.

네팔 접경 마을로부터 인도의 참파와트 지방으로 쫓겨 온 한 암펌 때문에, 어느 해에는 열세 개

인도 칸하 야생동물원에서 코끼리를 타고 근접촬영한 야생 호랑이 — 「내셔널 지오그래픽」지 (1984. 12)

의 촌락과 650평방킬로미터의 농지가 버려지고 사람이 떠나가는 등 대공황이 일어났다. 교통 등이 두절되고 사람이 소개(疎開)된 약 사년간에 436명의 인명을 앗아간 이 범은, 인도에 주재했던 영국 군인 코르베트(C. Jim Corbett)에 의해 사살됐다. (1907년, 「기네스북」에도 기록됨)

당시 영국의 지배하에 있던 인도인에게는 총포 소지가 허용되지 않았고, 구식 화기나 지방 엽사에게 있어, 외진 곳의 이런 화를 쉽게 막을 수 없었고, 이렇게 해서 당시 인도의 어느 해는 연간 이천이백 명의 사람과 팔만의 가축이 희생됐다고 기록하고 있다.

거의 모든 동물이 사람을 먼저 피하게 마련인데, 사람을 해치는 호랑이는 대개의 경우 복수에서 시작되는 것이라고 말한다. 범을 박제하여 두개골을 수집한 인도 마이소에 있는 한 전문가는, 사람을 해친 호랑이는 예외 없이 부상을 입고 있었거나, 불구 또는 늙거나 쇠약한 상태였으며, 그런 오십여 개의 두개골 중 사십여 개는 심한 상처가 있었다고 말하고 있다.

인도의 기록적인 그 암펌도 네팔에서 받은 상처로 추측되는데, 아래 위 송곳니와 그외 이가 부러져 있었다고 한다. 그래서 사람을 해친 호랑이의 태반은 사람이 만들어낸 결과라고 그 박제사는 주장한다.

백호(白虎)의 기록

상상의 동물로 생각했던 백호가 실재하는 것을 볼 수 있다.

1951년 인도의 레와에서 싱(Matand Singh)이라는 사람이 야생의 백호(새끼)를 처음이자 마지막으로 생포했다. 백호의 모습은 흰 털에 짙은 갈색의 줄이 있고 얼음빛의 푸른 눈을 하고 코와 발은 핑크빛이다.

이 자연 생포된 암컷의 백호는 그가 낳은 정상 색깔의 수펌과의 교배에서 비로소 다시 백호가 태어나(1958), 열세 마리의 백호와 아홉 마리의 누런색 정상 호랑이를 낳았다.

1980년 인도의 난단카난 동물원에서는 정상의 호랑이가 백호를 낳았다.

백호는 전세계에 백여 마리로 추산되며, 그 반수 이상이 미국에 있어, 워싱턴 동물원, 로스엔젤레스 동물원 등에서 구경할 수 있다.

「내셔널 지오그래픽」지는 1984년 12월호에 '정글의 왕자 호랑이'라는 특집기사를 실었다. 스탠리 브리든 부부가 인도의 국립야생공원에서 호랑이를 촬영한 기사였다. 그곳에서는 훈련된 코끼리를 타고 촬영하였는데, 호랑이와 코끼리가 서로 용인하는 듯 가까이에서도 호랑이는 별 움직임은 보이지 않았고, 코끼리 위의 차림이나 사람(촬영자)에 무관한 듯 최근접거리 십여 미터까지 다가갈 수 있었다고 한다. 호랑이 얼굴의 눈썹 위로 난 줄 등으로, 사람의 지문처럼 호랑이 하나하나를 구별해낼 수도 있었다고 한다.

백여년 전만 해도 동남아에서부터 인도, 멀리 카스피해 부근에서도 생김새나 크기가 다른 종류의 범이 서식했었다. 그러나 대량 사냥과 거주환경의 파괴로 숫자가 줄고, 상당한 지역에서는 멸종되기도 했다. 인도에서의 범의 숫자는 1900년에 4000수로 추산되었으나, 1972년에는 2000수로 줄었다. 세계 야생동물기금의 '범 지원 계획'과 인도 정부의 보호정책으로, 오늘날은 3000수로 불어나게 되었다.

동남아 8개국의 야생동물관리자와 미국, 독일의 호랑이 전문가가 참가한 '국제 호랑이 심포지움'이 1979년 2월 뉴델리에서 열렸다. 이곳에 참석한 중국 하르빈에 있는 동북 삼림대학 샤오기안주 박사는 만주종(시베리아종) 호랑이가 150여수라고 보고했다. 한국 호랑이가 여기에 속한다. 소련은 십여년 전에 150수라고 발표했었다.

일간지에 보인 한국 호랑이

猛虎出野 함남홍원에

鐵道沿線의 虎患 경산랑의 범산양

一時에 兩虎捕穫 경남산청에서

「東亞日報」
1922년 1월 19일사
1922년 3월 9일자
1924년 1월 11일자

1865년 10월 4일(고종 2년)

서울 남산에서 포수가 호랑이를 포획하다.

—「자연보호총람」 연표

1902년(광무 6년)

미국인 의사 스미드(Laod Smith)가 목포 근처에서 호랑이 세 마리와 멧돼지, 노루 등을 잡다.

—「자연보호총람」 연표

1911년 1월

전남 영광군 불갑산에서 함정에 빠진 호랑이를 잡다. 이를 당시 목포에 살던 일본인(原口左次郎)이 350원에 사서 박제로 만들어 목포국민학교에 기증하여 현재까지 있다. 이것이 남한에 있는 한국 호랑이의 거의 유일한 박제이다. 몸길이는 2미터이고, 세 살로 추정되며, 몸무게는 250킬로그램, 등에는 스물네 개의 검은 줄이 있다.

1918년 2월 8일

춘천 근처 가리산에서 총으로 수펌을 잡다.

1920년

경주 주위 산에서 호랑이가 잡히다.

1921년 9월 13일

경주 부근 대덕산(大德山) 기슭에서 이위우(李渭雨) 등이 총으로 범을 잡다. 그때 찍은 사진은 뒷장에 날짜가 명기되어 있어, 범 사냥 사진기록으로는 마지막 장면이 되었다.

1911년 1월 전남 영광에서 잡은 한국 호랑이의 박제. 남한에 남아 있는 거의 유일한 것으로 알려져 있다. 목포 유달국민학교 소장

사진으로 남은
한국 호랑이
사냥의 마지막 장면
(경주 대덕산에서)

1922년 7월 7일

1921년의 해수(害獸) 사상자들은 169인으로, 죽은 자는 일본인 1명, 조선인 87명이고, 그 중 범이나 표범에게 죽은 자는 20명(그 외는 늑대 등에게), 소와 말이 91마리라고 조선총독부의 조사를 발표했다. —「동아일보」

1923년 11월 19일

"獸害驅除中 大虎를 射殺 — 평남 양덕에서"

"평남 양덕군 구릉면 지방에서는 얼마 전부터 맹수의 출몰이 빈번하여 인명의 살상과 가축의 피해가 많아 일반은 이것을 구제(驅除)하려고 노력중인데, 지난 3일 동 군 대륜면 수주리의 이영림은 사냥총을 가지고 여러 사람들과 협력하여 금수산 산중에서 큰 범 한 마리를 잡았는데, 길이가 9척이나 된다 하며 계속해서 수해 구제에 노력중이라더라." (현대어 표기로 옮겼음) —「동아일보」

1924년 1월 11일

"一時에 兩虎捕獲 — 경남 산청에서"

"경남 산청군 산청면 옥동, 정호선씨는 4일 오후 한시경 동 군 금서면 지막리에 당도한 즉, 그 동리 사람의 말이, "지난 밤에 큰 범 둘이 들어와서 개 두 마리를 물어갔다" 하므로, 이를 들은 정씨는 인부 여럿을 데리고 즉시 뒷산으로 올라가 호랑이의 발자국을 수색한 바, 그 마을로부터 두 정(町) 거리에서 개를 먹고 노곤하여 잠을 자고 있는 범을 첫 방에 사살하고 나머지 하나를 찾는 중, 동 5시 경에 바로 만나 진퇴양난에 빠져 필사적으로 용기를 내어 발사한 바 그 역시 잡았는데, 두 마리 합하여 무게가 사십여 관에 달하며, 싯가도 이백여 원에 달한다더라." (현대어 표기로 옮겼음) —「동아일보」

1926년 1월 19일

1925년에 입은 호랑이 피해를 집계하고 있다. 죽은 자가 14명, 부상자가 9명, 소·말 살상이 117두, 그 외 가축 살상이 585두, 그리고 연전 압록강 근처의 늙은 범이 8명의 목숨을 빼앗아 간 이야기와 함께, 1919년에서 24년까지의 연평균 사상자가 13명, 소·말이 96두, 가축이 334두로 보도하고 있다. (인도에서는 연평균 사상자가 857명이라고 했다) 1924년에 잡은 범은 전남이 6마리, 강원이 2마리, 경북이 2마리로 합계가 10마리이고, 표범은 전국 통계가 69마리라고 보도하고 있다. —「동아일보」

1927년 12월 22일

"虎口에 손 넣어 猛虎와 격투— 또 하나 생긴 범 얘기"

"평남 덕천군 풍덕면 신풍리 길정수(吉貞洙, 40세) 씨는 지난 13일 오후 3시경 동네 청년 세 명과 토끼망을 갖고 토끼를 잡으러 부근 산을 올라갔다. 데리고 갔던 개가 범에 쫓겨와 모두 도망하고, 길씨 혼자 호랑이를 맞게 되자, 손을 입속에 넣어 혀를 잡고 구르기를 한 시간, 도망갔던 청년이 돌아와 합세하여 몽둥이로 잡았는데, 그 길이는 여섯 자나 되어 덕천 일대에 큰 이야기 거리가 되었다더라." —「동아일보」

1935년

함북 무산(茂山)에서 한 마리 잡다. —「동아일보」

1947년 12월

평북 초산(楚山)에서 함정에 빠진 범을 창으로 잡았다. 몸길이가 189센티미터인 이 범은 박제로 김일성에게 보내졌다가 김일성대학으로 다시 보내왔는데, 박제에서 수염과 발톱은 다 없어져 있었다고 당시 가축위생연구소장으로 있었던 원병휘(元炳徽) 교수는 말한다.

1955년 8월 17일

창경원에 전후 처음으로 범을 들여왔다. 은행들의 성금으로 타일랜드에서 한 쌍을 구입해 온 것으로, 이 범이 늙어 66년에 안락사를 시킬 때 누구도 그 일을 안 맡으려 했다고 한다. (일제 때 있었던 것은 이차대전 종전 무렵 독살시켰다)

1973년 7월 2일

광주 사직 동물원에서 벵골산 호랑이(호순이)가 새끼 세 마리를 낳았다. 이것이 한국 최초의 동물원 호랑이의 탄생이다. 이후 계속 출산하여 27마리(암컷 12, 수컷 15)의 다산을 기록했다. 이들 새끼 중 수컷 둘이 전기 쇼크사되어(1978. 12. 15) '약재'로 팔려 나갔는데, 당시 희귀동물 보호에 관련하여 관계자가 문책받고 신문사설에 언급되기도 했다.

1977년 4월

백두산 등지에 사 오십 마리의 호랑이가 현재까지 서식하고 있다고 북한이 발표.

1980년 1월 24일

"한국산 호랑이가 나타났다, 58년만에 경북 산속에서 등산객 촬영, 반세기만의 진객—百獸의 王"

호랑이가 촬영된 사진과 함께 위와 같은 제목의 동아일보 기사가 나온 데 이어 신문마다 이에 흥분했고, 그 사진을 찍은 박모씨와 전문가들이 현지로 내려가고, 산림청은 밀렵을 방지하라고 특별조치를 지시하는 등 온통 야단이었다. 며칠 후에 그 사실은 어린이 대공원에서 찍은 가짜 사진임이 드러났다. 우리나라 사람의 호랑이에 대한 열기를 잘 볼 수 있었다.

1982년 12월 30일

북한 백두산 근처에 사 오십 마리의 호랑이가 서식하고 있고, 함북 칠보산 근처에도 있다고 북한 방송이 발표.

1984년 1월 15일

백두산을 중심으로 한 산악지대에, 또 양강도(兩江道)의 대홍단군과 삼지연 일대에 범이 서식하고 있으며(몇 마리라고는 밝히지 않고), 한국 호랑이의 특징인 스물네 개의 줄무늬가 등에 있고, 강하고 억센 발에 몸길이는 1.5~1.8미터, 체중 120~200킬로그램으로, 큰 것은 300킬로그램이 넘는 것도 있다고 하며, 천연기념물로 보호하고 있다고 북한 방송이 보도했다.

1985년 4월 10일

북한의 신문에 위와 비슷한 기사가 다시 났다.

전세계 동물원에 한국 호랑이로 보이는 것은 151마리(수컷 69, 암컷 80, 성 불명 2)라고 집계되고 있으나, 남한에 있는 30여 마리의 호랑이는 거의 벵골종으로 한국산 호랑이는 없다. (1985년 12월 현재)

까치호랑이 61×103㎝ 박재옥 소장

호랑이 사냥기

백두산의 호랑이 사냥

중국인이나 만주 사람들은 아예 맹수사냥은 하지 않으며, 더우기 호랑이는 자기 민족의 발상지인 영산(靈山) 백두산을 수호하는 사신이라고 하여 이를 만나면 절(拜)하며 두려워하니 호랑이 잡을 생각은 꿈에도 하지 않는다. 만주의 호랑이 사냥은 러시아인 수렵가의 전업(專業)이다. 사실 만주의 호랑이 사냥은 세계 제일의 맹수렵이다.

인도의벵골산 호랑이나 아프리카의 사자보다도 체구에 있어서나 그 강맹성에 있어서 월등하지만 지역이 지역인 만큼 외국의 수렵가로 이곳에 출렵한 인사가 극히 희소하여 잘 알려지지 않았을 뿐이다.

제정러시아 때에 이 곳에 주둔하던 코자크병이 제대해 수렵을 전업으로 하여 정착했고, 그후 제정러시아가 붕괴되자 더욱 많은 러시아인들이 이곳에 망명하여 수렵을 전업으로 삼았었는데, 그중에는 세계 어느 나라 일류 수렵가에 못지않은 기술과 품성을 가진 엽사가 많이 있었다.

러시아인 수렵가 중에 양코프스키 일가가 있었다. 그 양코프스키 1세는 만주 수렵의 개척자라 해도 과언이 아니다. 2세, 3세의 양코프스키는 그후 함남 주을(朱乙)에 이주하여 수렵을 전업으로 하였으니 국내 수렵사도 누구나 그 이름을 알 것이다.

양코프스키 1세는 별명을 '네눈이(四眼)'라고 하여 동북 만주 일대에서 러시아령 해주(海州)에 이르기까지의 밀림에서 '네눈이'라고 하면 모르는 사람이 없었으며, 더우기 비적(匪賊)들은 그 이름만 들어도 벌벌 떠는 것이었다. 그 연유는 다음과 같다. 양코프스키 1세는 한국인 수렵사들과 친하여 이윤회(李潤會), 강용근(姜容根) 두 사냥꾼들과도 친교가 있었다.

나는 이 옹(李翁)에게서 양코프스키의 명성을 들은 것이 사십년 전이었다. 그후 만주국이 되고 나서 러시아인 수렵가이며 동물문학으로 소개된 바이코프의 저서에 양코프스키에 대한 이야기가 소개되었는데, 그 모두가 이 옹에게서 듣던 말과 같았다. 양코프스키는 항상 공렵(共獵)하던 한국인 엽사 한 사람이 있었다.…

양코프스키는 호랑이 사냥을 할 때 꼭 선도견(先導犬)을 사용하였다. 풍산견(豊山犬)이 훌륭하였고, 용감한 개가 앞장서면 군중심리로 다른 개들이 따라 추적, 호랑이의 주의를 산만하게 하는 역할을 하게 하는 것이다. 슬슬 피하던 범도 일전을 하고자 은신하고 포수를 기다린다.(따르던 개는 많으면 열 마리 정도인데 그 반수는 희생당한다) 호랑이의 은신 기습을 유의해야 하고, 치명상을 입은 호랑이도 최후의 일격을 가할 힘을 갖고 있다는 것이다. —李相昨「사냥」

호랑이의 위력

러시아 혁명으로 제정러시아가 몰락하자, 만주로 탈출해 와 사냥으로 생활을 하며 살던 알렉세이라는 사람의 이야기가 있다. 어느날 그는 사냥하던 도중 호랑이 발자국을 발견하여 쫓아가 호랑이를 쏘아 죽였는데, 그 순간 다른 호랑이가 달려들어 그를 죽였다. 호랑이의 이같은 복수 행동은, 모든 맹수 가운데서도 호랑이만이 가진 독특한 성격이다. 사자나 표범 따위의 맹수가 부상을 당하면, 부상당한 놈만이 반격해 오는 법이며, 동류(同類)나 배필은 달아나는 것이 예사다. 오직 맹호만이 만약에 함께 있던 그 동류가 사살당하면, 다른 남은 동류나 배필이 반드시 우회(迂廻)하여 불의에 측면이나 배후에서 사냥꾼을 공격하는 무

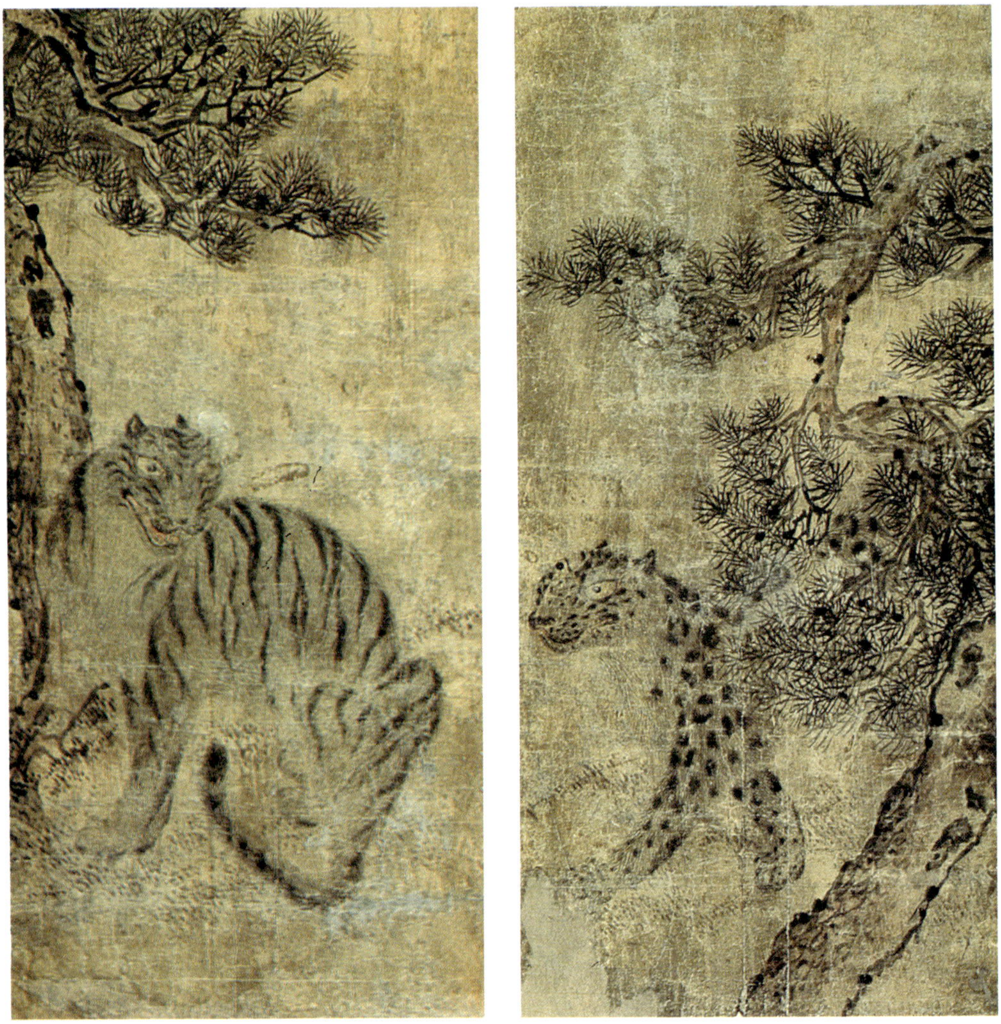

松虎圖 가리개
44×74㎝
에밀레박물관 소장

서운 습성을 갖고 있다. 이것이 호랑이 사냥에 있어서 가장 주의해야 할 점이며, 호랑이가 다른 모든 맹수보다 무서운 까닭이다.…

"북만 호랑이는 세계 어느 맹수보다도 굳세고 사나우며, 복수심이 강한 맹수이다. 이를 사냥함에는 체력은 말할 것도 없거니와, 찰나의 순간적 부주의도 사냥꾼의 비참한 죽음으로써 종결을 지울 때가 많으니, 끊임없는 정신 집중이 필요하다. 아무리 대담하고 사격에 자신이 있는 명수라도, 처음 호랑이를 만나면 두 팔의 기운이 빠져서 총을 감히 들지 못하는 것이 보통이다…"

고금의 명엽사요 사격의 명수로 자타가 공인하는 양코프스키의 이 평을 들으면, 호랑이 사냥과 백수의 왕인 그의 일단을 엿볼 수 있을 것이다.…

실제 호랑이를 갑자기 만나 총을 쏠 수 있는 자는 명엽사이거나 바보일 것이다.…

지름이 두 자 넘는 머리부분은 크기가 쌀가마니 같고, 강철같이 뾰족하고도 백설같이 흰 수염은 길이가 한 자나 되며, 사오 치나 되는 이빨을 나타내, 사람을 그대로 삼킬 것 같은 큰 입을 벌리고 으르렁거리는 소리는 폐부(肺腑)를 찌르는 듯, 화광(火光)이 출출 흐르는 듯한 그 안광(眼光)과 함께, 사람으로 하여금 척추신경을 마비시켜 부지중 대소변을 싸게 하며, 하반신이 마비상태가 되어 촌보도 움직이지 못하게 한다.

— 李相旿「韓國野生動物記 狩獵祕話」

功名心에 죽은 엽사

이윤회 옹의 장년 때이다. 이 옹이 강원도 회양(淮陽)에 사냥갔을 때 한 동네에 이르자 그 동네에서는 매일밤 호환(虎患)을 당하여 동네 사람들이 총출동하여 호랑이 사냥을 하기에 이르렀다. 그 동네에는 엽사가 한 사람뿐이어서 자신이 없었던지 마을 사람들은 이 옹에게 함께 사냥하기를 청했다. 이 옹에 이의가 있을 리 없다. 그리하여 사냥은 시작되었다.

이 옹은 지방 엽사를 데리고 산 능선에 올라 목을 잡았다. 동네 사람들은 각기 꽹과리를 치고 고함을 치며 몰이를 시작했다. 요즘 시간으로 약 삼십분이 지났을까, 큰 호랑이 한 마리가 한 능선에 나타났다. 유유한 태도로 천천히 이 옹이 지키고 있는 목을 향하여 올라오는 것이었다. 가끔 몰이꾼들이 오는 방향을 돌아다보고 그 거대한 머리를 좌우로 흔들면서 마치 '귀찮게 굴지마라' 고 타이르듯이, 소리는 내지 않았으나 거대한 입을 벌려 흰구름 같은 입김을 토하였다.

물론 몰이꾼들은 아직껏 호랑이를 보지 못하였다. 여전히 고함을 치며 몰이를 계속하고 있었다. 이 옹은 총의 안전장치를 풀었다. 이때 뜻밖에도 지방 엽사는 자기 목을 버리고 재빨리 호랑이가 올라오는 능선으로 이동하는 것이었다. 아마 공명심과 욕심의 소치였던 모양이다. 그러나 목에 앉은 이 옹으로서는 고함을 지를 수도 없었다. 자못 아연하여 보고 있을 뿐이었다. 이러한 때 고함을 지르는 것은 도리어 그 엽사에게나 이 옹 자신에게 불리함을 초래하기 때문이었다. 호랑이는 엽사를 보지 못한 모양이다. 여전히 태연한 걸음으로 올라오고 있었다. 호랑이와 엽사의 거리는 점점 가까와졌다. 엽사는 총을 들어 겨누었다. 그러나 신중을 기하여서인지 좀처럼 발사하지 않았다. 근거리에 이르는 것을 기다리는 모양이었다.

마침내 총 끝에서 흰 연기가 줄을 치듯이 쭉 뻗었다. 동시에 서로 마주치듯이 누른 빛깔이 번갯불 같이 엽사에게로 날아들었다. 이 옹은 부지중 '악!' 하며 소리쳤다. 번갯불이 엽사에게 부딪치자 그의 몸뚱이는 질풍을 만난 종이조각 같이 날았다. 이때 비로소 총성과 함께 우렁찬 호랑이의 노후성(怒吼聲)이 들렸다.

엽사의 몸뚱이가 땅에 떨어지기 전에 호랑이는 그의 잔등을 받아 물고 두 세번 흔들어서 팽개질쳤다. 호랑이는 나가 떨어진 엽사의 몸뚱이를 물끄러미 돌아다 보더니 다시 와락 달려들어 또한번 그 잔등을 물고 두 세번 흔들어 던져 버렸다.

엽사의 몸에 생명이 없어진 것을 확인하였는지 사방을 둘레둘레 살피면서 서너번 산천이 진동하도록 노후성을 지르더니, 다시 산 위를 향하여 어슬렁어슬렁 올라오는 것이었다. 몰이꾼들은 일시 고요해져서 산천이 적적해졌다. 이 옹의 귀에는 오직 자신의 숨소리밖에 들리지 않았다.

이 옹은 바위 너머로 총을 대어밀고 대기하였다. 호랑이는 마침내 암석을 피해 돌아가려고 약간 몸을 돌렸다. 그 순간에 이 옹은 호랑이의 어깨 앞 모구틀에 모젤 오연발 총탄을 명중시켰다. 호랑이는 고함을 지르면서 공중으로 몸을 틀며 뒤로 넘어졌다. 신경이 절단되었던지 그대로 넘어진 채 호랑이의 숨소리는 점차 약해지고 꼬리 끝을 쭉 뻗었다.

호랑이가 죽은 것을 확인한 이 옹은 그제야 일어서서 몰이꾼을 향하여, "엽사가 상했으니 빨리 올라오라"고 외쳤다. 달려오는 몰이꾼들 가운데 앞서 오는 사람이 있었다. 그는 지방 엽사의 아들이었다. 엽사가 상했다니 분명히 자기 아버지임에 틀림이 없다. 달려온 그 아들은 넘어진 아버지를 보기도 전에 쥐었던 낫으로 호랑이의 배를 깊이 찔러 간을 끄집어 내어 씹는 것이었다. 고래로 원수를 갚는 행위이다. 얼굴, 손, 앞가슴이 범의 선혈로 처참한 광경을 이루어서 아무도 바로 볼 수 없었다. 그 엽사는 호랑이의 최초의 일격에 낙명(落命)한 것인데 어깨, 가슴, 허리 등 뼈

胡獵圖八曲屛風
(부분)
420×85㎝
개인소장

는 모두 부숴지고 겨우 피부의 한 껍질만 남아 있을 뿐이었다.

이상은 엽사가 호랑이의 반격에 의하여 희생당한 한 예에 지나지 않는다. 호랑이의 공격력과 복수심이 강한 것은 더 설명할 필요도 없거니와, 그 위용이나 기백에 사람이 받는 정신적 충격이 얼마나 심하다는 것을 증명할 실화(實話)도 있다.

동물원의 철장에 갇혀 있는 호랑이밖에 보지 못한 인사들은 도저히 상상도 할 수 없을 것이다. 만주인 엽사들은 호랑이를 만나면 총을 땅에 놓고 엎드려 있는다. 호랑이가 지나가거나 고양이가 호기심으로 엎드려 있는 자라를 발로 젖혀 보듯이, 엽사를 굴려보고 잡아먹든 그대로 가든 순전히 호랑이의 자비심에 맡기는 것을 비겁하다고 조소하는 사람은 실제로 호랑이를 만나보지 못한 사람들이다. —李相旿의 「사냥」

틀에 잡힌 호랑이

호랑이 사냥의 틀은 별로 교묘한 것이 아니었다. 소위 벼락틀이라는 극히 원시적인 방법이다. 통나무를 문짝과 같이 엮어서 약 사십오 도로 줄을 매어 세워 두고 그 밑에 집돼지 등을 매어 둔다. 호랑이가 집돼지를 물면 줄이 벗겨져서 문짝 같은 틀이 땅에 떨어져 압살하는 것이다. 그러므로 그 문짝에는 암석을 수십짐이나 올려 둔다.

밤중에 호랑이가 틀에 걸려들어 틀이 떨어질 때는 산이 무너지듯 대음향을 일으키며, 동시에 호랑이의 우렁찬 노후성이 합세하여 온 마을을 진동하므로 아무리 깊이 잠들었던 사람도 일시에 놀라 깨어난다. 노유(老幼)와 부녀자들은 문을 잠그고 공포에 떨고 있으나 장정들은 횃불과 무기를 들고 모여든다. 무기라 하지만 도끼, 낫 등이 대부분이며, 간혹 창을 가지고 나오는 사람이 있는가 하면 괭이를 들고 나오는 사람도 있다.

그 심리를 정당히 분석하면 호랑이를 타살하거나 잡기 위한 무기라기보다 자기안심을 위한 무기에 불과한 것이다. 이들을 소집하는 나팔 소리에 집합한 군중들은 호랑이 틀을 장치한 곳에 도착하였으되 누구 하나 감히 가까이 가지 못하고 멀리 포위하고 고함만 지를 뿐이다. 대개 호랑이가 틀에 치이게 되면 워낙 그 행동이 기민하기 때문에 뒤돌아서 뛰어나오다가 그 하반신만이 치이는 것이 상례이다.

상반신만이 틀 바깥에 드러난 호랑이의 분노하는 모습은 아무리 대담한 사람도 감히 바로 볼 수 없을 만큼 무서운 광경이다. 눈에는 불이 줄줄이 흐르고, 뇌성 같은 노후성은 듣는 사람의 가슴을 누르듯이 진동시킨다. 강철 같은 이빨은 누르고 있는 틀을 물어 뜯어, 굵은 나무토막들은 실같이 산산히 부숴지고, 자유로운 두 앞발은 닥치는 대로 암석이건 나무이건 분지르고 던지고 해서 삽시간에 수라장이 된다. 그뿐더러 호랑이가 용력(勇力)을 다하여 움직일 때마다 산더미같이 쌓인 틀 위의 암석들이 움쭐움쭐하여 방금이라도 튀어나올 것만 같으니 감히 가까이 할 수 없는 것도 당연한 일이다.

대개 어느 동네에나 한 사람씩의 포수가 있었으며, 만약 그 동네에 포수가 없을 때는 이웃 동네의 포수가 급히 달려와서 총으로 사살한다. 아무리 불안전한 화승총(火繩銃)이라도 틀에 치이면 가까운 거리의 호랑이이니 두 발 이상의 저격을 필요로 하지 않는다.

이와같이 산속의 마을에는 거의 밤마다 호랑이의 노후성과 나팔 소리, 사람의 고함 소리가 갑자기 일어나서 밤의 직막을 깨뜨린다. 때로는 한꺼번에 인근 부락 여기저기서 동시에 일어나는 때도 있다.

그리하여 그 밤중의 교향악은 총성을 종장으로 하여 다시 적막으로 돌아간다. 이것이 한국 특산호(特產虎)의 절멸극(絶滅劇)이었다. 한국이라면 호랑이, 호랑이라면 한국을 연상할 만큼 수많은 특산호가 단시일내에 절멸되었지만 호피가 그다지 남아 있지 않은 이유를 알 수 없다. 명사들의 응접실에 장식되어 있는 그 대부분이 남방산(南方產)인 것을 본 나는 다시금 탄식을 금치 못하였다. 더우기 어떤 모피상점에서 대만산인 운표(雲豹)의 껍질이 한국 표피라고 진열되어 있는 데는 아연치 않을 수 없었다. —李相昨의 「사냥」

호랑이 덫
길이 110cm
金必煥 소장

한국 호랑이에 관한 외국인의 기록

구한말 한국에서 태어나 의료와 교육사업을 편 셔우드 홀(Sherwood Hall) 박사는 그의 조선생활 회상기를, 할아버지가 손녀에게 들려 주는 호랑이 옛날 이야기로부터 시작하고 있다. 러시아 사람 가린 미하일로브스키, 미국인 그리피스, 알렌, 언더우드 부인 등 구한말 한국을 찾았던 서양인들은 모두 한국 호랑이에 관해서 기록하고 있다.
낯선 이 나라의 여러 풍물 중에서도 호랑이에 관한 것이 무엇보다도 신기했던 것임에 틀림없다. 그들의 글 중에서 몇 편을 발췌하여 옮겨 본다.

十二支寅神像 69×120cm 梁山 通度寺 소장

조선 1898

호랑이 사냥과 악법

마침내 나는 '황색악마'의 나라에 들어섰다. 이 신비로운 나라에 들어서니 마음은 떨리지만 무섭지는 않다. 한시바삐 새로운 것을 알아내려는 흥분어린 초조감과 소망이 동시에 나를 엄습한다:…

우리는 지금 중국땅을 지나가고 있다. 건너편은 온통 산뿐인 한국이고, 이쪽은 풍성한 수확을 거두는 폭 2, 3미터의 계곡이다. 금년의 추수는 여기도 풍작이었다. 키가 큰 고량, 억센 옥수수, 조, 수수, 멧수수, 대두콩 등 나는 삼십 종에 이르는 이 모든 종자를 수집했다.

10킬로미터쯤 가니 다시 조선쪽으로 건너가는 도선장이 나타난다. 바로 여기서 수량(水量)이 많고 물살이 빠른 '다개온 강'이 두만강으로 흘러들고 있었다. 두 강 사이에 높은 바위가 하나 서 있고 그 다음엔 두만강변을 따라 일련의 바위들이 계속된다.

도선장으로 가는 도중 한 조선인이 표범 가죽을 들고 다가온다. 음력 8월 14일, 즉 한 주일 전에 잡은 것이다. 꼬리를 뺀 동체의 길이가 1미터 반이나 되었다. 그가 표범을 잡은 상황은 이러했다.

이웃 마을의 한 여인이 강가에 앉아 배추를 씻고 있었다.(조선인들은 겨울에 대비하여 배추를 소금으로 절이고 고추를 뿌린다) 사건은 낮 두 시경에 일어났다. 사람들이 오가고 있었는데도 표범은 그 놈 특유의 당돌한 행동으로 살그머니 접근하여 여인에게 덤벼들었다. 언제나처럼 뒤에서

虎紋등메
개인소장

덤볐고, 그녀의 목을 물었다. 그 다음에 표범은 이 25세의 여인을 물고 물 속으로 뛰어들었으나, 사람들이 곧 소리를 지르는 바람에 여인을 버리고 맞은 편 강변으로 헤엄쳐 갔다. 그러나 사람들이 고함을 치고 있는데도 표범은 그자리에 멈춰서서 물에 떠내려가는 자기 희생물을 지켜보고 있더라는 것이다. 표범이 있기 때문에 그 여인을 구하려고 나서는 사람은 아무도 없었다.

지금 내 앞에 서 있는 이 포수가 재빨리 집으로 달려가 자신의 화승총에 장탄해 가지고 돌아와서 총을 쏘아 그 자리에서 이 맹수를 쓰러뜨린 것이다. 조선 여인은 구조는 되었으나 살아날 가망성은 없다고 했다. 지금 포수는 법에 따라 그 가죽을 무산(茂山) 부사(府使)에게 가져가는 길이다. 그러면 부사는 국고금으로 일정한 이문을 떼고 나서 이 가죽의 값을 정하는 것이다.

이 혐오스러운 악법은 호랑이와 표범을 잡으려는 욕망을 조선인들에게서 앗아가고 있다. 왜냐하면 가죽을 바치면서도 세금을 물어야 하는 이 전제적인 횡포들이, 노획물의 이득권을 전혀 주지도 않으면서 오로지 야수에게 찢기는 모험만을 감수하게끔 강요하고 있기 때문이다…

총각의 한(恨)

밤에 변두리 어딘가에서 호랑이의 울음소리가 들렸다. 새벽에 나는 가까운 들판을 유유히 가로질러 가는 늑대 한 마리를 보았다. 내가 총을 가져오는 사이에 늑대는 사라지고 말았다. 중개 크기의 깡마른 놈인데 색깔은 끄무스레했다. 어제 베쎄진은 블라디보스톡 출신 명포수 V. P. 흘레브니코프에 대한 이야기를 오랫동안 들려 주었다. 겨울이면 그는 혼자 자기 개를 데리고 호랑이의 발자국을 따라 나선다. 어떤 때는 그렇게 일주일씩 돌아다니는데 언제나 4백미터 가량 탁 트인 장소를 노숙할 장소로 선택한다. 거기서 그는 눈을 헤치고 털가죽 자루 속에 들어가 잠을 잔다. 그의 개도 그 위에서 잠을 잔다.

"내게는 형제가 단 하나밖에 없지만 그런 밤에는 개가 형제보다 더 소중하지요. 조금이라도 뭔가 이상하면, 짖지 않고 내가 잠이 깰 때까지 앞발로 나를 흔듭니다. 한번은 호랑이가 살금살금 다가오고 있을 때, 나는 자루에서 기어 나와 총

「巫經」 插畫(부분)
35×18㎝
金宗學 소장

을 겨누어 호랑이가 껑충 뛰어 덤비는 그 순간에 그놈을 쏘아 눕힐 수 있었읍니다. 나는 언제나 그런 경우, 총을 쏘자마자 곧 4미터 가량 옆으로 쏜살같이 비켜섭니다. 헛쐈건 맞췄건간에 호랑이는 죽지 않으면 덤벼들지 않고, 4백미터 가량 떨어진 변두리를 빙글빙글 돌다가 다시 20미터 밖 전방까지 와서는 한참 노리다가 껑충 덤벼드는 겁니다. 그러면 또 물러서면서 총을 쏘는 거죠." 그런 식으로 한번은 호랑이를 쓰러뜨릴 때까지 일곱 발의 총알을 명중시켜야 했던 것이다. 스물일곱 마리 잡은 가운데서 그가 심장에 명중시켜 단발에 호랑이를 쓰러뜨릴 수 있었던 것은 단 두번밖에 없었다. 그리고 그는 항상 파열탄을 사용한다. 어떤 호랑이는 그가 내장을 몽땅 찢어 놓았는데도 그후 이틀을 더 살더라는 것이다. 그 호랑이는 아픔을 참지 못하고 이 마을에 뛰어들었을 때 마을 주민들에 의해 살해되었다. 호랑이는 죽기 전까지 한길에서 황소 세 마리를 물어 죽였다. 호랑이는 그 소를 잡아먹지는 못하고 그저 물어 죽이기만 했을 뿐이었다.

다음의 조그마한 마을이 표범(조선인들은 표범을 도우삐라고 하고 호랑이는 호랑이 또는 범이라고 한다)이 여인을 물어간 바로 그 마을이다. 그녀가 살던 집이 있고, 그녀가 앉았던 장소가 있다. 마을 사람들이 전부 모여서 이야기를 한다.

사람들의 외침소리에도 아랑곳없이 표범은 물었던 여인을 버리고 다시 이쪽 강변으로 되돌아왔다는 것이 판명되었다. 포수는 표범을 향해 정신없이 총을 쏘아댔다. 조선식으로 우리를 에워싸고 이런 이야기를 들려 주고는 모두 강력한 인상에 사로잡혀 있었다. 어떤 조선인이 느릿느릿 한마디를 내뱉는다. 또다른 사람이 뭐라고 말한다. P.N.이 다시 묻자, 마지못해 또다른 사람이 말에 끼어든다. 다시 한 사람이 뭐라고 말하자,

담배 피우는 호랑이
華城 寶積寺 벽화

별안간 P. N.이 활기를 되찾더니 그의 두눈이 빛나기 시작한다. 조선인들도 곧 요란스럽게 떠들어대며 이야기의 꽃을 피운다. 이런 소란 속에서 말을 어떻게 알아들을 수 있는지, 그저 놀라울 뿐이다. 이야기가 끝나고 길다란 담뱃대에 불을 당길 때의 그들의 평온하고 선량한 얼굴들을 보지 않는다면, 아마 그들 모두가 결사적으로 싸우고 있는 듯이 느껴지리라.

"자, 일은 이렇게 된 겁니다." P. N.이 기쁜 표정으로 통역을 한다. "여기엔 굉장한 사연이 있읍니다. 칠년 전에 어떤 청년이 그 여자에게 청혼을 했답니다. 청년이 가난했기 때문에 그녀의 아버지는 딸을 주기를 꺼렸읍니다. 그러자 청년은 '두고 보세요. 꼭 부자가 될테니' 라고 말하고 산삼을 캐러 떠났읍니다. 젊은 두 남녀는 부부가 되자고 굳게 맹세했지요. 떠날 때에 청년은 '나를 기다려 줘' 라고 말했읍니다. 그러나 불행히도 청년은 비적들 손에 죽고 말았읍니다. 그로부터 삼년 후 처녀는 다른 사람에게 시집을 갔읍니다. 혼례식 날 청년이 그녀의 꿈 속에 나타나, '맹세를 잊지 않았겠지. 나를 기다려 줘' 라고 말했다는 겁니다. 그래서 지금 그 청년이 그 여자를 데리러 온 거지요. 그 청년이 아니라 표범으로 변한 그의 혼이 말입니다. 그렇기 때문에 표범은 자신도 생각하지 않았고, 포수도 안중에 없었다는 겁니다. 보통 표범이라면 그렇게 했을리가 있겠읍니까? 그냥 도망치고 끝장이 났을 테죠."

"그래 이제부터 어떻게 한다는 거죠?"

"지금은 알 수 없읍니다. 만일 그 여인이 회복한다면, 도인이나 무당을 부를 테죠. 사십일 후 옥황상제는 표범의 혼에게 자신의 의사를 말할 겁니다. 어쩌면 그를 다시 표범이나 호랑이로, 아니면 곰이나 멧돼지나 뱀으로, 한마디로 말해서 그녀에게 다시 돌아올 수 있는 그런 짐승으로 만들거나, 아니면 '이젠 됐다' 고 말하고, 그의 혼을 자기가 있는 하늘로 데려 가거나, 또는 벌레로 변신시킬 것입니다. 그러면 그녀는 그 벌레를 길에서 밟아 죽일 테죠. 만일 여인이 살아난다면 옥황상제께 간청할 수가 있읍니다. 무당이 그녀를 제단이 마련되어 있는 산으로 데리고 가서 그곳에서 그녀와 함께 기도를 드릴 겁니다."

이렇게 하여 우리 면전에서 또하나의 새로운 전설이 창조되었다. —N. G. 가린

은자의 나라 한국

조선의 호랑이

샴의 흰 코끼리나 미국의 들소나 이집트의 낙타와 마찬가지로 조선에서는 호랑이가 제왕(帝王)의 상징적 동물이 되고 있다. 인도산 호랑이들이 뜨거운 정글이나 강기슭을 배회하는 것과는 달리 조선에 살고 있는 이 '백수의 왕' 은 북위 50도 부근의 설원(雪原)이나 숲속에 흔히 나타난다.

호랑이는 실제적으로뿐만 아니라 관념적으로도 힘과 난폭함의 상징이 되고 있다. 1871년에 우리와 이교도와의 조그마한 싸움(辛未洋擾)에서 미국의 수병과 군대들에게 용감히 맞섰던 북부 평안도와 함경도의 호랑이 사냥꾼들이 들고 있던 깃발을 보면, 날개가 달린 호랑이가 꼿꼿하게 서서 입으로는 불을 뿜어내면서 앞발톱에는 타오르는 불꽃을 움켜쥐고 있다. 이는 그 호랑이가 땅과 공기와 하늘의 모든 힘을 장악하고 있다는 사실을 나타내 주는 것이다. 이는 다니엘(Daniel)이 보았다는 날개 달린 표범을 연상시켜 준다. "그리고서 나는 등에 네개의 날개가 달린 표범을 보았다." (다니엘서 7 : 6) 호랑이는 지난날 호랑이를 숭배하던 토착민들의 후손의 수호신이 되고 있다. 그들은 아직도 그 땅의 신앙에 매달려 있는 것이다.

왕의 호위병들의 모자에는 호랑이의 얼굴과 수염이 그려져 있는데, 이는 보는 이들의 두려움을 자아내기 위한 것이다. 조선의 귀부인들이 허리에 차고 다니는 주머니에는 보석이나 '징표' 를 넣고 다니는데 그 속에는 무시무시한 호랑이의 발톱이 들어 있다.…

상류 사회에서는 호피로 내실을 가꾸었을 뿐만 아니라, 어린이들이 노는 바닥이나, 이곳에서는 잘 알려져 있지 않은 요람 대신에 사용하는 아기의 보료로 사용된다. 이 천연적인 담요의 부드러운 털은 보통 손가락만큼 길다. 호랑이 털로 신기한 장난감도 만든다.

옛날 교오또(京都)나 에도(江戶)에 선물했던 것과 마찬가지로 오늘날 북경(北京)의 조정에 보내는 조공품(朝貢品) 중에 가장 값진 것은(이 조공품은 오늘날 과거처럼 조세나 치욕의 의미가 있다기보다는 오히려 賞與나 뇌물의 뜻이 있다) 바로 이 찬란한 생가죽이다. 필자가 최근 어느 일본 상인의 상품을 본 바에 의하면 그들 중의 어느 것은 꼬리를 제외하고서도 그 길이가 3.6미터 가량 되었다. 미국인들의 견장과 같은 의미를 갖는 고대 일본 무사들의 상징은 호랑이 가죽으로 된 칼집이었다. 그 가죽을 본인이 변방전역(邊方戰域, 일본의 대 조선전쟁. 특히 임진왜란을 의미)에서 직접 잡은 것이라면 더욱 자랑스럽다. 조선산 호랑이의 털은 인도산보다 훨씬 질이 좋은 듯이 보이며, 노란색이 적고 그 대신에 흰 무늬가 있다. 그러나 검은 줄무늬는 열대 지방과 같이 뚜렷하며, 꼬리는 더 긴 것처럼 보인다. "조선 사람들은 반 년 동안 호랑이를 사냥하고 나머지 반 년 동안에는 호랑이가 조선 사람을 사냥한다"는 말이 있는데, 조선의 함경·평안 양도(兩道)에서 이 무서운 고양이과의 동물들이 얼마나 많이 출몰하며 그 피해가 얼마나 무서운가를 이 말에서 알 수가 있다.

白虎旗.
軍旗로 사용하던
大五方旗의 하나
陸軍士官學校
軍事博物館 소장

石虎 150×270㎝ 驪州 寧陵

山神幀畫
87×140㎝
慶北 月城郡
陽北面 祇林寺

중국의 군사들이 한반도에 들어오면, 그들이 침략을 해서 들어왔든 아니면 원군(援軍)이 되어서 들어왔든간에 국토가 황폐하게 되는데, '중국사람이 지나간 곳은 호랑이가 지나간 것과 한가지'라는 말로써 그들은 표현한다.… 그들의 속담에 의할 것 같으면 호랑이가 그들의 일상생활이나 예술·종교·언어에서 한 주제를 이루고 있음을 보여줄 뿐만 아니라, 호랑이가 그들의 도덕률을 표현하고 노변한담(爐邊閑談)들을 꾸미기 위하여 얼마나 종종 인용되는가를 알 수가 있다.

'나무 호랑이'라 함은 사자의 탈을 쓴 노새를 의미한다. '허리 부러진 호랑이'라 함은 기운은 없으면서 격노함을 뜻한다. '호랑이 새끼를 잡으려면 호랑이 굴에 들어가라'는 말은 마음이 약한 사람을 고무하기 위한 말이다. '호랑이 밥먹듯'이란 말은 식사를 많이 하거나 또는 굶주린 사람이 음식을 게걸스레 먹는 것을 표현한 말이다. '호랑이를 기른다'는 말은 역사적으로 흔히 있는 사실들을 뜻하는 것일 뿐만 아니라 배은망덕함을 의미하는 것으로 보인다. '호랑이 꼬리를 밟았다'는 말도 있는데 그 의미는 글자 그대로이다. '호랑이 꼬리를 잡은 격'이라 함은 일이 더욱 불리해지거나 또는 진퇴양난임을 의미한다. 그 반면에 지나치게 조심성이 있는 사람은 '사슴을 피하려다 호랑이를 만난다'고 말한다. 화를 잘 내고 행동이 거친 사람을 '맹호'라고 말하는데, 이는 보통 사나운 호랑이나,사람을 잡아먹는 짐승을 의미하는 것이다.…

조선에서는 호랑이가 마을 사람들을 잡아먹는 예가 흔히 있다. 따라서 빚장이나 법의 집행을 피

토끼 호랑이
27×75cm
鄭興齊 소장

하기 위해서는 그 사람의 찢어진 옷자락을 나무에 걸어놓고 도망친다. 그러면 친절한 친구들이나 친척들이 '그 사람은 호랑이에게 잡혀갔다' 고 신속히 보고한다.…

그 무서운 '칼범' 을 쫓기 위하여 조선 사람들은 '퉤' 의 도움을 청한다. 이는 전설적인 괴물로서 호랑이의 적인데, 호랑이는 이 괴물을 몹시 두려워한다. 그 괴수의 이름을 부르는 소리인 '퉤퉤' 하는 소리는 오늘날 하나의 주문의 역할을 한다고 믿어지고 있기 때문에 마을 사람들은 밤이면 이 소리를 자주 낸다.

호랑이로 인한 인명 피해나 재난, 호랑이를 잡기 위한 덫이나 함정 또는 가죽·꼬리(깃발이나 칼집으로 사용됨)·턱수염·입수염, 으르렁거리고 드르렁거리고 밤이면 더욱 소리내는 포효(咆哮), 꼬리를 휘두르는 모습 등에 관해서 사용되는 특수 용어나 시적(詩的)인 표현들은 조선어의 어휘를 더욱 풍부하고 더욱 생생하게 만들어 주고 있다.…

호랑이가 커다란 피해를 입히면 그 지방의 수령(守令)은 직업적인 사냥꾼을 불러 모아서 사냥을 개시한다. 이렇게 할 경우, 그들은 호랑이에 대한 추격도 하고 열의도 보이지만 결과는 아무것도 없다. 왜냐하면 잡힌 호랑이의 가죽은 정부의 것이 되며, 수령들은 그 전리품을 먼저 차지하기 위하여 손수 앞장을 서기 때문이다. 따라서 관청에서 실시하는 사냥은 웃음거리밖에 안 된다. 모든 사냥꾼들은 왕이 직접 참가하는 사냥만을 좋아한다. 왜냐하면 이때는 자기가 잡은 호랑이의 가죽은 상으로 자기의 것이 되며, 이를 은밀히 팔 수 있기 때문이다. 사냥꾼들은 고기는 먹고 뼈는 발라서 고아 여러가지 약을 만든다.

호랑이의 난폭한 행동에 의한 인명 및 재산상의 피해는 너무도 막심하여 때로는 마을의 인구가 줄어드는 경우도 있다. 배가 고픈 호랑이는 가옥이 튼튼한 마을이면 그냥 통과하기도 하고, 오두막집이나 튼튼치 못한 집 주위를 몇 날 밤이 새도록 어슬렁거리기도 한다. 만약 허기가 더욱 밀어닥치면 호랑이는 단숨에 초가지붕을 뛰어넘는다. 그리고 겁에 질린 가족들에게 덤벼든다. 이럴 경우에는 인간의 손과 호랑이의 발톱 사이에 격투가 벌어지게 되고, 결국 호랑이가 죽거나 아니면 한두 사람의 시체를 실컷 뜯어 먹고 나온다. 그러나 이 백수의 왕은 이와 같은 방법을 쓸 필요는 거의 없다. 왜냐하면 옆 마을에서는 호환을 당하고 있음에도 불구하고 주민들은 너무도 무심하여 여름에는 사방이 터진 울타리 안에서 자는 버릇이 있으며, 짐승의 습격을 막기 위한 모닥불도 피우지 않고 들판의 오두막집에서 자는 경우도 흔히 있기 때문이다.

특히 이와 같은 안전의식(安全意識)은 대대적인 사냥이 성공적으로 수행된 후에 따르는 것 같다. 왜냐하면 이때에는 주변에 살던 호랑이의 먹이도 모두 죽었거나 아니면 먼 산으로 물러 났으리라고 여겨지기 때문이다. 일본인들이 불조심을 하지 않는 것만큼이나 조선 사람들은 호랑이를 조심하지 않는다. 때때로 호랑이는 덫으로 잡는다. 이렇게 하면 매우 간단한 방법으로 아무런 위험을 당하지 않고서도 호랑이를 잡을 수 있다. 함정을 깊이 파고 나뭇가지, 잎사귀, 흙으로 덮는다. 함정의 바닥에는 기둥을 깎아서 박아 둔다. 그러나 이런 방법을 사용하는 예란 매우 드물다.

조선 사람들은 원산(元山)에 있는 그들의 수입상을 통해서 사들이기를 좋아한다. 원산에서 일년간에 평균 거래되는 이 비싼 생가죽의 '수확량'은 오백개 정도이다.

그들은 몇 번의 경험에 따라서 황야에서 도보로 호랑이를 대적하기보다는 오히려 사나이다운 덕성(德性)을 계발하려는 경향을 보여주고 있다. 조선 사람들은 이 사실을 잘 알고 있다. 유럽의 군대를 대적할 만한 정규군이 없는 그들은 1866년에 프랑스의 극동 함대 사령관 로즈(Roze)를 대적하기 위하여 평안도의 호랑이 사냥꾼들을 소집했었다.(丙寅洋擾) 소위 그들의 '군대'는 거의 모두가 궁수(弓手), 창수(槍手) 그리고 구식 대포사수(大砲射手)로 구성돼 있었다. 적을 얕잡아 본 프랑스군들은 호랑이 사냥꾼들이 지키고 있던 요새화된 사원(寺院)을 날려 보내려다가 오히려 대패하였다.

1871년에 미국 함대의 수병들이 광성진포대(廣城鎭砲臺, McKee Fort)를 공격했을 때 함대로부터 포탄 세례를 받고서도 끈덕지게 버티는 검은 얼굴의 적들의 용기에 대하여 미국의 수병들은 놀라움을 감추지 못했다. 그들은 화승총과 창과 칼로써 끝까지 함대와 후장총(後裝銃)에 맞서 싸웠다. 당시 탄환 값을 톡톡히 한 그 용감한 수비대에 대해 미국 사람들은 찬사를 보내고 있다.

— W. E. 그리피스

토끼호랑이
27×75cm
鄭興齊 소장

青華白磁松虎紋壺
높이 11cm
개인소장

白磁辰砂
까치호랑이紋壺
높이 28.9cm
日本民藝舘 소장

언더우드 부인의 조선생활

우리는 가장 행복한 신혼부부가 되어 이리저리 산책을 하다가 몇 발짝 아래에 있는 온통 나무들로 들어찬 마을의 경계에 이르렀다.

산책을 하면서 이곳저곳을 살피다 보니 통나무로 만든 어마어마하게 큰 우리 같은 것이 눈에 띄었다. 지붕에는 큰 돌덩이들을 얹어 놓았는데, 아주 이상스럽게 만들어진 것이 마치 커다란 짐승의 우리 같았다. 숲 사이로 질러 갈까 어쩔까 망설이면서 시냇가에 서 있는데 갑자기 나무 그림자 속에서 마른 낙엽을 밟는 아주 무거운, 그러나 살금살금 걷는 발자국 소리가 주의를 끌었다. 갑자기 주위가 온통 섬뜩한 기운에 휩싸이는 것 같았다. 그 소리에 깜짝 놀라서 정신을 차려 보니 우리가 보았던 그 울이 그 유명한 호랑이 덫(호랑이는 흔히 시냇가로 물을 마시러 온다)이 틀림 없으며, 마을 사람들이 그렇게 튼튼하게 성을 쌓아 막고 있는 적이 바로 이 짐승이라는 것, 그리고 아둔한 우리는 좀더 상서로운 시간과 장소를 얻을 때까지 달빛 속의 산책을 뒤로 미루는 게 낫겠다는 것을 깨달을 수 있었다. 그래서 우리는 연인들과 같은 발걸음이라기보다는 차라리 사업가와도 같은 발길로, 따분하기만 한, 그러나 아주 반가운 오두막으로 돌아오고 말았다.

조선 호랑이의 가죽은 겨울에 잡으면 아주 훌륭하다. 그러나 불행하게도 조선 사람들은 그 가죽을 보관하는 적절한 방법을 모르고 호랑이를 잡으면 그 자리에서 바로 가죽을 벗겨낸다. 표범 가죽도 그렇게 한다. 조선 사람들은 호랑이 발톱을 아주 높은 값으로 치기 때문에 호랑이를 잡으면 당장에 발톱을 빼내는 경우가 많다. 호랑이는 만주와 맞닿은 국경 지방의 모든 산 속에서 볼 수 있는데, 나는 조선에 온 뒤 서울에서만도 호랑이를 적어도 한번 넘게 보았고, 또 서울에 온 지 몇 달 뒤에는 우리 집 옆에 있는 러시아 공사관에 표범이 나타난 것을 본 적도 있다. 그때에 우리들의 숙소는 모두 오두막이었고, 여름날 밤의 지독한 무더위 때문에 창문을 열어 놓을 수밖에 없었는데, 나는 그런 일이 있은 뒤로는 가끔 내 방에서 이런 짐승들의 살금살금 걷는 무거운 발소리와 깊은 숨소리가 들리는 것 같아서 한밤중에 몇 시간씩 잠을 못 이룬 적도 있었다.

그러나 그 호랑이 계곡에서 돌아온 것만으로는 아직 일이 끝나지 않았다. 언더우드씨와 내가 그날밤 집으로 돌아오는데 계곡에서 날카로운 총소리가 들렸다. 우리가 들어 있는 집은 언덕의 한쪽 기슭에 있었고, 우리 하인들의 숙소와 마을의 집들 거개가 바로 계곡 아래에 있었다. 곧장 어떤 사람이 우리에게 달려와서 지금 막 호랑이를 잡았다고 말했다…

호랑이木刻 58×25㎝ 尹秀珍 소장

까치호랑이 51.5×79㎝ 개인소장

조선의 양반들은 호랑이와 표범의 가죽을 가마에 깔고, 이빨과 발톱은 장식품으로 쓴다. 그 밖에도 호랑이나 표범의 뼈를 간 것이 화장품으로서 그보다 더 좋은 것이 없다고 생각한다. 조선 사람들에게서 나는 호랑이에 관한 이야기를 많이 들었다. 이 민족에게는 호랑이 이야기가 아주 많이 있다.

— L.H. 언더우드

朝鮮見聞録

호랑이

한국 사람들은 이럭저럭 많은 호랑이를 잡아서 전에는 호피가 흔하고 또 값도 쌌다. 언젠가 나는 미화 십 불을 내고 그 때까지 내가 본 중에서 가장 크고 훌륭한 호피를 산 적이 있다. 그러나 지금은 값이 올라서 그 열 배를 주고도 살 수가 없다. 한국의 호랑이는 시베리아 호랑이와 같은 종류로서 털이 길고 줄무늬가 매우 우아하다. 표범도 그 가죽 때문에 한국인들 사이에는 인기가 좋다. 그 가죽은 경제적 여유가 있는 모든 관리의 가구가 된다. 호골(虎骨)은 사슴의 뼈와 뿔처럼 강장제로 사용된다.

어느 나무꾼의 애로

자연을 사랑하는 어느 러시아인이 언젠가 한 마리의 호랑이를 뒤쫓고 있었다. 그런데 어느 눈내리는 아침, 그는 아무것도 모르고 장작을 패고 있는 한 한국 사람에게 호랑이가 막 달려들려고 하는 것을 보았다. 그 러시아 사람은 산등성이의 눈을 헤치고 호랑이의 길을 따라서 그 짐승의 뒤를 쫓아갔다. 비탈진 꼭대기에 와서 보니 호랑이는 그 나무꾼에게 달려들기 위하여 최후의 준비를 하는 듯 꼬리를 흔들면서 멀리 협곡을 가로질러 가고 있었다. 곧바로 그가 총을 정조준하여 쏘았더니 호랑이 목에 맞아 뼈가 부러졌다. 그는 공포에 질려 있는 나무꾼을 향하여 굴러 내려갔다. 그 한국인은 달아나면서 맞은 편에 아직도 연기가

慶北 聞慶郡 虎溪面 虎溪里 뒷산 山神祭堂

나는 총을 들고 서 있는 외국인을 처음 힐끗 보았다. 이 불쌍한 사람은 너무 기가 질려서 눈 속에 푹 주저앉아서 마치 자기가 죽을 운명에 처한 것처럼 자기 어머니의 영혼을 불렀다. 그것도 그럴 것이 한쪽에서는 총을 들고 낯선 사람이 서 있으니 혼비백산할 수밖에 없었다.…

내가 한국에서 제일 처음 집도한 수술은 호랑이의 공격을 받은 어떤 한국인의 팔을 잘라내는 꼭 필요한 절단 수술이었다. 팔꿈치 바로 위에 있는 뼈가 호랑이에게 물려 살이 썩고 있었다. 그러나 상처의 회복이 잘 되어 그의 친구들도 의아할 정도였다.

— H.N. 알렌

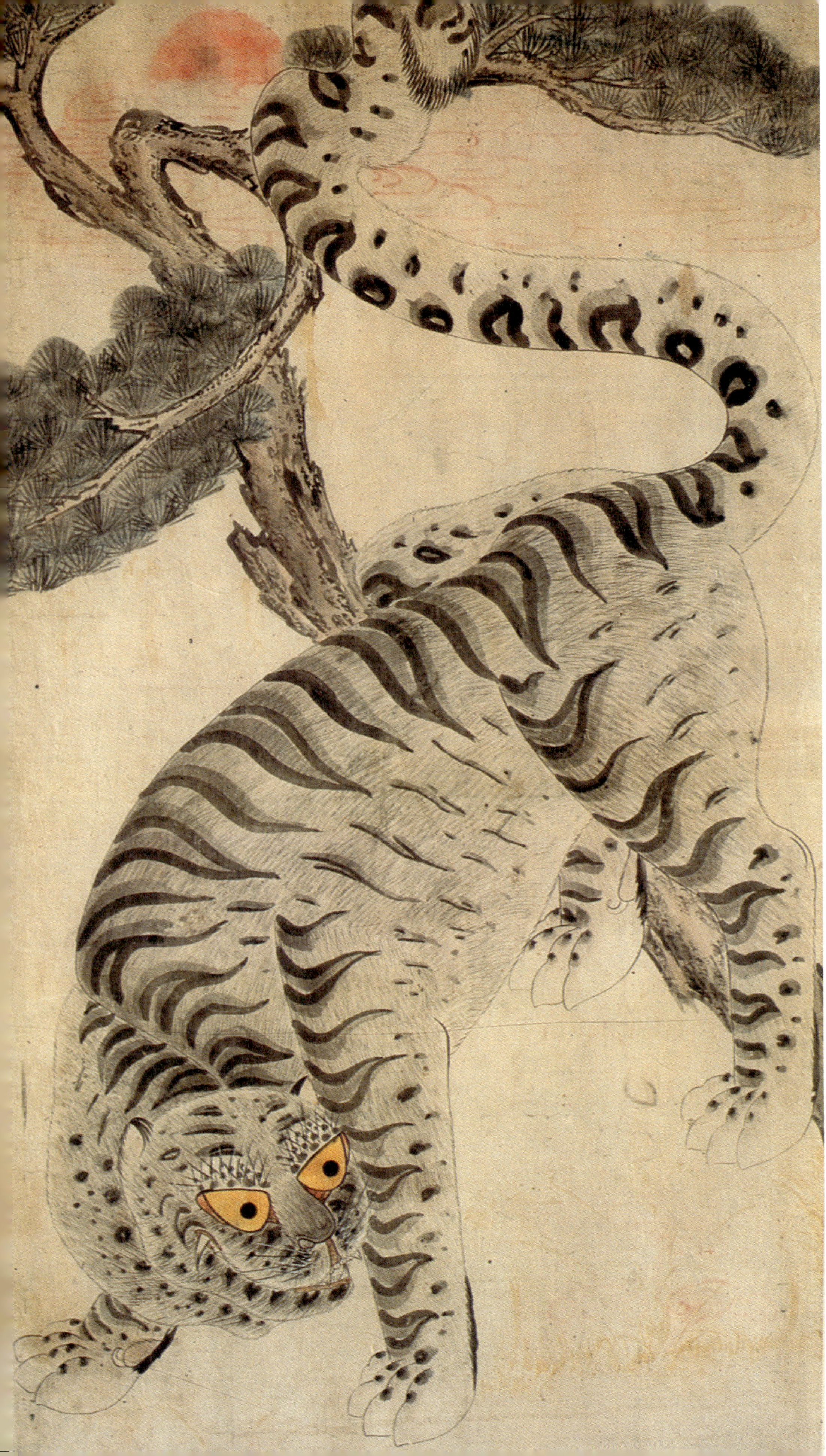

호랑이 문학

이가원(李家源)은「호질연구(虎叱研究)」에서, 유몽인(柳夢寅)의「호정문(虎穽文)」과 이광정(李光庭)의「호애(虎睨)」를 비교하면서, 연암(燕岩)이 영향받은 것을 쓰고 있다. 이 글들은 모두 호랑이를 등장시켜 인간사회를 풍자·질타하는 내용의 글이다. 이 세 편의 글을 발췌 또는 전문을 옮겼다.

고려말의 익재(益齋)는 범을 타고 다녔다는 당(唐)의 풍간선사(豐干禪師)가 범과 어울린 장면을 시로 썼다. 이와 함께 범을 주제로 쓴 수필, 조동화(趙東華)의 우화 등을 '호랑이 문학'으로 엮었다.

뒤에 범을 인용·비유한 시문도 함께 수록했다.

범 나온다 호랑이가 나온다
주홍 입 쩍 벌리고 두 귀는 찢어진대
기둥 같은 앞다리며 전통 같은 뒷다리로
징긍징긍 걸어나와 누에머리 흔들면서
얼룽덜룽 긴 꼬리로 한번 확 부딪치더니
좌중으로 들어앉으며
나는 이 산중 산군(山君)이라,
주인으로 한가운데 수석하고…
— 신재효 본「수궁가」에서

松虎圖 53×106㎝ 林堅市 소장

호랭이 謠

요 뒷산 늙으신 호랭이
살찐 암캐를 물어다 놓고
이빨은 없어 먹지도 못하고
올렸다 훑쳐 내렸다 훑쳐
훑칠훑칠 침만 바른다 — 惠山鎭 지방 민요

豐干의 伏虎

진중한 오토[1]가 참선할 줄 알아서
피곤하면 함께 모여 졸고 있다네
머리 돌려 한산자[2]에게 이르기를
청노[3]보다 안온하고 모포보다 따습지

珍重於菟也解禪
困來相就共安眠
廻頭說向寒山子
穩勝青奴暖勝氈 — 李齊賢「益齋亂藁」권 4

天台山의 三聖이 호랑이와 잠자다

풍간은 늙어가며 참선을 않고
한습[4]은 요즈음 이마만 집고 있네
백액장군[5]은 무엇을 하는 자인지
굶주림 참고서 잠만 잔다네

豐干老去不參禪
寒拾從來只掣顚
白額將軍亦何者
忍飢共打一揚眠 — 李齊賢「益齋亂藁」권 4

1. 춘추시대 楚의 方言, 호랑이의 異稱.
2. 天台山의 당나라 고승.
3. 竹夫人의 異稱.
4. 寒山과 拾得.
5. 호랑이를 가리킴.

왼쪽부터/
豐干禪師와 寒山 拾得
「釋氏如來成道應化事蹟記」 판화(부분)
18.5×27.5 cm

陳省 作 天報善惡에 비유된 호랑이
「萬寶抄」 挿畫
乾隆 4년(1739) 正月
尹秀珍 소장

호정문(虎穽文)

대개 하늘이 스스로 열린 것은 자시(子時) 이며, 땅이 개벽한 것은 축시(丑時)이고, 사람이 생긴 것은 인시(寅時)이다. 이렇게 삼재(三才)라는 것이 세워졌고, 천지를 살펴 보면 사람이 만물의 영(靈)이 되는 것이다. 하늘이 사람을 낳았을 때 반드시 만물과는 다르게 하여 사람에게 해로움을 주지 않았다. 이것이 하늘의 마음이다. 그런데 잔혹한 마음을 가진 사람이 있어 다른 사람을 해하지만 호랑이는 그렇지 않다. 하늘은 호랑이를 내려 땅에서 옛부터 계속 기르며 사람에게 우환을 남겼는데 이 것도 과연 하늘의 마음일까?…

속리산·계룡산·지리산·대둔산…이 모두가 명산이요, 큰 산들이며, 밀림이 빽빽하고 골짜기가 깊어 호랑이가 굴을 파고 살면서 새끼를 낳아 기르기에는 참으로 좋은 곳이다.… 이에 나라는 백성을 돌봐 환난을 제거하기 위해 노력함으로써, 호랑이는 사람을 심히 두려워하고 사람 또한 호랑이를 두려워하며 지나왔는데, 병화(兵禍)가 있어 백성들이 흩어지고 가난해지니, 이 허술한 틈을 타 호랑이는 간교해지고, 사람이 엿보아 잡으려 해도 번개나 풍우처럼 빨라, 비록 전국시대의 용맹한 장수인 분육(賁育)이라 할지라도 손을 쓸 수가 없으니 참담한 일이다.

상인이 장사 봇짐을 짊어지거나 싣고 해가 지는 줄도 모르며 먼 길을 갈 때 마음이 조급한 중에 호랑이의 해를 당하기도 하고, 시골의 목동이 들에 나가 멀리 먹이를 찾아 초지를 헤매다가 숲이 울창한 곳에서 갑자기 호랑이를 만나 해를 당하기도 한다. 관리가 조세를 운반하다가도 해를 당했으며, 산에서 나물을 캐다가, 논갈이를 하다가, 물길러 가다가도 해를 당하고 있으니 사람의 생명이 풀처럼 되었으며, 살이 흩어지고 피가 낭자하고, 밤에 피울음소리가 도처에서 들리니 진실로 마음이 슬퍼진다. 이런 이야기들은 안 들었으면 좋겠다.

무인(武人) 홍의부(洪義夫)가 있었는데, 이런 재난을 막을 손재주가 있었다. 홍의부는 기산(岓

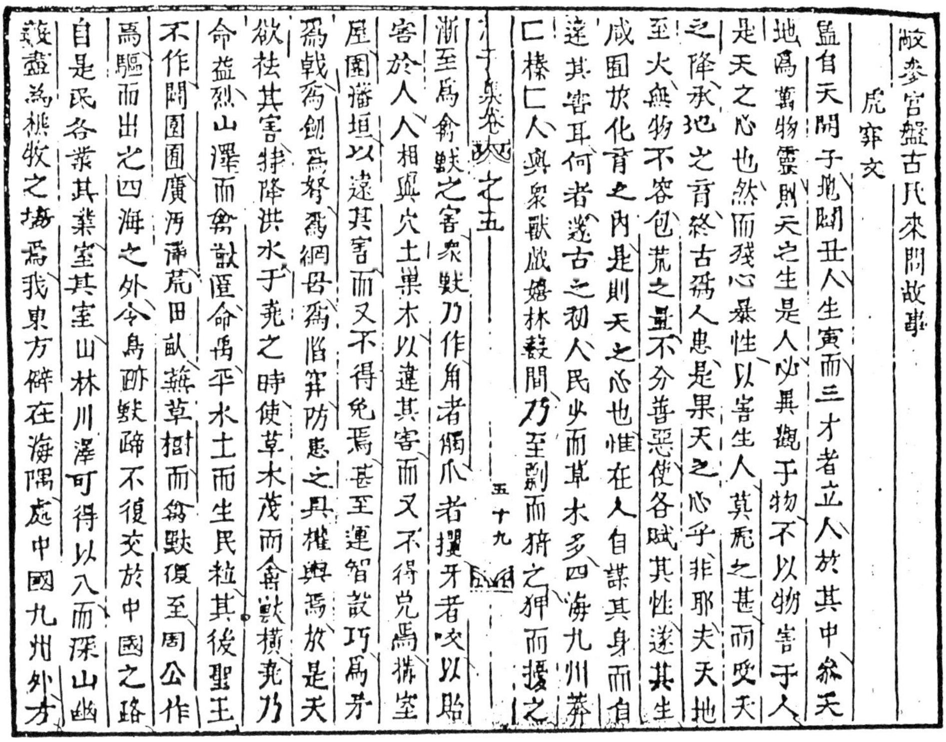
敀參宮盤古氏來問故事
虎穽文
盖自天開子地闢丑人生寅而三才者立人於其中參天地爲萬物靈則天之生是人必異幾於物不以物害于人是天之心也然而殘心暴性以害生人莫甚之甚而受天之降承地之育終古爲人患是果天之心乎非耶夫天地至大無物不容包荒之量不分善惡使各賦其性遂其生咸囿於化育之內是則天之心也惟在人自謀其身而自遂其害耳何者邃古之初人民少而草木多四海九州莽亡榛亡人與衆獸戲嬉林藪間乃至剽而猜之狎而擾之
於于集卷之五　五十九
漸至爲禽獸之害衆獸乃作角者觸爪者攫牙者咬以貽害於人人相與穴土巢木以違其害而又不得免焉搆室屋圍藩垣以遠其害而又不得免焉甚至運智設巧爲矛爲戟爲劍爲弩爲網罟爲陷穽防患之具摧與焉於是天欲祛其害俾降洪水于堯之時使草木茂而禽獸橫堯乃命益烈山澤而禽獸匿命禹平水土而生民粒其後聖王不作閒園囿圃廣汚瀦荒田畝蕪草樹而禽獸復至周公作爲驅而出之四海之外令鳥跡獸蹄不復交於中國之路自是民各業其業室其室山林川澤可得以入而深山幽藪盡爲樵牧之場焉我東方僻在海隅處中國九州外方

「於于集」虎穽文

山)의 나무를 베어 구덩이를 파고 다섯 자 길이의 네 벽 함정을 만들었다. 거기 목책을 두르고 한 쪽만 문판자를 만들어 새끼로 매고 안을 들여다 볼 수 있게 했다. 그 안에는 개를 두어. 냄새를 맡고 빠져들게 한 다음 창을 들고 엿보고 있다가 홍의부는 그만 잠이 들었다.

꿈에 창귀(倀鬼)가 큰 호랑이를 타고 홍의부 앞으로 절을 하며 나타났다. "장군은 어찌 죄를 지으려 합니까. 무슨 원수가 져서 그렇게도 잔악하고 난폭한 심성을 보입니까. 그런 심성의 사람들을 알 수가 없습니다. 하늘과 땅 사이에 사는 것은 하늘이 소생케 하고 또 죽게 하는 것인데, 어찌 사람이 나서서 해를 끼치게 하여 죄를 짓는 것은 무엇 때문입니까. 돌이 무슨 죄가 있어, 밀고 갈고 닦고 씻으며 부수고 조각을 내 쓰레기 모래 등 여러가지로 만들며, 나무가 무슨 죄가 있어 큰 도끼로 자르며 깎고 끈으로 매달고 태우며, 때로는 잘라서 엮어 도랑에 박아 썩히는 것이며, 물고기는 무슨 죄가 있다고 지지고 포를 뜨고, 망으로 잡아서 배를 가르고 또 비늘을 벗기어 회를 치는 것이며, 새는 무슨 죄가 있어 잡아서 깃을 뽑고 날개를 잘라서 구워 먹으며, 짐승은 무슨 죄가 있기에 활을 쏘아 잡거나, 덫을 놓아 목을 졸라 잡으며 또한 함정을 파 굴속에 빠뜨려 잡아서 배를 가르고 그 털을 뽑으며 가죽을 벗깁니까. 그뿐입니까. 같은 유의 사람조차도 억압하며 짐을 지게 하고 욕을 하며 싸우게 하여 혀를 상하게 하고, 병사로 하여금 찌르고 코를 베고 다리를 자르고, 말은 목졸라 죽이고, 심지어는 종족을 몰살시키고 하니, 사람들의 난폭함을 이루 다 말할 수 없읍니다. 우리 무리들은 장군의 그 함정의 꾀를 더 잘 알고 있읍니다. 그러나 평지에 있는 백 천 개의 함정을 모르는 것이 인간입니다."

이에 홍장군이 말을 끊으며, "그렇지 않다. 하늘은 사람으로서 하늘이 되게 하였다. 너도 하늘을 거역하면 하늘이 마땅히 죽이느니라" 하며 잠을 깼는데, 놀라 일어나 보니 큰 호랑이가 함정에 빠져 있었다.

— 柳夢寅「於于集」권5(金鍾太 역)

怪虎의 얼굴
65×90㎝
에밀레박물관 소장

호예(虎猊)

가혹한 정치에 몹시 시달려 괴로와하던 어떤 사람이 어느날 밤 온 식구들을 데리고 도망을 치다 호랑이를 만났다. 길을 딱 막고 서 있는 호랑이를 보고 온 식구들은 무서워 떨고 있는데, 그는 의관을 가다듬고 호랑이 앞에 나아갔다. 그는 스스로 신하라고 하며 말했다.

"신은 불행히도 포악한 벼슬아치를 만나 세금 독촉이 열화 같은지라 삶을 부지할 수 없읍니다. 그냥 머물러 살자니 부당한 형벌이 무섭고, 얼마 남지 않은 목숨이지만 도망을 치자니 잡힐까 두려웠읍니다. 그래서 감히 낮에는 도망칠 수 없고 밤을 타 도망을 가는 중입니다. 호랑이님께서는 깊은 산, 숲속을 집으로 삼고, 곰 등을 부하로 삼으시며, 사슴과 돝을 반찬으로 삼으시며, 배부르면 누워 쉬고 한가하면 일어나서 거니시고, 숲에서 한번 소리치면 뫼와 골이 우렁우렁 흔들립니다. 오솔길에서 으르렁으르렁 하면 온갖 짐승들이 두려워 떠니 그 위엄이 번개치듯, 그 날램이 바람치듯해 가히 뜸직뜸직하시고 떳떳하십니다. 저희로 말할 것 같으면 근심이 하나도 없다면 어찌 낮을 꺼려 밤에 나다니겠읍니까? 호랑이님께서는 영험하시니 기도하면 반드시 이루어 주실 것입니다. 어찌 저희같이 몹시 병든 사람들을 살펴보지 않으실 수 있겠읍니까? 부녀자들은 무지해서 벌벌 떨며 앞으로 더 나아가지도 못하니, 바라건대 호랑이님께서 우리들의 불행을 구해 주시기를 간절히 빕니다. 그렇게 해주시지 않으신다면 죽을 수밖에 없읍니다." 호랑이가 이 말을 듣고 있더니 그들을 흘끗 쳐다보고는 어디론가 사라졌다.

이 이야기를 들은 사람들은 크게 웃지 않을 수 없었다. "어리석도다. 슬프도다. 그 관리라는 자는 비록 잔혹하다 하나 같은 사람인데 그에게는 빌지 않고 사람과 다른 사나운 짐승에게 빌어야 하다니. 슬프도다. 빌 곳이 오히려 호랑이에게 뿐이었구나." 양자(楊子)가 이르되, "호랑이여! 그대는 뿔도 날개도 가진 자로다" 하였다.

괴로움을 당하는 백성이 이 세상에 이 아녀자들뿐이랴.

— 李光庭「訥隱文集」권 22, 亡羊錄(丁奎重 역)

호질(虎叱)

범은 착하고도 성스럽고, 문채롭고도 싸움 잘 하고, 인자롭고도 효성스럽고, 슬기롭고도 어질고, 엉큼스럽고도 날래고, 세차고도 사납기가 그야말로 천하에 대적할 자 없다.

그러나 비위(狒胃)는 범을 잡아먹고, 죽우(竹牛)도 범을 잡아먹고, 박(駁)도 범을 잡아먹고, 오색사자(五色獅子)는 범을 큰 나무가 선 산꼭대기에서 잡아먹고, 자백(玆白)도 범을 잡아먹고, 표견(鼩犬)은 날며 범과 표범을 잡아먹고, 황요(黃要)는 범과 표범의 염통을 꺼내어 먹고, 활

(猾)은 범과 표범에게 일부러 삼키웠다가 그 뱃속에서 간을 뜯어먹고, 추이(酋耳)는 범을 만나기만 하면 곧 찢어서 먹고, 범이 맹용(猛㺊)을 만나면 눈을 감은 채로 감히 뜨질 못하는 법이다. 그런데 사람들은 맹용을 두려워하지 않되 범은 무서워하지 않을 수 없음을 보아서는 범의 위풍이 몹시 엄함을 알 수 있겠구나.

범이 개를 먹으면 취하고 사람을 먹으면 조화를 부리게 된다. 그리고 범이 한번 사람을 먹으면 창귀(倀鬼)가 굴각(屈閣, 창귀 이름)이 되어 범의 겨드랑이에 붙어 살면서, 범을 남의 집 부엌으로 이끌어 들여서 솥전을 핥으면 그 집 주인이 갑자기 배고픈 생각이 나서, 밤중이라도 밥을 지으려 하게 되며, 두번째 사람을 먹으면 그 창귀는 이올(彛兀, 창귀 이름)이 되어 범의 광대뼈에 붙어 살며, 높은 데 올라가서 사냥꾼의 행동을 살피되, 만일 깊은 골짜기에 함정이나 묻힌 화살이 있다면, 먼저 가서 그 틀을 벗겨 놓으며, 범이 세번째 사람을 먹으면 그 창귀는 육혼(鬻渾, 창귀 이름)이 되어 범의 턱에 붙어 살되 그가 평소에 알던 친구들 이름을 자꾸만 불러댄다.

하루는 범이 창귀들을 모아 놓고 분부를 내리되, "오늘도 벌써 해가 저무는데 어디서 먹을 것을 취한단 말야" 한다. 굴각은 "제가 진작 점쳐 보았더니 뿔가진 것도 아니고 날짐승도 아닌 검은 머리를 한 것이 눈(雪) 위에 발자국이 비틀비틀 성긴 걸음을 하며 뒤통수에 꼬리가 붙어서 꽁무니를 못 감추는 그런 놈입니다" 하고, 이올은 "저 동문(東門)에 먹을 것이 있사오니 그 이름은 의원(醫員)이라 한답니다. 그는 입에 온갖 풀을 머금어서 살과 고기가 향기롭고, 서문(西門)에도 먹을 것이 있사오니 그 이름을 무당(巫堂)이라 한답니다. 그는 온갖 귀신에게 아양부려 날마다 목욕재계해서 고기가 깨끗하온즉, 이 두 가지 중에서 마음대로 골라 잡수시죠" 했다. 그제야 범이 수염을 거스리고 낯빛을 붉히며, "에에, '醫'

호랑이 얼굴
檀園作 虎族圖 (부분)
57×134cm
에밀레박물관 소장

란 것은 '疑'인 만큼 저도 의심나는 바를 모든 사람들에게 시험해서 해마다 남의 목숨을 끊은 것이 몇만 명으로 셀 수 있고, '巫'란 '誣'인 만큼 귀신을 속이고 인민들을 유혹하여 해마다 남의 목숨을 끊은 것이 몇 만 명으로 셀 수 있는 것이다. 그래서 뭇사람들의 노여움이 뼛속까지 스며들어 그것이 화하여 금잠(金蠶)이 되었으니, 독이 있어 먹을 수 없는 거야" 했다. 이에 육혼은 또, "어떤 고기가 저 숲속 유림(儒林)에 있사온데 그는 인자한 염통과 의기로운 쓸개에 충성스런 마음을 지니고 순결한 지조를 품었으며, 악(樂)은 머리 위에 이고 있고, 예(禮)는 신처럼 꿰고 다닌답니다. 뿐만 아니라 그는 입으로 백가(百家)의 말들을 외며 마음속으로는 만물의 이치를 통하였으니, 그의 이름은 석덕지유(碩德之儒, 높은 덕망을 지닌 유학자)라 하옵니다. 등살이 오붓하고 몸집이 기름져서 오미(五味)를 갖추어 지녔답니다" 한다.

범이 그제야 눈썹을 치켜 세우고 침을 내리 흘리며 하늘을 쳐다보고 싱긋 웃으면서, "짐(朕)이

이를 좀 상세히 듣고자 한다" 하였다. 모든 창귀들이 서로 다투어가며 범에게 추천한다. "일음(一陰)·일양(一陽)을 도(道)라 하옵는데, 저 유(儒)가 이를 꿰뚫으며, 오행(五行)이 서로 낳고 육기(六氣, 陰·陽·風·雨·晦·明)가 서로 이끌어 주옵는데, 저 유가 이를 조화시키나니, 먹어서 이보다 더 맛 좋은 것이 없으리다."

범이 이 말을 듣자 문득 추연히 낯빛을 붉히며 기쁘지 않은 어조로서, "아냐. 저 음(陰)과 양(陽)이란 것은 한가운데에서의 죽고 삶에 불과하거늘, 그들이 둘로 나눠었으니 그 고기가 잡될 것이요, 오행은 각기 제 바탕이 있어서 애당초 서로 낳는 것은 아니거늘, 이제 그들은 구태여 자(子)·모(母)로 갈라서 심지어는 짜고 신맛들에 이르기까지 분배시켰으니 그 맛이 순(純)하지 못할 것이요, 육기는 제각기 행하는 것이어서 남이 이끌어 줌을 기다릴 것이 없거늘, 이제 그들은 망령되어 재성·보상(財成·輔相, 천지의 도를 마련하여 이룩하며, 천지의 宜를 도와 줌—易經)이라 일컬어서 사사로이 제 공을 세우려 하니, 그것을 먹는다면 어찌 딱딱하여 가슴에 체하거나 목구멍에 구역나지 않는단 말이냐?" 하였다.

때마침 정(鄭)나라 어느 고을에 벼슬을 귀찮게 여기는 선비 한 사람이 살고 있었으니, 그는 북곽선생(北郭先生)이었다. 그는 나이 마흔에 손수 교정한 글이 일만 권이요, 또 구경(九經)의 뜻을 부연(敷衍)해서 책을 엮은 것이 일만 오천 권이나 되므로, 천자(天子)가 그의 의(義)를 아름답게 여기고 제후(諸侯)들은 그의 이름을 사모하였다.

그리고 그 고을 동쪽에는 동리자(東里子)라는 얼굴 예쁜 청춘 과부 하나가 살고 있었다. 천자는 그의 절조(節操)를 갸륵히 여기고 제후들은 그의 어짐을 연모하여, 그 고을 사방 몇 리의 땅을 '동리과부지려(東里寡婦之閭)'라 하였다.

동리자는 이렇게 수절 잘하는 과부였으나 아들 다섯을 두었는데 각기 다른 성(姓)을 지녔다. 어느날 밤 아들 다섯 놈이 서로 노래처럼 된 말로,

강 북편엔 닭 울음소리 水北雞鳴
강 남쪽엔 별이 반짝이네 水南明星
방 안 소리 자아하니 室中有聲
북곽선생 어인일고 何其甚似北郭先生也

하고는 성 다른 형제 다섯이 번갈아서 문틈으로 들여다보았다.

동리자가 북곽선생께 청하기를, "오랫동안 선생님의 덕을 연모하였답니다. 오늘 밤엔 선생님의 글 읽으시는 음성을 듣고자 하옵니다" 한다. 그제야 북곽선생은 옷깃을 여미고 꿇어앉아서 시 한 장(章)을 읊었다.

병풍에는 원앙새요 鴛鴦在屛
반짝반짝 반딧불을 耿耿流螢
가마솥과 세발솥은 維鬵維錡
무얼 본떠 만들었나 云誰之型
흥야(興也)라

그 꼴을 본 다섯 아들은 서로 말하기를, "「예기(禮記)」에 이르기를, '과부의 문엔 함부로 들지 않는다' 하였는데, 북곽선생은 어진 이라서 그런 일 없을 거야." "나는 듣자 하니, 이 고을 성문이 헐어서 여우가 구멍을 내었다고 하더군요." "나는 들은즉, 여우가 천 년을 묵으면 환생(幻生)하여 능히 사람 시늉을 할 수 있다 하니, 그놈이 필시 북곽선생을 도섭한 것이로군" 하고, 다시 서로 의논하되, "나는 듣건대, 여우의 갓을 얻는 자는 천금의 장자가 되고, 여우의 신을 얻는 자는 대낮의 그림자를 감출 수 있고, 여우의 꼬리를 얻는 자는 남을 잘 꾀어서 누구라도 그를 기뻐한다 하니, 우리 저 여우를 잡아 죽여서 나눠 갖는 게 어떨꼬?" 하고, 이에 다섯 아들이 함께 어미의 방을 에워싸고 들이쳤다.

북곽선생이 크게 놀라서 뺑소니를 칠 제 남들이 행여 제 얼굴을 알아볼까 해서 한 다리를 비틀어서 목덜미에 얹고 도깨비처럼 춤추며 웃으며

猛虎圖 54×106㎝ 윤학찬 소장

山神圖
158×106cm
관악산 호압사

문 밖으로 나와서 들이뛰어 가다가 별판 구덩이에 빠졌다. 그 속에는 똥이 가득 차 있었다. 간신히 휘어잡고 기어 올라서 목을 내밀고 바라본즉, 범이 어흥 하며 길을 바로 가로막았다.

범이 이맛살을 찌푸리며 구역질하고 코를 싸 쥐고 머리를 왼편으로 돌리며, "에퀴이, 그 선비 구리도다" 한다. 북곽선생이 머리를 조아리며 앞으로 엉금엉금 기어나와서 세번 절하고 꿇어앉아서 고개를 쳐들고 여쭈되, "범님의 덕이야말로 참 지극하신저. 대인(大人)은 그 변화를 본받고 제왕(帝王)은 그 걸음을 배우며, 남의 아들된 이는 그 효성을 본받고, 장수는 그 위엄을 취하며, 그 거룩하신 이름은 신용(神龍)과 짝이 되어 한 분은 구름을 일으키시니, 저 같은 하토(下土)의 천한 신하 감히 하풍(下風)에 서옵니다" 한다.

범은 이 말을 듣자 꾸짖는다.

"에에, 앞에 가까이 오질 말렸다. 앞서 내 들은즉, 유(儒)란 것은 유(諛)라 하더니 과연 그렇구나. 네가 평소에는 온 천하의 모든 나쁜 이름을 모아서 망령되이 내게 덧붙이더니, 이제 다급하자 낯간지럽게 아첨하는 것을 그 뉘라서 곧이 듣겠느냐. 대체 천하의 이치야말로 하나인 만큼 범이 진정 몹쓸진대 사람의 성품도 역시 몹쓸 것이요, 사람의 성품이 착할진대 범의 성품도 역시 착할지니, 너희들의 천만 가지의 말이 모두 오상(五常, 父義·母慈·兄友·弟恭·子孝)을 떠나지 않으며 경계나 권면이 언제나 사강(四綱, 禮·義·廉·恥)에 있긴 하나, 저 서울이나 고을 사이에 코 베이고 발 잘리고 얼굴에 먹바늘을 뜨고 다니는 것들은 모두 오륜(五倫)을 순종하지 않았다는 사람이란 말야. 그럼에도 불구하고 밧줄이며 먹바늘이며 도끼며 톱 따위를 날마다 공급하기에 겨를이 없으나 그 나쁜 짓들은 막을 길이 바히 없건마는, 범의 집에는 본래 이러한 악독한 형벌이 없으니, 이로써 본다면 범의 성품이 사람보다 어질지 아니하냐. 그리고 범은 나무와 푸새를 씹지 않고, 벌레나 물고기를 먹지 않으며, 강술 같은 좋지 못한 것을 즐기지 않고, 새끼나 기르는 것 같은 자질구레한 것도 차마 먹지 않는다. 그리고는 산에 들어가면 노루나 사슴을 사냥하고, 들에 나가면 마소를 사냥하되, 아직 구복(口腹)의 누를 입거나 음식의 송사를 일으키거나 한 일은 없으니, 범의 도(道)야말로 어찌 광명정대하지 않느냐. 범이 노루나 사슴을 먹으면 너희들 사람은 범을 미워하지 않다가도, 범이 만일 마소를 먹는다면 사람들은 원수라고 떠들어대니, 이것은 아마 노루와 사슴은 사람에게 은혜로움은 없지만, 저 마소는 너희들에게 공이 있어서 그런 것이 아니냐. 그러나 너희들은 저 마소의 태워 주고 일해 주는 공로도, 따르고 충성하는 생각도 다 저버리고 다만 날마다 푸줏간이 미어지도록 이들을 죽이고, 심지어는 그 뿔과 갈기까지 남기지 않고도 다시 우리들의 노루와 사슴을 토색질하여 우리들로 하여금 산에서 먹을 것이 없고 들에서도 끼니를 굶게 하니, 하늘로 하여금 이를 공평하게 처리한다면 너희를 먹어야 하겠는가, 놓아 주어야 되겠는가. 대체 제것 아닌 것을 취함을 도(盜)라 하고, 남을 못 살게 굴고 그 생명을 빼앗는 것을 적(賊)이라 하나니, 너희들이 밤낮을 헤아리지 않고 쏘다니며 팔을 걷어붙이며, 눈을 부릅뜨고, 함부로 남의 것을 착취하고 훔쳐도 부끄러운 줄을 모르며 심지어는 돈을 형(兄)이라 부르고, 장수되기 위해서 아내를 죽이는 일까지도 있은즉, 이러고도 인륜의 도리를 논할 수 있을 것인가. 뿐만 아니라 메뚜기에게서 밥을 빼앗고 누에한테서 옷을 빼앗으며, 벌을 막지르고 꿀을 긁어 먹고, 심한 자는 개미 알을 젓담아서 그의 조상께 제사하니, 그 잔인하고도 박덕함이 너희들보다 더할

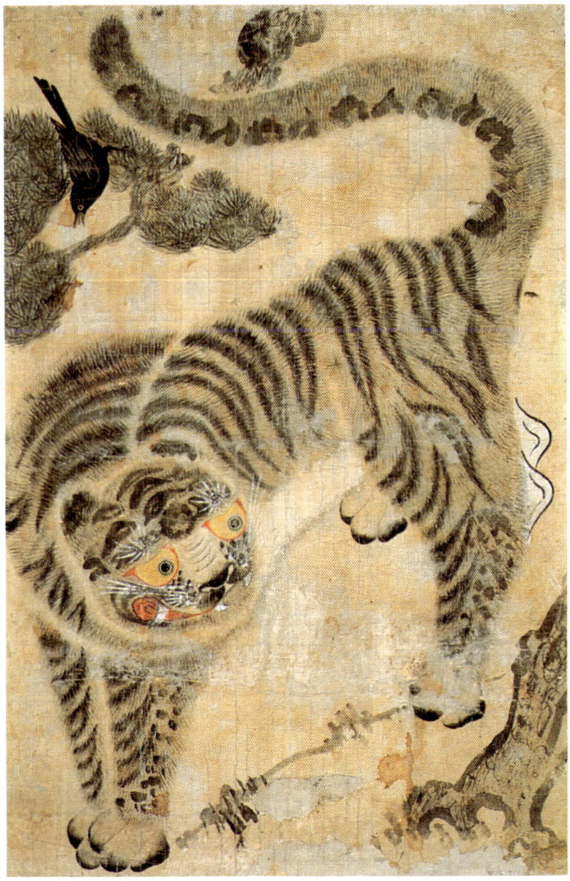

까치호랑이
60×80cm
에밀레박물관
소장

자 있겠는가. 너희들은 이(理)를 말하며, 성(性)을 논하되 툭하면 하늘을 일컬으나, 하늘의 명(命)한 바로써 본다면 범이나 사람이 다 한가지의 동물이요, 하늘과 땅이 만물을 낳아서 기르는 인(仁)으로써 논한다면 범과 메뚜기·누에·벌·개미와 사람이 모두 함께 길리어서 서로 거스를 수 없는 것이요, 또 그 선악으로써 따진다면 뻔뻔스레 벌과 개미의 집을 노략질하고 긁어가는 놈이야말로 천하의 큰 도(盜)가 아니겠으며, 함부로 메뚜기와 누에의 살림을 빼앗고 훔쳐 가는 놈이야말로 인의(仁義)의 큰 적(賊)이 아니겠는가. 그리고 범은 아직 표범을 잡아먹지 않음은 실로 차마 제 겨레를 해칠 수 없는 까닭이다. 그런데 범이 노루나 사슴 먹는 것을 헤아려도 사람이 노루와 사슴을 먹는 이만큼 많지 못할 것이며, 범이 마소 먹는 것을 헤아려도 사람이 마소를 먹는 이

만큼 많지 못할 것이며, 범이 사람을 먹는 것을 헤아려도 사람이 저희들끼리 서로 잡아먹는 이만큼 많지 못할 것이다. 지난해 관중(關中, 중국의 陝西省 지방)이 크게 가물었을 때 사람들끼리 서로 잡아먹은 것이 몇만 명이요, 그 앞서 산동(山東)에 큰 물이 났을 적에도 사람들끼리 서로 잡아먹은 것이 역시 몇만 명이었네그려. 그러나 서로 잡아먹음이 많기야 어찌 저 춘추전국시대만 하였으랴. 춘추 그때엔 명색이나마 정의를 위해서 싸운다는 난리가 열일곱 번이요, 원수를 갚는다고 일으킨 싸움이 서른 번에 그들의 피는 천리를 물들였고 죽어 자빠진 시체는 백만이나 되었던 거야. 그러나 범의 집에선 물이나 가뭄의 걱정을 모르므로 하늘을 원망할 것도 없고, 원수와 은혜를

松虎圖
54×96㎝
李元基 소장

모두 잊고 지내므로 다른 물건에게 미움을 입지 않고, 천명을 알고 그에 순종하므로, 무당이나 의원의 간교함에 혹하지 않고, 타고난 바탕 그대로 지녀서 천명을 다하므로 세속의 이해에 병들지 아니하니, 이것이 곧 범이 착하고도 성스러운 것이라 하겠으며, 그뿐일까, 그 한곳의 아롱진 것을 엿보더라도 족히 그 문(文)을 온 천하에 보일 수 있겠고, 척촌(尺寸)의 병장기(兵仗器)도 지니지 않고 다만 발톱과 이빨의 날카로운 것만을 쓰는 것은 이로써 무(武)를 천하에 빛내는 것이었다. 범과 원숭이를 그릇에 그린 것은 효(孝)를 천하에 넓히는 것이었으며, 하루에 한번 사냥하면 까마귀·솔개·참개구리·말개미 따위와 함께 그 대궁을 나눠 먹으니, 그 인(仁)이야말로 이루 다 쓸 수 없겠고, 고자질하는 자는 먹지 않으며, 병폐한 자도 먹지 않고, 상제된 자도 먹지 않으니, 그 의(義)야말로 이루 쓸 수 없지 않겠느냐. 그런데 너희들이 먹고 사는 것이야말로 불인(不仁)하기 짝이 없다는 것이다. 저 틀과 함정으로도 오히려 모자라서 저 새 그물과 작은 노루 그물과 물고기 그물과 큰 물고기 그물과 수레 그물과 삼태 그물 따위들을 만들었으니, 이는 애당초 그물을 뜬 자야말로 뚜렷이 천하에 화근을 퍼뜨린 놈일 것이다. 게다가 큰 바늘이니 줠 창이니, 날 없는 창이니, 도끼니, 세모난 창이니, 한 길 여덟자 창이니, 뾰족 창이니, 작은 칼이니, 긴 창이니 하는 것들이 생기고, 또 화포(火砲)란 것이 있어서 터뜨린다면 소리가 화산(華山)을 무너뜨릴 듯 그 불기운은 음양을 누설하여 그 무서움이 우뢰보다 더하거늘, 이로도 역시 그 못된 꾀를 마음껏 부리지 못하여서 이제는 보드라운 털을 빨아서 아교를 녹여 붙여 날을 만들되, 끝이 대추씨처럼 뾰족하고 길이는 한 치도 못 되게 하여, 오징어 거품에다 담그었다가 세로 가로로 멋대로 치고 찌르되, 그 굽음은 세모창 같고, 날카로움은 작은 칼 같고, 열셈은 긴 칼 같고, 갈래짐은 가짓 창

虎皮帳幕圖屛風
344×179㎝
湖岩美術館 소장

같고, 곧음은 살 같고, 팽팽하기는 활 같아서, 이 병장기가 한번 번뜩이면 모든 귀신들이 밤중에 곡(哭)할 지경이라니, 그 서로 잡아먹기로도 가혹함이 뉘라서 너희들보다 더할 자 있겠느냐"

북곽선생이 자리를 떠나 한참 엎드렸다가 일어나 엉거주춤하더니, 두 번 절하고 머리를 거듭 조아리며, "전(傳)에 이르기를 비록 아무리 잘못된 사람일지라도 목욕재계를 한다면 상제(上帝)라도 섬길 수 있다 하였사오니, 이 하토(下土)에 살고 있는 천신(賤臣)이 감히 하풍(下風)에 섭니다" 하고는 숨을 죽이고 가만히 듣되, 오래도록 아무런 분부가 없으므로 실로 황송키도 하고 적이 두렵기도 해서, 손을 맞잡고 머리를 조아리며 쳐다본즉 동녘이 밝았는데, 범은 어디론지 가 버리고 마침 밭갈러 온 농부가, "선생님, 무슨 일로 이 꼭두새벽에 벌판에다 대고 절은 웬 절이시옵니까?" 하고 묻는다.

북곽선생은,

내 일찍 들으니 하늘이 높다 하되　謂天蓋高
머리 어찌 안 굽히며　不敢不跼
땅이 비록 두텁단들　謂地蓋厚
얕디디지 않을소냐　不敢不蹐

하고는 말끝을 흐려 버렸다.

— 朴趾源「熱河日記」(李家源 역)

포호삼법(捕虎三法)

한국 '유머'의 전형적인 한 예를 들어 보자.

포호삼법(捕虎三法)이란 것이 있다. 호랑이를 잡는 데 세 가지 방법이 있다는 말이다. 호랑이도 여러가지가 있어서 어리석은 놈, 범상한 놈, 영웅적인 놈의 세 유형이 있다는 것이다. 호랑이를 잡자면 이 유형에 따라 법을 달리 해야 한다.

첫째, 어리석은 호랑이를 잡는 법은 한국 사람이면 누구나 다 안다. 호랑이가 잠잘 때에 살그머니 가서 잘 드는 칼로 호랑이 얼굴을 열십 자로 쫙 그려 놓고 뒤로 돌아가 호랑이 꼬리를 잡고서 '이놈' 하고 소리를 지르면 깜짝 놀라 깨어 후다닥 달아나는 바람에 알맹이만 쏙 빠져 달아나고

호랑이대가리봉
慶北 榮州市 可興里

껍질은 제대로 남는다는 방법이다.

그러나, 둘째 방법, 범상한 호랑이를 잡는 데는 이 방법으로는 안 된다. 범상한 호랑이지만 어리석은 놈과 달라서 두피(頭皮)를 칼로 가르려다가는 큰코를 다친다. 말하자면 범상한 호랑이지만 우호(愚虎)보다는 똑똑하다는 셈이다. 이런 호랑이를 잡자면 왜 그 진드기란 기생충이 있지 않은가. 그 진드기란 놈 한 스무마리 정도만 잡아가지고 호랑이 자는 데를 찾아가서 호랑이란 놈 불알 근처에 놓아 두면 된다.

진드기 스무 마리가 한꺼번에 총공격하는 바람에 잠자던 호랑이는 근지러워 못 견디겠어서 잠을 깨 가지고는 이빨로 제 불알을 자근자근 깨문다는 것이다. 한창 시원한 고비에 이르면 그만 저도 모르게 꽉 하고 깨무는 통에 불알이 딱 끊기어 호랑이 입속에 남게 되고 그래서 호랑이는 제풀에 죽는다는 것이다.

그러나 세째 방법, 즉 영웅 호랑이는 이 두 가지 방법으론 다 안 된다. 영웅 호랑이는 머리가 기민할 뿐 아니라 기개가 높아서 함부로 다루지 못한다. 그러나, 영웅 호랑이는 사람 세상과 마찬가지로 지조를 지키노라 대개 아호(餓虎)가 많다. 이런 영웅 호랑이를 잡으려면 여자의 서답(月經帶)을 가지고 가야 한다. 영웅 호랑이가 자는 코 앞에 이 서답을 던져 두면 된다. 배가 고픈 영웅 호랑이는 무슨 피비린내를 맡고 눈을 뜬다. 앞발을 내밀어 서답을 당겨다 놓고 가만히 들여다본다. 이게 무슨 고길까, 토끼고기도 아니고 노루고기도 아니고 이게 무얼까. 서답을 한번 뒤집어 놓으며 고개를 기울이고 호랑이는 심사숙고하게 된다. 이윽고 영웅호랑이는 고개를 끄덕인다.

"내 일찌기 들으니 인간여자의 하문(下門)에서 이런 것이 나온다더니 이게 바로 그건가 보구나. 내 아무리 배가 고픈들 이거야 먹을 수 있나."

영웅 호랑이는 한숨을 한 번 쉬고는 분연히 자살하고 만다. 늙어서 토끼나 노루를 쫓을 힘도 없고 불의와 창피를 무릅쓰자니 자존심이 허락하지 않아 마침내 영웅 호랑이는 자살하고 만다는 것이다. 죽어서 호피만을 남기는 것이 아니라 호랑이도 영웅은 분사(憤死)의 기개로 이름을 남긴다는 것이다.

이것으로 포호삼법은 끝난다. 호랑이 많은 한국에 호랑이 잡는 법도 매우 한국적이다.

이건 호랑이 잡는 법이 아니라 사람 잡는 법이로구나.

— 趙芝薰

백두산 호랑이

청산맹호(靑山猛虎)

평안도를 호랑이로 표시한 것은 그럴 듯하다. 평안도 사람에겐 확실히 호랑이 기질이 있다. 호랑이 살림 꼴이나 버릇을 과학적으로 살펴보고 반드시 거기 맞추어 하는 말이 아니다. 그것으로 한다면 호랑이란 고기 먹는 짐승인데 평안도 사람은 결코 남을 잡아먹기 좋아하는 사람들이 아니다. 제일에 정치에서 따돌림을 당한 사람들이 남의 고기를 먹을 기회가 있을 리가 없다. 정말로 육식은 정치가만이 하고 있다. 일거리(事件)보다 뜻(意味)을 더 중요하게 여기는 옛날 사람들의 이야기는 사실과는 엉뚱한 전설적인, 설화적인, 우화적인 것이 많이 있다. "용은 구름을 부르고, 범은 바람을 일으킨다"는 따위가 다 그것이다.

옛 사람 보기에 호랑이는 날쌤의 화신이었다. 호랑이는 나갈 줄 알고 물러갈 줄 모른다느니, 곧은 목이어서 돌이킬 줄 모른다느니, 죽어도 앉아 죽는다느니, 짐승의 왕이니 하는 말이 다 그것을 말하는 것이다. 평안도를 호랑이라 하는 것은 주로 그 용기를 말한다.…

팔도 평에 평안도를 청산맹호라 혹은 맹호출림(猛虎出林)이라 하는데, 그것을 칭찬으로 한 것인지 흉으로 한 것인지 모르나 나는 평안도 사람의 그 호랑이 기질이 좋다. 사실 기질은 기질이지 거기에 무슨 좋다 나쁘다가 있을 것 없다. 기질은 정신적 공기와 같은 것이니 그 속에 태어났으면 그래도 제 기질껏 살 일이다. 호랑이가 소노릇 하잘것도 없고 부처가 거울 속 그림자 노릇 하잘것도 없다. 모든 걸 제자리에 쓸 데 썼으면 그만이다. 밭을 가는 날엔 소를 쓰겠지만 승냥이 떼가 들어왔으면 범이 아니면 아니될 것이다.…

그러니 청산맹호는 청산맹호대로 보라. 왈칵 하고 뒤가 없다 하지만 벽산이 무너지게 한 번 호통하고 마니 호랑이지, 호랑이가 강아지처럼 줄곧 짖는다면 어찌 견딜 수 있을까? 평안도는 평안

납석제 호랑이필통
12×16㎝
鄭興齊 소장

도대로 쓰고 함경도는 함경도대로 쓰자. 서로 비평하는 것은 맘이 좁기 때문이다. 만물이 가지가지로 어석더석한 것은 큰 눈을 뜨람 아닌가? 멀리서 크게 보면(大觀) 하나로 산 우주다. 사람 사람의 성격이 서로서로 다른 것은 사랑하는 가슴 열람 아닌가? 하나로 가까이 잡으면 모두 다 한 맘이다. 하여간 나는 "저것도 평안도냐?" 할 만큼 약하고 겁많은 성격이면서도 평안도의 호랑이는 좋다. 요새같이 이렇게 승냥이 무리가 승냥이나 되나, 여우·개 무리가 들끓는 세상에서는 백주에 대갈엄이가 장안 복판에 한번 나타났으면 하는 생각 간절하다.

평안도 상놈

호랑이가 무엇이 호랑이냐? 상놈이 호랑이다. 범(凡)이 범이다. 짐승에서는 발톱 날카롭고 무늬 돋은 것이 호랑이나, 사람에게선 톱 없고 문(文) 없는 것이 호랑이요 왕이다. 옛날엔 또 몰라도 적어도 지금엔 그렇다. 옛날에도 높은 자리에 앉은 임금이란 공연히 죽은 호랑이 가죽이지 사실 산 임금은 민중이었다. 그래 민심이 천심이라는 것 아닌가. 평안도가 호랑이라는 것은 그것이 계급

青華白磁松虎紋紙筒　높이 16.7㎝　이화여자대학교박물관 소장

까치호랑이 53×87㎝ 에밀레박물관 소장

없는 민중의 땅이기 때문이다. 그 용기도 민중한테서 나온 것이다. 무늬 없는, 글 없는 민중이기 때문에 날쌔고 힘있는 것이다. 무지 무식하기 때문에 왈칵 하는 것이지 작은 지혜·지식의 분별을 한다면 힘이 못 나온다. 그것은 힘은 하나됨에서만 나오는데, 알아가지고는 하나는 못되기 때문이다. 알면 분별이지, 분(分)이요, 별(別)이지, 하나는 못된다. 민중은 난 대로 있으므로 소(素)요, 박(朴)이므로 단(單)이요, 순(純)이므로 하나다. 한 소리만 하는 것이 민중이다. 한 소리가 참 지(智)다. 정말 지는 민중이다. 양반이라 갈라질 수밖에 없고, 싸울 수밖에 없다.

민중은 각각 제로라 할 줄을 모르기 때문에, 제 지킬 소유도 지위도 없기 때문에, 한 소리일 수밖에 없다.…

내가 백두산 호랑이를 보았노라.

호랑이의 족보

우리 한나라는 예로부터 호랑이와 인연이 깊은 나라다. 본래 호랑이는 인도로부터 만주를 거쳐 한반도에 많이 살고 있었으며, 그 중에서도 우리나라 백두산을 중심으로 한 호랑이가 특별히 그 성질이 사납기로 유명하다는데, 그래 일찍부터 그것과 싸워 오며 해를 많이 입어서 그런지, 우리나라에는 예로부터 호랑이에 관한 전설이 많다.

우리는 어머니 무릎서부터 호랑이의 옛말을 들으며 자라온 민족이다. 즉 호랑이와 같이 놀며, 싸우며, 살면서 자라온 사람들이다. 그렇기에 단군 할아버지의 이야기서부터 호랑이 이야기가 들어 있다. 그러고 보면 이 민족의 둥지인 백두산에서 개마고지를 타고 번져 내려오면서 나라의 등뼈가 된 고구려의 후손인 평안도 사람에게 호랑이 같은 기질이 있다는 것은 자연 그럴 만한 일이다.

그런데 전설에 나타난 범의 지위를 보면 이상하다. 단군 전설에 보면 한우님이 인간세계에 내

螺鈿松虎紋函
(부분)
14.5×45cm
安伯淳 소장

려올 때 곰 한 마리 범 한 마리가 있어서 사람이 되게 하여 주기를 빌므로 마늘과 쑥을 주며 21일을 지내라 했더니 범은 그것을 참지 못해 사람이 못되고 곰은 그대로 지켜 여자가 되어 그 여자와 혼인해 단군이 나왔다고 되어 있다.

물론 이것은 한 개 전설이요, 흔히 역사가들이 해석하는 모양으로 원시시대 어느 사회에서나 대개 보는 토테미즘의 남은 그림자인지 모른다. 그러나 그렇다 하더라도 그 뜻을 무엇이라 생각함이 옳을까? 물론 결정해 말할 수는 없으나 구태여 해석을 붙여 본다면 혹 이렇지 않을까? 즉 주문을 지켜 사람이 됐다는 것은 그때 밖으로부터 온 지배자들과 결탁 동화하여 한 귀족계급을 이룬 부족을 말함이요, 지키지 못해 사람이 못됐다는 범은 피지배의 민중 계급으로 된 부족을 말함 아닐까?

그렇게 보면 곰은 임금이니, 왕검이니, 곰나루니, 곳곳에 있는 검산이니 하는 말이 표시하는 모양으로 신(神)이라는 뜻으로 많이 실려 있다. 일본말에도 가미(上, 神)란 말로 남아 있다. 그러나 범이니 호랑이니 하는 말은 지명이나 사람 이름에나 관직 이름에나 별로 있는 것 같지 않다. 그러나 그와 반대로 민간신앙에 들어오면 범은 대단히 중요한 지위를 차지한다.

우리나라 사람은 반드시 산신령을 믿었는데, 그 산신령에는 꼭 범이 따라다닌다. 문견이 좁아 다른 나라는 모르나 우리나라 절에 가면 어디나 반드시 산신령 그림이 있는데, 그 산신령은 언제나 범을 데리고 있다. 산신령은 본래 불교에 있던 것일까? 모르기는 하지만 그것은 우리나라에 본래 있던 종교가 불교와 융합하면서 들어갔던 것이 아닐까?

朴生光 作 탈
69.5×68.5㎝
개인소장

이렇게 종합해 볼 때 범은 민중을 표하는 것이라 볼 수 있다. 또 거기까지는 위험하다 하더라도 적어도 곰이 정치와 결탁한 나라의 종교를 표하는 대신 범은 민간신앙을 표하는 것이라 볼 수 있지 않을까? 저쪽이 통치정신이라면 이쪽은 반항정신, 저쪽이 조직이라면 이쪽은 믿음이다.

범은 늘 친함을 입지 못하면서도 매우 영그러운 것으로 두려워함을 받는다. 그것은 개혁, 혁명을 표시한다. 무서운 파괴력을 가지면서도 잔인하지도, 음험하지도, 구구하지도, 끈덕지지도 않은, 그리고 변화막측(變化莫測), 자유자재, 대범과단한 호랑이로써 그 신앙의 대상을 상징하는 데 뜻이 있다. 이것은 중국 사람이 고구려 사람을 평하여 강용이근후(剛勇而謹厚)라, 질직강용(質直剛勇)이라, 불위구초(不爲寇鈔)라, 견인유환투사구지(見人有患投死救之)라 한 말과 서로 들어맞는 일이다. 어쨌거나 고구려의 기질은 호랑이다운 것이요, 그 기질은 쇠하였을망정 평안도 상놈에게 남아 있다.

호랑이가 모든 짐승의 왕으로 있으며, 그 신령으로 온 산을 다스리고 억만 가지의 잎새가 그 휘파람으로 움직이는 것이로되, 그 형태를 나타내는 일이 극히 드문 것과 같이, 민중이 그 나라의 주인이요, 그 정신으로 굴러가는 것이나, 그 얼굴을 드러내는 일은 매우 보기 어렵다.

민중도 호랑이같이 용맹하면서도 또 착하기 때문에 숨은 자다.…

— 咸錫憲

호랑이 우화

호랑이는 굶지 않는다

산중 왕 호랑이도 한 끼 때우기란 여간 힘든 일이 아니다. 한 마리의 토끼를 얻으려고 온 산을 뛰어다녀야 하고 일진 사나우면 굶기도 한다. 배를 불린다는 것은 힘으로만 되는 것이 아니다. 그러면 뛰어다닐 수 없이 늙은 호랑이는 굶어 죽는가? 아니다. 늙어도 호랑이는 호랑이다. 호랑이가 늙으면 토끼, 여우의 길목을 지키는 지혜를 갖는다. 앉아서 찾아온 것을 덮치면 된다.

호랑이는 무엇을 생각하는가

사냥나갈 수 없는 비오는 밤에 호랑이는 굴 속에서 무엇을 하는가? 담배를 피운다. 장죽 고불통에 담배를 다져 날이 새도록 혼자 담배를 피운다.

"궂은 비야! 며칠 와야겠어."

제법 왕자답게 한마디 한다. 그러나 정작 비가 이틀만 계속되어 배가 고파지면 호랑이는 화를 참지 못한다.

"쌍놈의 하늘 같으니, 조금만 더 낮았으면 잡아먹겠는데."

담배가 떨어지고 잠오지 않는 밤, 호랑이는 굴속에서 무엇을 생각하는가? 빈 담배 쌈지를 털면서, "봄비에 장마지겠어, 담배집 문 닫겠는걸!"

호랑이는 토끼, 여우 같은 것 속에서 돋보이는 것이지 혼자면 그도 그저 한 마리의 짐승에 불과하다. 엎드려 발바닥이나 핥고 뒷발로 점잖은 수염이나 긁는 배운 것 없는 왕자! 이래서 혼자 있는 호랑이는 호랑이가 아니다.

호랑이도 새끼에겐 어쩌지 못한다

어미 호랑이는 나가면서 새끼들에게, "누가 와도 문을 열어 주면 안 된다. 혹 곶감이 올지도 모르니까!" 하고 말했다.

굴을 떠나는 새끼들에게 호랑이는 말한다.

"호랑이는 포효만 있을 뿐이지, 비명을 지르면 안 된다. 이 측은한 것아! 이것을 지키기란 얼마나 힘든 줄 아니?"

호랑이는 위신 하나로 산다

무서운 호랑이도 제가 좋으면 꼬리를 친다. 위엄 있는 호랑이 꼬리도 할 일이란 이것뿐이다. 그런데 이것으로 얼음 구멍을 뚫고 고기를 낚겠나는 어리석은 생각을 한 적도 있었다.

없을 때는 굶고 생기면 한꺼번에 모두 먹어 버리는 호랑이의 살림을 보고 여우가 말했다.

"아저씨! 남겨 두었다가 헛탕 칠 때 잡수시지."

그러니까 호랑이는 화를 벌컥 내면서 말했다.

"굶어 보지 못한 놈은 참견 마라! 다음 굶을 때를 생각하고 먹어 두는 거야. 권위를 지키다 보면 굶는 날이 더 많은 법이야."

호랑이의 뜻을 미물들은 몰라

호랑이에게 있어 제일 무서운 것은 미련한 사람들이다. "이 미련한 것들이 부지깽이든 강차위(삽)든 잡히는 대로 들고 덤벼드는데야, 나! 호랑이 체면에 맞서 싸울 수가 있어? 그냥 잡히는 게 낫지."

"호랑이란 말만 들어도 다들 숨을 죽이는데 귀뚜라미, 너만이 나를 곁에 두고도 계속 울어대는 그 배짱은 어디서 생긴거냐?"

그러니까 귀뚜라미는 말하였다.

"글쎄, 우리도 호랑이 아저씨의 어디가 무서운 건지 그것을 몰라서 그러는 거예요. 지금 당장은 댁의 엉덩이에 깔릴까봐 그게 좀 조심스러울 정도밖에 안 되거든요."

이런 미물들과 같이 살아야 하는 호랑이 마음은 외롭기만 하다.

늙은 호랑이는 외로와

바람 몰고 다니던 호랑이도 나이 들면 판단이 흐려진다. 그래서 엉큼한 곰의 말도 정말로 듣고,

白虎圖
260×115cm
梁山 通度寺
羅漢殿 壁畫

간사한 여우 얘기도 곧이듣는다. 그게 답답한 새끼는 가슴을 치면서 말하였다.

"내남 없이 늙으면 죽어야 해. 세상 어떻게 돌아가는지 통 모르니, 저렇게 되면 저건 호피(虎皮)지 어디 호랑인가?"

감나무를 쳐다보면서 호물때기(합죽이)호랑이가 혼잣말로 중얼거렸다.

"감이 낡(나무)에 달리는 사실을 이 나이에 처음 알았어. 젊을 때는 늘 바빠서 연시(軟柿)는 땅에 굴러다니는 것인 줄 알았지. 그 경치 붉어서 좋다! 저놈은 물러서 잇몸으로도 먹을 수 있단 말이야."

나이 든 호랑이가 포수에게 잡혀가는 젊은 호랑이에게 큰소리로 말하였다.

"사람에게 잡혀가도 정신만 똑바로 차리면 살 길이 난다."

밤눈 어두워진 호랑이가 부엉이에게 말하였다.

"옛날 나의 눈은 밤길 백리를 꿰뚫어 보았단다."

그러니까 부엉이가 말하였다.

"또 그 옛날인가요? 그때 우리 할아버지는 아저씨 할아버지가 잃은 담뱃대를 찾아드리곤 하셨다던데요."

호랑이는 할 말이 없다

토끼와 노루는 황급히 도망치는 호랑이를 보면서 비웃었다.

"꼬리가 길고 잘 생기면 뭘하나 말이야. 저렇게 되면 호랑이 꼬리나 개 꼬리나 뭐 다를 것 없잖아. 차라리 우리처럼 꼬리 없는 편이 낫지."

그러니까 호랑이가 뒤를 돌아보면서 말하였다.

"도망칠 때 멋있게 보이는 것이 있겠어? 그래 너희들은 꽁지 빠진 호랑이면 볼 만하다고 박수쳐 줄 것이냐?"

호랑이는 하나만 알고 둘은 모른다

운수사납게 호랑이와 같은 함정에 빠져 버린 토끼는 다급하여 호랑이에게 말을 걸었다.

"아저씨, 어차피 우리는 같은 이웃이 되어 버렸는데 어떻게 하면 앞으로 여기서 의좋게 지낼 수 있을까 그것을 의논하는 것이 어떨까요?"

그러니까 호랑이는 빙그레 웃으면서 말하였다.

"거 참, 훌륭한 생각이다. 못할 얘기가 뭐 있

騎虎神仙圖 24×48㎝ 安伯淳 소장

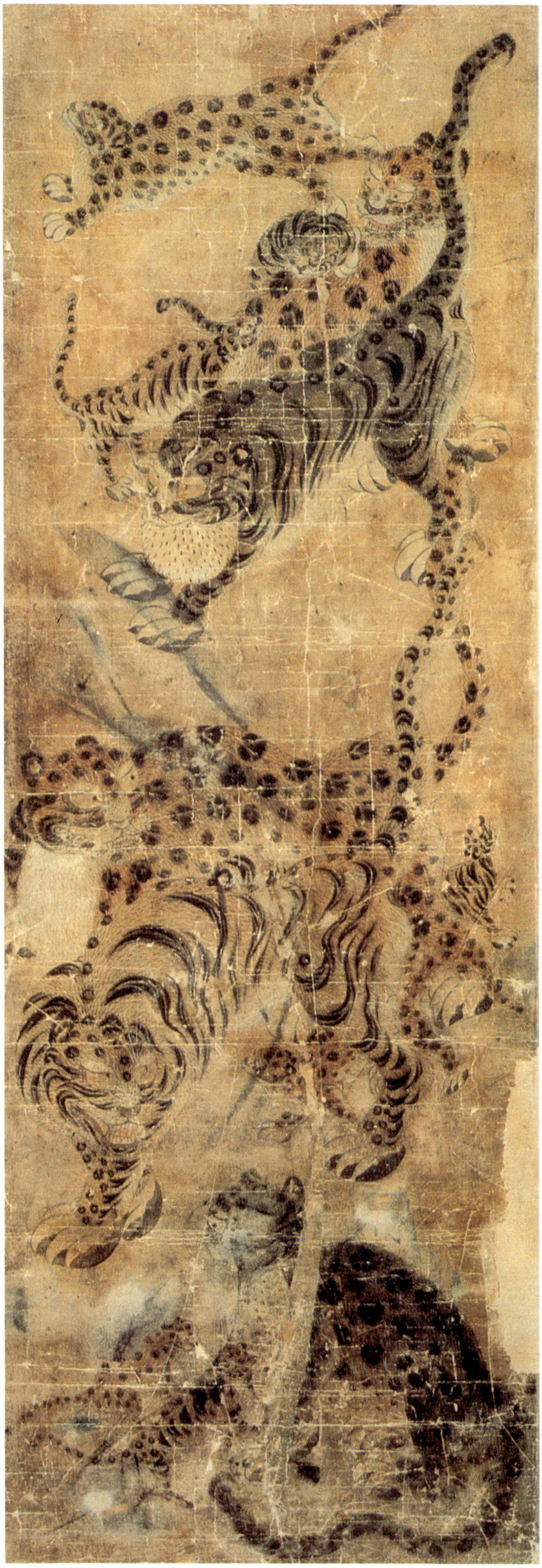

白虎圖屛風(부분) 40×114cm 에밀레박물관 소장

겠어? 요 귀여운 것아! 내가 배고프지 않은 동안까지지만 말이다."

"같은 산에서 사는 이웃끼리 서로 얼굴이나 익히면서 사는 게 좋겠다"는 호랑이의 뜻을 까치가 짐승들에게 전하면서 다녔다.

그러니까 여우는 한마디로 거절하였다. "같이 산다고 다 이웃인가?"

토끼는 웃으면서 말하였다.

"참 좋은 생각이셔. 그런데 우리가 만날 장소는 어차피 호랑이 뱃속이어야겠죠?"

호랑이가 토끼에게 타이르듯 말하였다.

"호랑이는 호랑이끼리 싸우고, 여우는 여우끼리 싸우는데 너야 뭘 무서워할 것 없잖아."

그러니까 토끼는 화를 내면서 대답하였다.

"이치야 그렇죠. 그런데 당신네들은 싸우는 기운을 모두 우리에게서 얻으려니까 문제가 있는 거죠 뭐."

호랑이의 법은 따로 있다

여우에게 쫓긴 토끼가 다급하여 호랑이한테로 도망쳐와 살려달라고 하였다. 호랑이는 한입에 삼키고 입을 다시면서 말하였다.

"나쁜 놈의 여우 같으니…"

산짐승들이 호랑이에게 몰려와 진정하였다.

"아직 우리는 아저씨의 뜻이 무엇인지 통 알 수 없어요. 웃어도 잡아먹고 울어도 잡아먹으니 어떻게 하면 우리가 앞으로 무사히 살 수 있겠는지 그걸 가르쳐 주세요."

그러니까 호랑이는 화를 버럭 내면서 말하였다.

"그야 시장기만 안나게 해 주면 되잖아. 배부른 호랑이가 화내는 것을 본 일이 있어?"

토끼가 호랑이에게 아양을 떨면서 물었다.

"우리 미물들이야 아저씨가 만든 법대로 살게 마련이지만 아저씨는 누구의 법을 따르나요?"

그러니까 호랑이는 빙그레 웃으면서 말하였다.

"나는 내 법이지… 호랑이에게 무슨 법이 있겠나. 있으면 가르쳐 줘, 허허."

호랑이도 호랑이는 무서워

토끼가 호랑이에게 물었다.

"우리는 꿈에서 제일 무서운 것이 호랑이에게 쫓기는 건데 아저씨들은 뭐가 무섭죠?"

그러니까 호랑이는 엄숙한 표정을 지으면서 말하였다.

"우리도 호랑이야… 호랑이는 젖 떨어지면서부터 혼자 살아야 하느니. 헌데 또 한놈이 가까이 있으면 둘다 굶어 죽게 되거든. 태백산(太白山)이 깊다 해도 큰 우리 뱃속을 채울 먹이가 어디 흔한가? 역시 꿈에도 호랑이는 호랑이가 무서워."

호랑이 생각도 때로는 옳다

어미 호랑이가 굴을 빠져 나오면서 말하였다.

"아무리 내 새끼지만 말은 바른대로 저렇게 못되고 매정한 짐승 새끼들은 다시 없을 거야, 후-."

토끼가 호랑이에게 아첨으로 말하였다.

"아저씨는 밤눈이 밝아서 좋으시겠어요."

그러니까 호랑이는 쑥스러운 표정을 지으면서 대답하였다.

"그런 말들 하지마! 오죽하면 밤눈을 밝히겠니. 먹을 일만 아니라면 나도 한번쯤 밤잠 자봤으면 좋겠어!"

까치가 나무 위에 앉아서 이쪽저쪽 연방 머리를 기우뚱거리는 것을 본 호랑이는 오래간만에 농을 걸었다.

"마음 둔 곳이 있으면 가든지, 아니면 쉬는 동안만이라도 좀 침착하게 앉아 있으면 어떠냐?"

그러니까 까치들은 정색하면서 말하였다.

"어차피 우리야 흔들리는 나뭇가지에서 사는 거고 댁이야 묵직한 바위굴에서 사시는 건데, 어떻게 댁의 방식으로 우리를 간섭하죠?"

호랑이도 기러기 우는 소리를 들으면 두고온 굴 생각을 하고, 나이가 차면 묻힐 산수를 찾는다.

느티나무 그늘 밑에서 호랑이는 신세타령을 했다.

"평생 남들과 못 어울려 보고 살아온 내 팔자! 쏘는 옻나무 밑이라도 좋으니 한 그늘 밑에서 한번 어울려 살아 봤으면 좋겠어…"

호랑이는 체면으로 산다

젊은 호랑이가 뒷걸음질치는 왕호랑이에게 말하였다.

"호랑이는 뒷걸음질치면 안 된다고 하시더니 아저씨는 왜 비겁하게 뒷걸음질하시죠?"

그러니까 왕호랑이는 화를 버럭 내면서 말하였다.

"이거야 호랑이 체면 때문이지 무서워 그러는 것은 아니잖아! 그래 저 늙은 여우가 악을 쓰고 달려드는데 내가 저런 것과 맞서 싸워야 되겠니?"

호랑이 부적
三省出版博物館 소장

병들어 죽게 된 호랑이를 내려다보면서 까치가 말하였다.

"아저씨가 죽으면 아랫마을 포수에게 먼저 알릴까요, 윗마을 백정에게 먼저 알릴까요?"

그러니까 호랑이는 애원하듯 말하였다.

"죽은 뒤야 포수든 백정이든 누구면 어떠냐. 그렇지만 내 체면도 있으니 까치 까마귀만 파먹지 말았으면 좋겠다."

마루 밑에 숨었다가 새벽을 맞은 호랑이가 혼잣말을 했다.

"체면 없이 남 보는데 마루 밑에서 어떻게 기어 나가지?"

그러니까 흰 개가 말하였다.

"정 할 수 없으면 개시늉을 하시죠 뭐. 멍멍 짖으세요!"

호랑이 주변에는 말도 많다

개울물을 건너지 못해 쩔쩔 매는 토끼를 보고 호랑이가 친절하게 말하였다.

"자, 내 등에 업혀라. 건네줄 테니."

그러니까 토끼는 웃으면서 말하였다.

"고마워요, 아저씨! 그러나 이제껏 아저씨 등에 업히는 토끼는 봤지만 물 건너간 토끼는 본 일이 없으니 난 사양하겠어요."

다리 부러진 사슴을 보고도 모르는 체 그대로 지나가는 호랑이를 보면서 여우·토끼가 모여 수군댔다.

"저놈 호랑이가 마음 착해서 저러는 줄 아니? 배가 부르면 공연히 저렇게 능청을 부리는 것을 우리는 알아야 해."

호랑이 이 소리를 못 듣나? 다 듣고 혼자 말하였다.

"쌍놈의 팔자! 호랑이는 착하게 살려 해도 되지 않는단 말이야!"

새끼 한 마리를 잃어버린 호랑이가 온 산을 울며 헤매는 것을 본 여우가 난생 처음 심각한 표정을 지으며 말하였다.

"제놈이라고 별 수 있나? 우리 가슴을 그만치 타게 했으니 제 속도 좀 타 봐야지. 그러나 안 되기는 안 됐어! 어미가 돼 봐야지 저 속을 알지."

호랑이도 그 나름의 이유가 있다

"아무리 호랑이라고 보이는 것을 다 잡아먹나? 아니다. 움직이는 것이 싫어서도 참아 버리고, 입맛 없어도 가만 둬두는 거다. 그런데 그것도 몰라 주고 다들 이러쿵 저러쿵하니 다 먹을 수밖에 별수없다."

그러자 이 말을 듣고 있던 토끼가 말하였다.

"그러니 결국 아저씨는 눈에 띄는 건 모두 잡수신다는 것 아녜요!"

"그런가? 하기야 그렇지!"

개가 오기로 호랑이굴을 찾아가 말하였다.

"아저씨는 백수의 왕이라면서 하필 우리 같은 똥개까지 상대하는 이유는 뭐죠?"

이 너무 당돌한 말에 호랑이도 그만 말을 떠듬거리며 말하였다.

"그, 그거야 어, 어, 어디 배가 고파서 그런 건가? 도둑개는 치워 버린다는 그, 그, 그저 단순한 그런 뜻에서였지.… 이 고얀놈 같으니 어서 내 앞에서 꺼져!"

낙엽을 밟으면서 늙은 호랑이가 혼잣말을 하였다.

"다들 나를 사납다고만 하지만 낙엽을 보면 가슴 찡하는 시(詩)가 이 가슴속에 있다는 것을 누가 알아줘! 그게 그저 슬플 뿐이지!"

호랑이는 언제나 옳다

호랑이도 나이들면 대수롭지 않은 내리막길에서 무릎을 깬다.

이것을 본 토끼가 방정맞게 말을 했다.

"안 되셨어, 아저씨. 백수의 왕 호랑이도 늙으니 별수 없군요."

문지방 위에 붙였던
호랑이 부적
106×46㎝
개인소장

그러니까 호랑이는 주저앉은 채 화난 얼굴로 말했다.

"늙긴 왜 늙어! 이번에도 조심하지 않은 탓이었을 뿐이야. 함부로 그런 소리 마라!"

턱을 높이 쳐들고 헤엄쳐 나오는 호랑이를 보고 여우가 비웃으면서 말하였다.

"천하의 호랑이님이나 사타구니에 꼬리를 쳐박고 다니는 우리나 헤엄치는 꼴은 매한가진데 여기에 무슨 이유가 있을까요."

그러니까 호랑이는 화를 버럭 내면서 말하였다.

"너희들이 쫓아다니면서 내 흉내를 내니까 그런 거지, 우리는 조상 때부터 물건널 때 턱을 들었어! 얼굴에 물 튀기는 것을 싫어하는 성미였단 말이다."

다리 위를 건너던 호랑이가 물에 비친 제 그림자를 보면서 혼잣말을 하였다.

"사실을 말하면 개나 호랑이나 다를 게 하나도 없어. 집에 갇혀 산다는 것과 산에서 제멋대로 산다는 차이밖에는…"

포수에게 쫓긴 호랑이가 바위 뒤에 숨어 있었다. 이것을 본 까치는 자꾸만 울어댔다. 그러니까 호랑이는 원망스런 눈으로 까치를 쳐다보며 말했다.

"이 괘씸한 것아! 산에서 같이 사는 이웃끼리 서로 숨겨 주지는 못할망정 고자질할 것까지는 없잖아."

그러니까 까치가 뾰루퉁한 말로 대답하였다.

"말 한번 잘 하셨어, 호랑이 아저씨! 곁에 있다고 모두 이웃인가요. 우리는 서로 잘못 만난 적수였죠. 그러나 이번만은 제대로 만난 것 뿐이죠 뭐!"

호랑이는 큰 일을 위해 굴을 버린다

호랑이도 숨는 굴이 알려지면 굴을 옮긴다. 그래서 물 좋고 양지발 좋은 땅을 찾아가는 호랑이를 보고 까치가, "영감, 생각 한 번 잘하셨소. 큰 놈 노리면서 굴 생각은 할 것 없소. 이왕 있는 굴을 언젠들 못쓰겠소."

독수리에게 쫓긴 토끼가 너무 급해서 호랑이 굴 속으로 뛰어들었다. 생각지 않게 호박이 넝쿨채 굴러 들어온 호랑이는 입맛을 다시며 굴 밖으로 나와 주위를 돌아보면서 말하였다.

"어느 놈의 짓인지 모르긴 하나 호랑이 굴에 토끼 한마리가 뭐냐. 노루·사슴이면 몰라도 내 굴

속에서 토끼 먹어보기는 이게 처음이네."

사과꽃 핀 것을 보고 호랑이는 두고온 굴을 생각한다. 물건너면서도 호랑이는 두고온 숲을 또 생각한다. 대체 이런 호랑이 뜻을 여우·토끼가 어찌 알 거냐.

호랑이도 나이를 먹으면 죽어야지

호랑이도 나이를 먹으면 깊은 생각에 잠긴다. 눈보라치는 굴 밖을 내다보면서 혼잣말을 하였다.

"먹지 않고 살 수만 있다면야 얼마나 좋을까. 먹자니 그렇고. 안 먹자니 또 그렇고. 대체 언제까지 먹어야 하지!"

호랑이도 나이를 먹으면 남의 새끼 귀여운 줄 안다. 멧돼지 새끼들이 어미 뒤를 줄지어 쫓아가는 것을 내려다보면서 늙은 호랑이가 혼잣말을 하였다.

"저 측은한 새끼들, 어미가 없으면 얼마나 불쌍할까."

죽은 까치를 내려다보면서 늙은 호랑이가 혼잣말을 하였다.

"그리도 내 속 태우더니 너도 죽는 날이 있었구나. 결국 오래 살고 볼 것이었어."

호랑이는 호랑이

천년, 이천년 후 창경원 호랑이들이 모여 앉아 말하였다.

"옛날 옛날 한 인간 얼간씨가 창경원 호랑이도 사람을 무나 하고 호랑이 입에 손을 집어 넣었다지 않아!"

"원 건방지게. 그래서 그 할아버지가 어떻게 했지?"

그러니까 그 호랑이가 엄숙한 목소리로 대답하였다.

"우리가 담배 먹던 시절의 얘기니까 잘 알 수 없으나 그 할아버지는 그 손을 딱 잘라 먹어 버렸다지 않아."

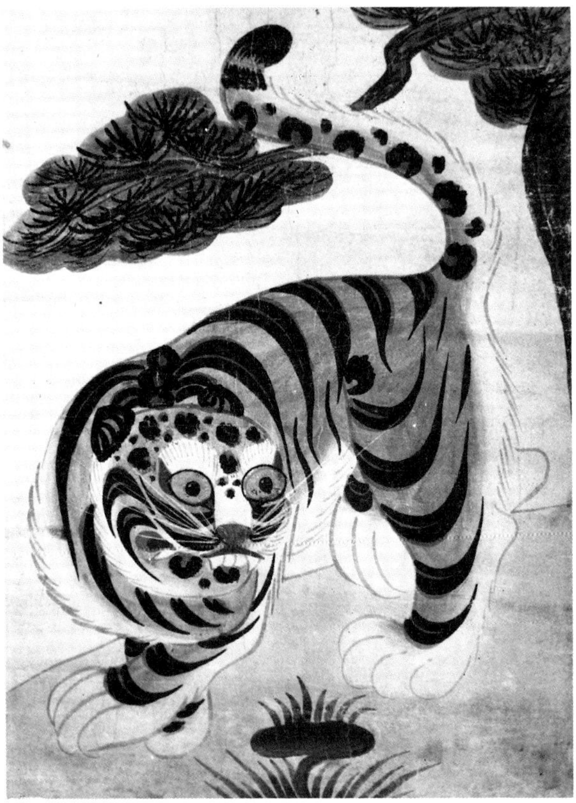

위·아래/ 松虎圖 53×78cm 金基昶 소장

그러니까 모두들 함성을 올리며, "호랑이 만세! 역시 우리 할아버지 때만 해도 진짜 호랑이는 있었어."

호랑이 없는 산은 산이 아니다

산중 왕 호랑이 생일에 짐승들이 남산에 모여 무도회를 열었다. 답례로 호랑이가 춤출 차례가 되자 모두들 박수를 보냈다. 그러니까 더욱 신난 호랑이의 춤은 멈출 줄 모르고 계속되었다.

박수에 지친 노루가 울상이 되어 곁에 앉은 토끼에게 말했다.

"저것도 춤이냐. 꼬리의 장난이지…."

그러니까 토끼 대답이,

"지금 우리가 춤 때문에 박수를 치는 거냐."

호랑이 알아 보는 놈 그래도 한 놈은 있다

호랑이가 불의의 사고로 죽자 산중의 짐승들이 한데 모여 밤샘을 하였다.

먼저 여우가 앞으로 나와 향을 올리고 절하면서 말하였다.

"오래 같이 살기는 했지만 이렇게 가까이서 호랑이님을 대하는 것은 처음이란 말씀야. 근데 야! 그놈 발톱하며 주둥이 하며 무섭게도 생겼다."

다음 토끼가 향을 올리면서 말했다.

"호랑이님 귀가 요렇게 작았으니 누구 말 들었겠어! 그놈 죽어 싸지 싸."

나중에 사슴이 엎드려 울면서 말하였다.

"정작 죽은 것을 보니 불쌍하오. 포수에게 쫓기는 입장으로는 우리나 같은 짐승이었잖아요."

호랑이 죽자 좋아라고 날뛰는 짐승들을 보고 까치가 울먹이면서 말했다.

"그래도 산중의 척도는 이분이었어. 이제 멧돼지, 부엉이 날뛰면 다들 잠 한 번 제대로 잘 것 같니?"

호랑이는 뱃심도 좋아

사흘 굶은 호랑이가 두더지를 보고 뒤돌아 앉으면서 말한다.

"그래도 난 호랑이야. 안 먹어."

그러나 이레 굶으면 새앙쥐 보고도, "난 호랑이다. 앙!" 한다.

배부른 호랑이 토끼 귓속에 입을 대고 은근한 목소리로 속삭였다.

"요 사랑스러운 것아, 날 사랑하지? 만일 날 사랑 않으면 잡아먹을 테다."

호랑이는 속상한 일이 많다

호랑이 입탈났다는 소문이 나돌자 산중 짐승들이 모여 큰 잔치를 벌였다. 신난 늙은 여우가 앞으로 나와서 말하였다.

"호랑이 입탈났으면 그야 왕장군의 고자지. 우리 다들 이제부터는 허리를 펴고 살게 됐으니 축배나 듭시다."

그러니까 까치가 답답한 표정으로 말하였다.

"호랑이 입탈났으면 좀 천천히 먹게 된다는 것

松虎紋華角欌(부분)
이화여자대학교 박물관 소장

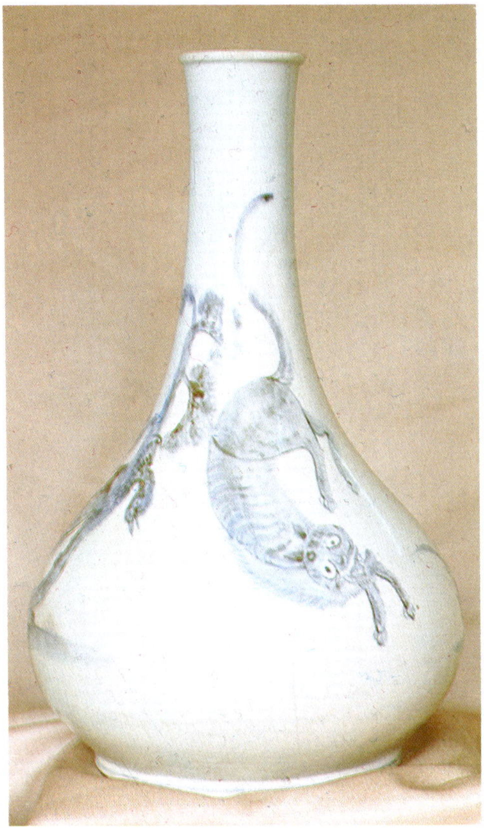

青華白磁
까치호랑이紋甁
4.5×2.5×10.5cm
李相出 소장

뿐이지 그 양(量)이 주는 것은 아니잖아요."

호랑이 고기맛은 어떨까 하고 말한 늙은 여우가 불경죄(不敬罪)로 호랑이 앞에 끌려나왔다.

호랑이는 화난 소리로 여우에게 따졌다.

"이놈. 네가 다들 모인 자리에서 호랑이 고기를 먹어보구 싶다고 했다는데 그게 정말이냐?"

그러니까 늙은 여우 죽을 힘을 다해서 대답하였다.

"아닙니다. 여우가 어떻게 호랑이를 잡아 먹습니까. 그서 제가 모기(蚊)에게 호랑이 고기맛이 어떻더냐고 그렇게 물어본 얘기를 그 자리에서 했을 따름이죠 네. 그럼 여우는 모기하고도 얘기하면 안 된다 그 말씀이신가요."

앞 발톱을 뻗치면서 큰 기지개를 켜는 호랑이를 보고 여우·토끼가 아첨의 말을 하였다.

"아이 무서워! 아저씨 그 발톱으로 내려치면 우리 같은 것은 영락없이 죽겠네요 호, 호…"

그러니까 호랑이 답답한 표정을 지으면서 말하였다.

"야, 야. 속상한 소리들 마라. 너희들에게까지 보일 호랑이 발톱이 어디 있니?"

호랑이는 살맛 나

짐승들이 오랜 논의 끝에 호랑이는 잠잘 때도 눈 뜨고 자는 것으로 결론내렸다. 이 말을 듣자 까치는 딱한 표정을 지으면서 말했다.

"이래저래 호랑이만은 높아지고 살맛 나겠군. 눈 뜨고 자는 것은 양반들이 깔고 앉는 호피의 의안(義眼)이지 정작 그놈이 낮잠 잘 때를 보면 천둥이 쳐도 눈 뜨는 법 없는 게으름뱅이여, 이 딱한 것들아!"

호랑이는 뛰면서 생각한다

까치가 늙은 호랑이를 보고 말하였다.

"아저씨, 숨차게 뛰어다니지만 말고 길목을 지키시지요. 힘 안 들이고 배불리 자실 수 있잖아요."

그러니까 호랑이가 웃으면서 말했다.

"잡기 위해서만 뛰는 것은 아니잖니. 때로 호랑이는 힘도 보여야 하는 거다. 네가 어찌 호랑이의 뜻까지 알겠느냐."

항상 바삐 뛰어다니는 호랑이를 보고 토끼가 말했다.

"온 산의 것이 모두 아저씨 것인데 뭐 안타깝다고 그렇게 뛰어다니시죠?"

그러니까 호랑이 화를 내면서 말했다.

"제발 속터질 소리 말아라. 어느 한놈 갖다 주는 놈 있는 줄 아니? 내가 받으러 다니지 않구는 안 되니 그러는 거 아니냐."

인왕산 길에서 오르내리던 두 호랑이 서로 중얼거렸다.

"— 산 위에 뭐가 있겠다고 원!"

青華白磁松虎紋注子
9.5×17×11㎝
개인소장

"— 산 밑에 뭐가 있겠다고 원!"

호랑이 제 잘난 멋으로 산다

젊은 토끼 해롱거리며 늙은 호랑이에게 말했다.

"귀가 이렇게 작으신데 아저씬 왜 남의 말을 그렇게 잘 들으시죠. 그러니까 늘 속지 않아요."

그러니까 호랑이 빙그레 웃으면서 말했다.

"옳거니, 홍얼 홍얼… 그렇지만 어디 호랑이라는 게 귀로 말을 듣나? 넓은 마음으로 듣지. 여우·토끼 너희들은 귀가 작아서 남의 말 안 들었었나? 그 속통이 좁아서 못 들은 거지."

다람쥐가 황급히 도망치는 것을 보고 호랑이가 걸음을 멈추고 큰소리로 말하였다.

"내가 너희들을 잡아먹을까봐 그러는 거냐? 난 여우가 아니고 산중 왕 호랑이다!"

그러니까 다람쥐가 웃으면서 대답했다.

"여우와 호랑이는 뭐가 다르죠?"

호랑이는 팔자소관

무료한 늙은 호랑이가 하품만 하면서 중얼거렸다.

"먹구 자구 먹구 자구 또 먹구 자구, 하품하면 눈물만 나구… 신령님은 나를 호랑이로 만들었으면 무슨 소용이 있어서 그랬을 텐데…"

그러니까 여우가 웃으면서 대답하였다.

"암요! 아저씨 호피 때문이었을 거예요!"

호랑이 새끼는 호랑이 새끼

새끼 호랑이를 두고 떠나는 호랑이가 몇 번이고 뒤돌아보니까 새끼 호랑이 신경질적으로 말했다.

"근심 말고 가시라니까요. 이제는 나도 성장한 호랑이 아녜요."

그러니까 어미 호랑이 눈물을 흘리면서 말했다.

"다시 못볼 것이 서러워 그러는 거 아니냐. 에미 생각 않는 이 호랑이 새끼 같으니… 흑, 흑."

땅에 떨어진 곶감을 보고 호랑이가 씩 웃으면서 혼잣말 하였다.

"이놈에게 놀란 것도 담배 먹던 시절이지. 어떻든 곶감이란 말라 비틀어진 묘하게도 생긴 물건이여."

— 趙東華

까치호랑이 56×116㎝ 개인소장

오월달 깊은 산속 어둑어둑 수풀 속에
호랑이 새끼쳐서 젖을 먹여 기르더니
여우 토끼 잡아먹곤 사람까지 잡으려고
자기 소굴 뛰어나와 마을고을 오락가락
나무꾼들 길 막히고 김매기도 끝장났네
산골 사람 대낮에도 방문 꽁꽁 잠가 놓네
홀어미는 엉엉 울며 칼을 들고 찌르려고
날랜 사내 화치밀어 활을 들고 쏘러 가네
현관사또 이 말 듣고 가엾이도 여겼는지
소교에게 영을 내려 범사냥을 재촉하네
몰이꾼이 나타나자 온마을이 깜짝 놀라
젊은이는 도망치고 늙은이만 잡혀 가네
소교들 이르르니 그 서슬이 무지갠 듯
방망이로 내두르니 빗발치듯 와글와글
닭 삶는다 돌 잡는다 온마을이 시끌시끌
절구질에 상차리러 이리뛰고 저리넘고
싸우듯이 술빼앗아 코비뚤게 처마시곤
병졸들을 모아 놓고 계루고를 둥둥치니
이정머리 꽁꽁묶고 전정놈은 엎어지고
주먹날고 발길차니 피토하며 쓰러지네
얼룩덜룩 범가죽을 마을관아 갖다 주니
사또 좋아 한푼 없이 좋은 장사하였다네
처음에 어느 누가 범 왔다고 일렀는가
조잘조잘 알랑알랑 뭇 사람의 욕을 듣네
사나운 범일지라도 화 당해야 한두 사람
어찌하여 많은 백성 이 고생을 시키는가
홍농[1]고을 호랑이는 새끼업고 강 건넜고
태산[2] 밑의 울음소리 그대 아직 못들었나
선왕들이 사냥할 땐 때를 가려 사냥했고
여름 몇달 모낼 때는 병사훈련 아니했네
밉고 독한 저 관리들 밤중에도 문열라네
남은 범들 데려다가 저 관리들 혼내 주리

五月山深暗艸莽　於菟穀子須湩乳
已空狐兎行搏人　離棄窟穴橫村塢
樵蘇路絶蕪蓑停　山氓白日深閉戶
嫠婦悲啼思剚刃　勇夫發憤謀張弩
縣官聞之心惻然　敕發小校催獵虎
前驅鑱出一村驚　丁男走藏翁被虜
小校臨門氣如虹　嘍囉亂棓紛似雨
烹鷄殺猪喧四鄰　春糧設席走百堵
討醉爭傾象鼻鸞　聚軍雜撾雞婁鼓
里正縛頭田正踣　拳飛踢落朱血吐
斑皮入縣官啓齒　不費一錢眞善賈
原初虎害誰入告　巧舌喋喋受衆怒
猛虎傷人止一二　豈必千百罹此苦
弘農渡河那得聞　泰山哭子君未覩
先王蒐獮各有時　夏月安苗非習武
生憎悍吏夜打門　願留餘虎以禦侮

— 丁若鏞「與猶堂全集」I集 권5, 獵虎行

1. 유비가 홍농 태수가 되어 인정(仁政)을 베풀었더니, 호랑이가 그 덕에 감동되어 강을 건너 물러났다(虎渡河)는 고사에 나오는 마을.
2. 혹독한 정치를 피해 깊은 산속(泰山)에서 살다가 계속 호환을 당한 여인에게 공자가 "과연 혹독한 정치가 호랑이보다 무섭구나(苛政猛於虎)"라고 했다.

사나운 범 울 밑에서 어흥어흥 을러메도
드렁드렁 코를 골며 나 혼자서 잘 수 있고
긴 구렁이 처마 밑에 대롱대롱 매달려도

호랑이 부적 판화
31×38㎝
三省出版博物館
소장

꿈틀꿈틀 가는 모양 누워 봐도 무섭잖네
모깃소리 앵앵하며 귓가에서 들릴 때면
기겁하고 간떨어져 오장육부 부글부글

猛虎咆籬根　　我能鼾齁眠
脩蛇掛屋角　　且臥看蜿蜒
一蚊譻然聲到耳　氣怯膽落腸内煎

— 丁若鏞「與猶堂全集」I集 권4　憎蚊

범이 양을 잡아먹어 입술엔 피 번지르르
범의 사날 세워 놓고 그 서슬이 푸르르니
여우 토끼 무서워서 범 어질다 칭찬하네

虎狼食羊羖　朱血膏吻唇
虎狼威旣立　狐兎賛其仁

— 丁若鏞「與猶堂全集」I集 권5, 憂來十二章

밤깊어 울타리에 호랑이 나타나니
고요한 산중에 우뢰 같은 울음소리
소년 홀로 사립문 밀치고 나가
계곡까지 쫓아가서 개 빼앗아오네

蘺落三更猛虎來
萬山寥寂一聲雷
少年獨出柴門去
趕到前溪取狗廻

— 丁若鏞「門岩山莊의 가을」
(이상 茶山의 詩는 丁奎重 역)

바람과 달은 사정이 없어 세상이 다투지 못하면서
도리어 꽃과 버들을 찾아 부질없이 마음을 괴롭힌다
염소 창자 같은 세상길은 오히려 곧추기 어려운데
호랑이 뿔 같은 사람의 마음은 진정 공평하지 못하다
칡은 높은데 오를 때 나뭇가지를 더위잡고 오르고
파리는 천리를 갈 때 기마의 꼬리에 붙어 간다
그대에게 시원한 강의 달과 솔바람을 주노니
넓은 소매에 싸 가지고 돌아가 한평생을 지내라

風月無私世莫爭
却尋花柳謾勞情
羊腸世路猶難直
虎角人心政不平
葛聳高尋攀樹聳
蠅行千里附驥行
贈君江月松風冷
濶袖褁歸度一生

— 天鏡 李海源「贈和月圓一大師」(金達鎭 역)

대감 조두순(趙斗淳)이 조정의 여러 재상을 모아 연회를 하며 담론하기를, "세상에 제일 무서운 것이 무엇이겠소" 하고 화제를 내놓자, 각각 대답하기를, '호랑이' '도둑' 또는 '양반'이 무섭다고들 이야기하자, 정수동(鄭壽銅)이 말하기를, "이 사람은 호랑이를 탄 양반 도둑이 제일 무섭더군요" 하고 말했다고 한다.

어느날 운문사(雲門寺) 중 한 사람이 볼일이 있

群虎圖十曲屛風 40×60㎝(한폭) 金丸濟 소장

어, 탐관오리인 무서운 원님 앞에 엎드리게 되었다. 원님이 이르기를, "너의 절에 폭포가 있다더니 지금쯤엔 경치가 좋겠구나" 하니 중이 겁결에 무슨 재물을 빼앗으려는 것으로 지레짐작하고, "아 아닙니다. 폭포는 진작 산돼지가 다 뜯어먹고 하나도 없습니다" 했다는 것이다. 이에 대해 후에 "소나무는 어느날 범이 물어갔고, 폭포는 금년 들어 산돼지가 다 먹고 없도다"(寒松何日虎將去 瀑布當年猪盡喫)하는 시를 써 웃었다.

흔히 말하기를, "사대부의 자제들이 길을 잘못들면 호랑이가 되고, 좀이 되고, 송충이가 된다"고 한다. 문(文)에도 무(武)에도 특출하지 못하고 가난이 뼈에 사무치게 되면, 종을 팔아먹게 되니 이는 바로 사람을 먹는 것이라 호랑이와 같다. 종이 다 없어져 버리면 책을 팔게 되니 좀과 같다. 책이 다 없어져 버리면 묘지의 소나무를 팔아서 먹게 되니 이는 바로 나무를 먹는 것으로 송충이와 같다. 우스갯소리지만 정말 격언이다.

나는 후에 「북몽쇄언(北夢瑣言)」을 읽으니 이런 말이 있었다.

"불초자제(不肖子弟)에게 세 가지 변화가 있다. 첫째 변화는 황충(蝗虫)이 되는 것으로 농터를 팔아서 먹는다. 둘째는 좀벌레(蠹虫)가 되는 것으로 책으로 팔아서 먹는다. 세째 변화는 대충(大虫, 호랑이의 이칭)이 되는 것으로 종을 팔아서 먹는다."

이는 우리나라만 있는 폐단이 아니라 중국사람 역시 그러하다. 자손이 조상의 재산을 지키지 못하는 경우란 어디고 같은 것이다.

— 洪萬宗「旬五志」

금강산 어떤 도인이 추사 김정희에게, "남들은 나를 청복자(淸福者)라 하지만, 나는 이 풍로간(風露間)에서 괴로움과 슬픔을 이기지 못합니다"라고 편지를 보냈더니, 추사는 이에 답신하는 중에 다음과 같이 썼다.

"어떤 이가 범을 만나자 놀라서 범의 등에 올라탔더니 범도 또한 놀랐다. 서로 떨치지 못하고 범을 탄 채 마을 앞을 지나게 되었는데, 그것을 본 마을 아이들이 손뼉을 치며, '범 탄 신선(騎虎神仙)'이라고 하며 외쳤으나, 범을 탄 그 사람으로서는 '신선은 신선이로되 죽을 지경(苦哉)'이라고 하였다. 아이들은 그 놀라운 모습을 보고 한 말이요, 그는 자기의 실제 사정을 말하는 것이다."

생전엔 무섭기 호랑이와 같으니 죽이려고만 하고 죽여 놓은 후에 그 껍질을 두고 좋다고 칭찬한다.

人之愛正士 愛虎皮相似
生前欲殺之 死後方稱美

— 曹南溟

호랑이 속담

호랑이가 등장하는 이야기가 많듯이 여기 호랑이를 빗댄 속담들은 사람들을 교훈하고 풍자하는 한마디들이다. 속담은 누구나 공감하는 내용과 표현방식이 전제되어 이루어지는 것이다. 이야기나 민화(民畫)에서 보이는 호랑이보다 다양하지 못한 감도 있으나, 호랑이를 일러 하는 결정적인 속담 한마디의 효과를 실감할 수 있을 것이다.

대나무 화살통에 조각된 호랑이 (부분)
11×145㎝
安伯淳 소장

강 건너간 범이다
이젠 무서울 게 하나도 없이 되었다는 뜻.

강원도 포수/강원도 간 포수다
강원도에는 호랑이가 많아, 사냥간 포수가 가기만 하면 돌아오지 못하듯이, 한번 가면 다시 못 만나게 된다는 뜻.

개미 나는 곳에 범 난다
처음에는 개미만큼 작고 대수롭지 않던 일이 차차 커지고 심해져서 드디어는 크고 무서운 두통거리가 된다는 말.

개 호랑이 물어간 것만큼 시원하다
꺼림직한 것이 없어져 마음이 가쁜하고 시원하다는 뜻.

계집 둘 가진 놈의 창자는 호랑이도 안 먹는다
처첩(妻妾) 여럿 거느리고 살자면 마음 편할 날이 없으며, 따라서 그런 생활을 해내는 남자의 속은 얼마나 더럽겠느냐는 말.

계집은 늙으면 호랑이가 된다/젊어선 여우 늙으면 호랑이
젊어서 고분고분 상냥하던 여자도 늙으면 자기 주장이 되어 사나와진다는 뜻.

고양이 보고 범 그린다
유사품을 보고 모방하면 유사품이지 진품이 될 수 없다. 조그마한 사물을 과장할 때를 비유한 말.

군자는 입을 아끼고 범은 발톱을 아낀다
학식과 덕망이 높은 사람은 말을 조심하고, 장사는 그 힘을 남용하지 않는다.

군자는 입을 아끼고 범은 가죽을 아낀다
군자는 말을 절제하고, 무식한 사람은 재물을 아낀다.

굵에 든 범
사람의 마음이나 그의 장래는 드러나지 않으므로 헤

아릴 수가 없다는 말. * 굶에 든 뱀 길이를 모른다.

귀신 피하려다 호랑이를 만난다
한 가지 재화를 피하려다 더 큰 액을 당했다는 말.

그물에 든 고기요 쏘아 놓은 범이라
옴싹달싹 못하고 죽을 지경에 빠졌다는 뜻. 어려운 문제가 이제 해결되었다는 뜻.

길을 무서워 하면 범을 만난다
겁이 많고 무서움 타는 사람은 그만큼 무서운 일을 흔히 당하게 된다는 말.

까마귀 짖어 범 죽으랴
사소한 방자함이 있더라도 큰 일에는 아무 영향이 없다는 말.

껍질 상치 않게 호랑이를 잡을까
큰 일은 힘들여 애쓴 다음에야 해낼 수 있다는 말. 큰

뒤로 오는 호랑이는 속여도 앞으로 오는 팔자는 못 속인다
앞으로나 뒤로나 오는 호랑이는 속여서 위험을 면하고 살아날 수가 있으나 팔자 모면은 못 한다 함이니, 운명은 제 마음대로 할 수 없다는 말.

무는 호랑이는 뿔이 없다
무엇이나 완전히 갖출 수 없다는 비유. 여러가지 재주를 고루 갖출 수는 없다는 말.

물고 놓은 범
주린 범이 먹을 것을 물었다가 다시 놓았으니, 미련을 버리지 못하는 경우를 이름.

미친 개가 호랑이 잡는다
미친 개가 그저 날뛰면 호랑이 같은 무서운 짐승도 잡는다 함. 사람의 경우 아무것도 돌아보지 않고 정신없이 날뛰면 어떤 무서운 짓을 할지 모른다는 뜻.

왼쪽부터/
괴목뿌리호랑이
새끼호랑이
群虎圖(부분)

일을 치르고 나면 다소 결함이 남게 마련이라는 뜻.

나가던 범이 몰려든다
위험한 일을 무사히 넘겨 마음을 놓으려던 차에, 새삼스럽게 다시 위험하게 되었다는 말.

노루를 피하니 범이 나온다/겨우 여우를 피했는데 다시 범을 만난다.
일이 점점 더 난처해지고 어려워질 때를 이름. 작은 해를 피하려 하다 도리어 더 큰 일에 부딪힘을 이름.

대롱 구멍으로 범 보기다
무슨 일을 전체적으로 보지 못하고 부분적으로 볼 때 이르는 말. 소견이 매우 좁다는 뜻.

대신댁 송아지 범 무서운 줄 모른다
의지하고 있는 세력을 믿고 철없이 행동하는 사람을 일러 하는 말.

바늘에는 소 범이라
바늘을 가지고 하는 일에는 소나 범과 같다 함이니, 바느질할 줄을 모르거나 하지 않는 사람을 두고 이름.

바닷가 개는 호랑이 무서운 줄 모른다
바닷가 개는 호랑이를 모르기 때문에 무서워하지 않는다는 뜻이니, 아무리 무서운 것이라도 그 존재에 대해 아는 것이 없으면 무서워할 줄도 모른다는 뜻.

배고픈 호랑이가 원님을 알아보나/범이 고자대감 안다더냐/사흘 굶은 범이 원님을 안다더냐
굶주린 호랑이가 원님 앞에 나갔다고 해서 무슨 인사치레나 체면을 차리겠느냐는 말로, 굶주린 사람은 체면을 돌아볼 겨를이 없다는 말.

벌초자리는 좁아지고 백호자리는 넓어진다
주된 것은 밀려나고, 대수롭지 않은 것이 나섬을 뜻함.

범 가는 데 바람 간다

언제나 떨어지지 않고 같이 따라 다님을 이르는 말. *아니 두말 말고 나도 가옵시다. 꺽꺽 푸드득 장끼 갈 제 아로롱 까토리 따라가듯 녹수 갈 제 원앙가고 청두리 갈 제 씨암탉 따라가고 청개고리 소년 갈 제 실뱀 따라가고 범 가는 데 바람 가고 용 가는 데 구름 가고 구름 갈 제 비가 오고 바늘 갈 제 실이 가고 봉 가는 데 황이 가고 송별난 군 도련님 갈 제 나도 가옵시다 — 고본「춘향전」에서

범 같은 장수

사납고 위엄이 있는 장수.

범 굴에 들어가야 범새끼를 잡는다 / 범 굴에 들어가야 범을 잡지

뜻하는 결과를 바라거든 그에 따르는 준비를 하고 용기를 내고 수고를 해야 한다는 뜻.

범도 있고 용도 있다

용맹스러운 영웅들이 많다는 뜻.

범도 제 소리 하면 오고, 사람도 제 말 하면 온다

그 자리에 없다고 해서 남의 흉을 보지 말라는 뜻. 마침 화제에 오르고 있는 제삼자가 공교롭게도 그 자리에 나타났을 때 하는 말.

범도 죽을 때 제 굴에 가 죽는다

사람은 자기가 난 고장 또는 조국을 그리워한다는 뜻.

범 모르는 하룻강아지 / 하룻강아지 범 무서운 줄 모른다.

세상 무서운 줄 모르고 철없이 덤벼드는 것을 이름.

범 무서워 산에 못 가랴

마음에 꺼림칙하게 여겨지는 것이 있더라도 해야 할 일은 한다는 뜻.

왼쪽부터 /
石虎
螺鈿 까치호랑이 베갯모

범 나비를 잡아먹은 듯 / 범 바자 먹은 것같다 / 쌍태 낳은 호랑이 하루살이 하나 먹은 셈 / 주린 범에게 가재라

범이 나비 하나를 잡아먹었다 해도 그것은 먹으나마나인 것이니, 양에 차지 않는다는 뜻.

범도 대호(大虎)라면 좋아한다

누구나 칭찬하면 좋아한다.

범도 보기 전에 똥을 싼다

지레 겁을 먹는다는 뜻.

범도 새끼 둔 골을 두남 둔다

사납기만한 범도 제 새끼 둔 곳은 힘써 돌보며 끔찍이 여긴다 함이니, 비록 악인이라도 제 자식 일은 늘 마음에 두고 잘한다는 뜻.

범 본 여편네 창구멍 틀어막듯

급한 경우를 당하면 당황하여 쓸데없는 짓을 하는 것을 말함. 급히 밥을 퍼먹는 모양을 이르기도 함.

범 아가리에 날고기 넣은 셈

욕심있는 자에게 간 물건은 도로 찾지 못한다는 뜻.

범 아가리에 떨어진다

매우 위급한 경우를 말함.

범 없는 골에 토끼가 스승이라

잘난 사람 없는 곳에는 못난 사람이 잘난 체하고 기승하여 뽐낸다는 말.

범에게 개를 빌려 준 격

욕심이 사나와 신용이 도무지 없는 사람에게 빌려준 것은 다시 찾지 못하리라는 뜻.

범에게 물려가도 정신만은 차려라
아무리 위험한 지경에 이르러도 이성적으로 판단한다면 수습할 도리가 생긴다는 말.

범에 날개 / 호랑이가 날개를 얻은 것과 같다
힘세고 사나운 범에게 날개가 있다면 한층 무서울 것이니, 세력있는 사람에게 또한 권세가 붙어 크게 두려울 만하게 됨을 이름. 한가지 재주만으로도 훌륭한 사람에게, 또 그에 못지않은 재간이 하나 더 늘었음을 말하기도 함.

범은 그려도 뼈다귀는 못 그린다 / 범을 그려 뼈 그리기 어렵고, 사람 사귀어 그 마음 알기 어렵다
무엇이나 그 외양은 눈으로 환히 볼 수 있어도 그에 담긴 내용은 알기 어렵다는 뜻. 사람의 겉모양만 가지고 그 사람의 속마음까지 알아낼 수는 없다는 말.

범은 꼬리만 봐도 무섭다
무서운 사람은 말소리만 들어도 무섭다는 뜻.

범은 더러운 것을 먹지 않는다
잘난 사람은 더러운 재물을 탐내지 않는다.

범은 병든 것같이 걷는다
용맹스러운 범도 겉보기엔 힘없이 걷는다는 뜻.

범은 평소에 발톱을 감춘다
자기의 계책 또는 진의를 쉽게 노출시키지 않아야 한다는 뜻.

범을 그리려다 개를 그린다
분수에 넘치는 욕심을 부리다가 실패한다는 뜻.

범을 길러 화를 받는다
화근을 짐짓 길러서 스스로 걱정거리를 만드는 꼴이 되었다는 뜻.

범을 보니 무섭고 범 가죽을 보니 탐난다
노력해서 얻지 못하면서 결과를 욕심만 내는 것을 이름.

범의 어금니
매우 요긴한 사물의 비유.

범의 입보다 사람의 입이 더 무섭다
힘으로 해치는 것보다 말로 해치는 것이 더 무섭다는 뜻.

범의 입을 벗어난다
매우 위급한 경우를 벗어났다는 말.

호랑이무늬 연적

범의 차반
범은 맛있는 음식이 생기면 그 자리에서 실컷 먹고 그만 물러나 버리며, 음식을 얻지 못하면 아주 굶는 동물인데, 이와 마찬가지로, 살림이 구차한 집에서는 없으면 판판이 굶다가 한번 생기면 뒷일 생각지 않고 먹어치우는 것을 빗대어 한 말.

범이 개를 굴복시키는 것은 발톱과 어금니이다
남과 대등한 존재가 되거나 남을 제압하려면 우선 자신의 힘을 배양해야 한다는 뜻.

범 잡아먹는 담비가 있다
범이 사나와 사람을 잡아먹기가 일쑤지마는, 그 범은 또 담비에게 잡혀 먹히기도 한다 함이니, 일의 맞물려 돌아감을 뜻한다.

범 탄 장수 같다

너할 수 없이 기세등등하여 대적할 이 없을 만큼 두려운 존재라는 뜻.

비루 오른 강아지 범 복장거리 시킨다 / 비루 먹은 강아지 대호를 건드린다

털이 빠지고 병든 강아지가 범의 속을 썩인다 함이니, 못난 자가 때로는 유능한 자에게 타격을 줌을 이름.

사람은 죽으면 이름을 남기고 범은 죽으면 가죽을 남긴다

사람은 살아 있을 때 훌륭한 일을 하면 후세에까지 빛나는 것이니, 마땅히 선행을 하여야 한다는 말.

산(山)놈의 계집은 범도 안 물어 간다

사람들이 사는 마을을 떠나 산속에서만 사는 여자는 버릇이 없고 만만치도 않다는 말.

산 밖에 난 범이요 물 밖에 난 고기 / 덫에 치인 범이요 그물에 든 고기라

꼼짝할 수 없는 처지에 이르러 다 죽게 되었다는 말. 독안에 든 쥐, 그물에 든 고기, 댓진 먹은 뱀, 도마에 오른 고기, 푸줏간에 든 소, 낚시 미늘에 걸린 생선.

산에 가야 범을 잡지

발벗고 나서야 비로소 성공할 수 있다는 뜻. 어떤 일을 이루려면 선행조건을 갖추어야 한다는 뜻.

산이 깊어야 범이 있다

덕망이 있고 생각이 깊어야 사람이 따른다는 뜻.

산 진 호랑이요 돌 진 가재다

호랑이 산에 있고, 가재 돌 밑에 있지, 제가 어디 딴 곳에 있겠냐는 말. 그 물건이 꼭 있을 곳에 있다는 말.

산 호랑이 눈썹도 그리울 게 없다

도저히 얻기 힘든 산 호랑이의 눈썹까지도 불필요할 만큼 모든것이 구비되어 있어 풍족하다는 말.

산 호랑이 눈썹 찾는다

도저히 불가능한 것을 얻으려고 할 때 일컫는 말.

새끼로 범을 묶는다

경각성 없이 허술하게 하면 무슨 일이든 반드시 실패하게 된다는 뜻.

새벽 호랑이

들에 내려왔던 호랑이가 날이 밝으면 산으로 돌아가야 함과 같이, 세력을 잃고 물러가게 된 신세를 빗댄 말.

왼쪽부터 /
호랑이무늬 필통
호랑이무늬 항아리

새벽 호랑이가 중이나 개를 헤아리지 않는다

갈급(渴急)할 때는 무엇이건 가질 수 있는 것만을 다행으로 삼는다는 뜻.

새벽 호랑이 쥐나 개나 모기나 하루살이나 하는 판

급하고 아쉬울 때는 좋고 나쁨을 가리지 않고 다 소용된다는 뜻.

선불 맞은 호랑이 뛰듯

총알을 설맞은 호랑이와 같다 함이니, 크게 노하여 펄쩍펄쩍 뛰고 못 견디어 함을 말함.

세 사람만 우겨대면 없는 호랑이도 만들어낼 수 있다

여러 사람이 힘을 합하면 무슨 일이나 다 할 수 있다.

힘을 합하면 불가능이 없다. 여러 사람이 떠들면서 소문낸 것이 무섭다는 뜻으로도 쓰임.

소문난 호랑이 잔등이 부러진다
세상에 떠들썩하게 소문이 나면 액운이 끼여들기 쉽다는 말.

술 담배 참아 소 샀더니 호랑이가 물어갔다
돈은 모으기만 할 것이 아니라 쓸 때는 써야 한다는 말.

숲이 짙으면 범이 든다
속이 우중충하고 뚜렷하지 못하면 무슨 위험이든 내포되어 있는 것이니 주의하라는 뜻.

썩은 새끼로 범 잡기
어수룩한 계책과 보잘것없는 재주로 뜻밖에 큰 일을 함을 이름.

악박골 호랑이 선불 맞은 소리다
호랑이가 총알을 빗맞아 한층 화가 나 으르렁거리며 무섭게 사나운 소리로 덤비는 것을 말함. *악박골은 지금의 서울 서대문 형무소 근처. 무악재.

앞 남산 호랑이 뭘 먹고 사나
어리석고 못된 사람을 보고 미워서 죽어 없어지기나 하라는 뜻으로, '호랑이는 저런 놈이나 물어 가지' 하는 욕.

여자 범띠는 팔자가 세다
범띠(寅生)인 여자는 흔히 팔자가 드세다 함.

옛날 갑인(甲寅)날 콩볶아 먹은 날
옛이야기 할 때 하는 서두 말로, 아주 오랜 옛적.

오뉴월 손님은 호랑이보다 무섭다
더운 오뉴월엔 손님 대접하기가 매우 힘들기 때문에 손님 오는 것이 호랑이 닥치는 것처럼 무섭다는 뜻.

용꼬리에 범 앉은 것 같다
위엄이 있어 남을 억압하는 듯한 모습의 사람을 두고 하는 말.

인왕산 모르는 호랑이가 있나
왜 나를 몰라 보느냐 하는 뜻으로 쓰는 말. 인왕산은 서울 서북쪽에 있으며 한국 호랑이는 반드시 이 산을 한번 와 본다는 옛말에서 나온 말이니, 자기를 인왕산에 비기고 남을 호랑이에 비겨서 하는 말.

인왕산 호랑이
대단히 무서운 것을 비유함.

자는 범 코침 주기 / 자는 호랑이 불침놓기
그대로 가만 두었으면 아무일도 없을 것을 공연히 일을 저질러 위험을 산다는 말.

왼쪽부터 /
호랑이무늬 목침
木刻女神像

자식 둔 골은 범도 돌아본다
새끼 사랑하는 정은 짐승도 다 같으니, 사람이야말로 더할 나위가 없지 않은가 하는 뜻.

재미 나는 골에 범 난다
재미 있다고 나쁜 일을 계속하면 후일 봉변을 당한다는 말. 지나치게 재미가 나면 그 끝에 가서는 재미롭지 못한 일도 생긴다는 말.

집장 십년이면 호랑이도 안 먹는다
형장(刑杖)질을 하는 집장사령(執杖使令) 일을 오래 하면 호랑이도 안 먹는다 함은, 그 일이 너무 모질다 하여 욕하는 말.

하늘로 호랑이 잡기
권력이 많으니 원하는 것이면 다 얻을 수 있다는 말.

함정에 든 범

마지막 운명을 기다리는 처지를 빗댄 말.

함정에서 뛰어나온 범

매우 위급한 때를 당하여 다 죽게 되었다가 그 궁지를 빠져나와 다시 살게 된 경우, 함정에 있을 때에는 하찮아 보이던 범이 일단 함정을 벗어나면 무서운 존재로 변하는 것을 비유한 말.

허리 부러진 호랑이

아무리 용맹을 떨치던 호랑이라 할지라도 허리가 부러지면 조금도 두려운 존재가 아닌 것처럼, 제 아무리 권세가 당당하고 재주가 비상하던 사람도 일단 기운이 꺾이고 그 자리를 물러나면 무력한 존재가 된다는 말.

호랑이가 고슴도치를 놓고 하품만 한다

만만하지만 죽일 수도 살릴 수도 없어 보고만 있다는 뜻. 대책이 없는 처지를 빗댄 말.

호랑이는 발톱을 아낀다

호랑이도 발톱을 아끼듯이 누구나 자기 소중한 것을 아낀다는 뜻. 완력을 가진 자가 그 힘을 함부로 남용하지 않는다는 뜻으로도 씀.

호랑이는 사슴과 같이 놀지 않는다

강한 자와 약한 자는 가까이 지내지 않는다.

호랑이도 오백년 묵으면 백호가 된다

사람이 늙으면 지혜롭게 된다는 말.

호랑이 담배 먹던 이야기 / 호랑이 담배 먹을 적

지금과는 아주 다른 옛날 이야기라는 뜻.

호랑이 대가리의 이를 잡다

위험한 짓을 한다는 뜻.

호랑이더러 날고기 봐 달란다 / 호랑이에게 날고기 맡긴 셈

탐욕스런 사람에게 소중한 물건을 맡겼다는 뜻.

호랑이 목침

호랑이가 굶으면 환관(宦官)도 먹는다

굶은 호랑이가 환관이라고 해서 먹지 않을 리 없다 함은, 굶으면 좋고 나쁨을 가리지 않는다는 말. 없는 놈이 찬 밥 더운 밥을 가리지 않는다는 말.

호랑이가 새끼를 치겠다

밭이 묵어서 풀이 무성한 것을 보고 빈정거리는 말.

호랑이 개 어르듯

호랑이가 개를 잡아먹을 속셈은 숨기고 개를 꾀느라고 좋게 달래듯 한다는 뜻인데, 속으로는 딴 생각을 하면서 겉으로는 가장 좋은 낯으로 먼저 상대방을 슬슬 달래어 환심을 사 두려는 것.

호랑이는 뒷걸음질을 않는다

용감한 사람은 싸울 때 물러서지 않는다는 뜻.

호랑이도 곤하면 잔다

일이 거듭 실패하면 차라리 기회를 보며 기다리라는 것. 건장한 사람도 쉴 때는 쉬어야 한다는 말.

호랑이도 새끼가 열이면 스라소니를 난다

자식이 많으면 그 중에 제 구실 못하는 자식도 낳게 된다는 뜻.

호랑이도 시장하면 가재(나비)도 잡아먹는다

굶주리면 이것 저것 가리지 않고 먹는다.

호랑이도 쏘아 놓고 나면 불쌍하다

아무리 밉던(또는 기세등등하던) 사람도 그가 죽게 되었을 때는 측은하게 여겨진다는 뜻.

호랑이도 있고 개도 있다

세상에는 강한 존재도 있고 약한 존재도 있다는 뜻.

호랑이도 제 굴에 들어온 토끼는 잡아먹지 않는다
자기를 찾아온 사람을 해쳐서는 안 된다는 뜻.

호랑이도 토끼를 잡으려면 뛰어야 한다
힘껏 일을 해야 먹고 살 수 있다는 뜻. 조그마한 일을 이루려고 해도 노력이 필요하다는 뜻.

호랑이 새끼는 자라면 사람을 물고야 만다
무엇이나 어떤 단계에 이르면 반드시 결과가 나타나고야 만다는 뜻.

호랑이 안 잡았다는 옛 늙은이 없다
누구나 젊어서는 제가 제일 힘이 센 것같이 이야기한다는 뜻. 자신의 과거에 대해서는 과장하게 마련이라는 뜻.

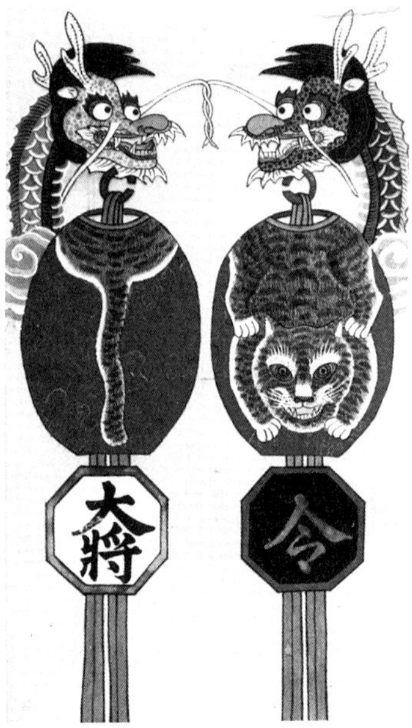

八賜品圖八幅屛風
(부분)

호랑이에게 개 꾸어 준 셈
믿을 수 없는 사람에게 꾸어 주어 돌이켜 받을 수 없이 되었음을 이름.

호랑이에게 고기 달란다
고기를 즐기는 호랑이에게 도리어 고기를 달라고 한다면 줄 리가 없듯이, 전혀 경우에 어긋난다는 말.

호랑이에게 물려갈 줄 알면 누가 산에 갈까
누구나 일을 처음 할 때는 실패할 생각은 안한다는 말.

호랑이 여섯 있으면 그 중에 표범도 있다
사람이 많으면 그 중에 잘난 사람이 나오게 되어 있다는 뜻.

호랑이 잡고도 볼기 맞는다
장한 일을 하고도 도리어 벌을 받게 된 경우에 쓰는 말. 호랑이는 산군이라 하여, 그를 잡은 것에 대해 형식적으로 몇 대의 곤장을 맞았던 데에서 유래된 말.

호랑이 잡는 포수가 따로 있다
큰일 하는 사람이 따로 있다는 뜻.

호랑이 잡아 관가 좋은 일만 한다
모험을 해 가면서 한 일이 결국엔 엉뚱한 남만 좋게 하였다는 말.

호랑이 잡아먹는 거수
호랑이보다 더 무서운 놈이 있어, 아무리 호랑이라도 그에게는 꼼짝 못 한다는 말. 즉 아무리 강한 존재라도 그보다 더 강한 존재 앞에서는 어쩌지 못한다는 뜻.

*거수란 백두산 꼭대기에 있어 제가 먹을 것을 잡고는 좋아서 크게 웃는데, 그럴 때는 입이 뒤집혀 눈을 덮고 머리까지 뒤집혀 씌워진다고 한다. 그 놈을 잡으려면, 쇠로 된 장갑을 끼고 허리춤에 못과 망치를 끼고 간다. 그놈이 사람의 두 손을 잡게 되면 손을 얼른 빼고 빈 쇠장갑만 붙들고 있도록 한다. 그리고는 웃고 있는 거수의 뒤집힌 입술과 아울러 그 이마에 못을 박아 잡는다고 한다.

호랑이 제 새끼 안 잡아먹는다
호랑이같이 사나운 짐승도 제 새끼는 잡아먹지 않는다는 뜻.

호랑이 칼로 개를 잡는 것 같다
실정에 맞도록 일을 하지 못한다는 뜻.

호랑이 코빼기에 붙은 것도 떼어 먹는다
위험을 무릅쓰고 이익을 추구함. 눈앞에 당한 일이 급하여 어떠한 일이라도 하지 않으면 안 되게 되었다는 뜻.

호환 당했던 놈은 애꿎은 고양이 밥그릇만 찬다
분풀이는 만만한 놈에게 한다는 뜻.

횃대 밑에서 호랑이 잡고, 나가서 쥐구멍 찾는다
하는 짓이 옹졸하고 답답하다는 뜻.

참고 및 인용 도서

가린, N.G. (김학수 역) 『朝鮮 1898년』 단국대학교 출판부, 1981

그리피스, W.E. (신복룡 역) 『隱者의 나라 韓國』, 평민사, 1985

金鎬然 『韓國民畫』 경미문화사, 1980

——— 『韓國의 民畫』 열화당, 1976

朴湧植 『韓國說話의 原始宗教思想研究』 일지사, 1984

成耆說 『韓國民譚의 世界』 인하대학교출판부, 1982

孫道心 『호랑이』 서울신문사, 1974

송재선 편 『우리말 속담 큰사전』 서문당, 1983

알렌, H.N. (신복룡 역) 『朝鮮見聞録』 박영사, 1979

언더우드, L.H. (김철 역) 『언더우드 부인의 조선생활』 뿌리깊은나무, 1984

李家源 『燕岩小說研究』 을유문화사, 1965

——— 역 『燕岩·文無子小說精選』 박영사, 1974

——— 편 『한국 호랑이 이야기』 민조사, 1977

李基文 편 『俗談辭典』 민중서관, 1969

李相昨 『사냥』 수도문화사, 1964

——— 『한국야생동물기 수렵비화』 박우사, 1965

任東權 편 『韓國民謠集』 동국문화사, 1961

趙東華 「이야기는 이야기」 『샘터』, 1975. 4～1981. 3

趙子庸 『한얼의 미술』 에밀레미술관, 1971

——— 『韓畫 虎郎圖』 에밀레미술관, 1973

——— 『韓虎의 美術』 에밀레미술관, 1974

崔南善 『崔南善全集』 6권 현암사, 1973

崔來沃 편 『全北民譚』 형설출판사, 1982

崔常壽 편 『韓國民間傳說集』 통문관, 1984

韓相壽 편 『忠南民譚』 형설출판사, 1982

韓成昊 편 (이창순 역) 『動物藥用秘方』 행림출판사, 1976

咸錫憲 『죽을 때까지 이 걸음으로』 한길사, 1983

柳夢寅 『於于集』 『於于野談』

李圭景 『五洲衍文長箋散稿』

『經國大典』

『才物譜』

許 浚 『東醫寶鑑』

『大東野乘』

『新東國輿地勝覽』

『燕山君日記』

李睟光 『芝峯類說』

李 瀷 『星湖僿說』

柳成龍 『西涯集』

洪萬選 『山林經濟』

『萬機要覽』

李肯翊 『燃藜室記述』

Grzimek, B. (ed) *Grzimek's Animal Life Encyclopaedia*, Van Nostrand Reinhold Co., 1975

Jeanette & John Isaac "Tiger Tale", *GEO*, 8. 1984

Stanley & Belinda Wright "Tiger! Lord of the Jungle", *National Geographic*, 12. 1984

책을 엮고 나서

한국인의 호랑이에 대한 오랜 생각과 풍습, 실재와 상상은 단일의 민속 주제로서는 다른 어느 것보다 그 양이 우선 많고, 한국인의 마음 속에 크게 자리하고 있다.

이 책에서는 한국 호랑이 그림과 문헌 또는 구전되는 여러가지를 한데 모아 정리하고자 했다. 호랑이 그림과 옛이야기에 대한 책자가 몇가지 있으나, 사람들이 손쉽게 닿을 수 없기도 하고, 여기저기 흩어져 있거나 잘 알려져 있지 않은 호랑이에 관한 이야기를 찾아 한데 수합 정리하는 것이 필요하다고 생각했다.

중국의 대문호 노신(魯迅)은 한국사람을 만나면 한국 호랑이 이야기 듣기를 좋아했다고 한다. 우리나라의 호랑이에 관한 여러가지는 중국과 일본과는 달리 한결 풍부하고 다양했기 때문일 것이다. 이 책에서는 한국 호랑이에 대한 것만 정리하기로 하여, 호랑이가 언급되는 한자 고사성어(故事成語) 같은 것은 흔히 쓰이는 것이긴 해도 중국의 것이므로 여기서는 수록하지 않았다. 수합된 여러가지 중에서도 편집 과정에서 취사 선택했다.

이런 우리의 작업은 앞서 이루어 놓은 다른 분들의 저서에 도움을 많이 받았다. 참고할 수 있었던 책의 필자와 발췌 또는 전재를 허락해 주신 분들께 감사를 드린다. 그림 소장자 여러분에게도 감사를 드린다. 자료를 찾는 일을 도와준 주위 친우들에게도 감사를 드린다.

이 책의 부족한 점은 판을 계속하면서 더 보완할 것을 약속하면서, 이만큼으로 편집을 끝내기로 한다.

이 책을 펴내기로 결정하고 만드시는 데 특히 애를 쓰신 열화당 이기웅 사장님과 편집부원의 노고에 감사드린다.

범의 해를 맞으며

1985년 12월, 엮은이

김호근(金虎根)은 1943년 개성 출생으로, 연세대학교
국문학과를 졸업하고 독일 마인츠 대학교에서 수학했다.
'샘터' 기획실장으로 있었고, 관훈미술기획과
북스(VOOK'S)를 운영했으며, 민학회, 서울문화사학회
회원, 서울예술대학 외래교수를 역임했다.
공저로 『한국의 딱지본』이 있다.

윤열수(尹烈秀)는 1947년 남원 출생으로,
동국대학교 대학원 사학과에서 불교미술을 전공하고
동대학 대학원 미술사학과 박사 과정을 졸업했다.
동국대, 경기대, 한양대 등에서 강의했으며,
에밀레박물관, 삼성출판박물관, 가천박물관 학예실장을
역임했다. 문화재청 문화재위원, 한국민화학회 회장,
민학회 회장, 한국박물관협회장을 역임했으며,
국립민속박물관회 이사, 가회민화박물관 관장으로 있다.
저서로 『괘불』『민화 이야기』『산신도』『용, 불멸의 신화』
『Korean Art Book 민화』 I, II, 『민화 호랑이』
『알고 보면 반할 민화』『백수백복(百壽百福)』 등이 있다.

韓國基層文化의 探究—❶

한국 호랑이

김호근 · 윤열수 엮음

초판1쇄 발행일 —— 1986년 1월 5일
초판6쇄 발행일 —— 2025년 12월 10일
발행인 —— 李起雄
발행처 —— 悅話堂
경기도 파주시 광인사길 25 파주출판도시
전화 031-955-7000 팩스 031-955-7010
www.youlhwadang.co.kr
yhdp@youlhwadang.co.kr
등록번호 —— 제10-74호
등록일자 —— 1971년 7월 2일
편집 —— 김금희 김수옥 김미경 이규상
디자인 —— 정병규 차명숙
인쇄 제책 —— (주)상지사피앤비

ISBN 978-89-301-0701-3 03380

The Korean Tiger